글로벌 시대의
기독교교육

김현숙 지음

연세대학교 출판문화원

※ 이 저서는 연세대학교 학술연구비의 지원으로 이루어진 것임.

글로벌 시대의
기독교교육

Christian Education in the Global Era

김현숙 지음

연세대학교 출판문화원

글로벌 시대의 기독교교육

2022년 10월 21일 1판 1쇄

지은이 김현숙
펴낸곳 연세대학교 출판문화원
주소 서울특별시 서대문구 연세로 50
등록 1955년 10월 13일(제9-60호)
전화 02) 2123-3378~80
팩스 02) 2123-8673
전자우편 ysup@yonsei.ac.kr
홈페이지 http://press.yonsei.ac.kr
인쇄 화신문화(주)

ISBN 978-89-6850-682-6(93200)

값 18,000원

머리말

한국의 기독교교육은 현재 내부적으로 신앙의 정체성 혼란 및 학습자의 수 감소와 같은 어려움에 직면해 있으며, 외부적으로는 국내외 사회적 환경의 다양한 변화를 경험하고 있다. 먼저 후기 현대 및 글로벌 사회의 출현으로 인해 신앙의 확립에 도움을 주어 온 기독교 전통의 영향력이 감소되었고, 사회의 구조적 분화에 따른 영향으로 인해 기독교인의 역할이 점차 다면화되었으며, 이 같은 사회 속에서 기독교인들은 신앙의 확립에 도움을 받을 수 있는 과정과 절차 없이 다양한 견해와 입장에 노출되어 있다. 또한 1980년대 이후 기독교회의 교인 수가 정체되고 감소됨과 동시에, 교회 교육의 학습자 수 역시 점차 감소하는 추세를 보이고 있다. 뿐만 아니라, 세계화의 영향과 더불어 새로운 사회적 현상들, 특히 신자유주의(neoliberalism), 근본주의(fundamentalism), 초국가주의(transnationalism)의 출현으로 기독교교육은 이전에 존재했던 세계화 현상과는 질적으로 다른 새로운 도전에 직면하고 있다.[1] 예를 들어, 신자유주의의 영향으로 인해 교육의 영역 속에서도 경제적 효율성을 적극적으로 강조하는 기조가 나타났으며, 세계 곳곳에 동시다발적으로 나타나고 있는 근본주의적 현상과 신국가주의의 문제는 21세기 이래로 글로벌 사회의 당면 과제로 대두되었다. 국가와 국가의 경계를 넘나드는 글로벌 시민의 출현도 기존의 시민 개념에 대한 재해석을 가능하게 하면서 한국 사회와 지역 교육 현장에 새로운 도전을 제공하였다. 이 같은 현상은 기독교교육의 현장 속에서 기독교 전통과 함께 새롭게 대두되는 다양한 사회 현상을 과연 어떠한 방식으로 연결할 것인가를 탐색하게 하는 신학적이면서도 동시에 기독교교육학적인 위기를 도출하고 있다.

이러한 내부적·외부적 상황의 변화 속에서 기독교교육학 연구는 그 학문적 정체성을 확립하고 교육 현장과의 유기적이며 상호 비판적 연계를 구축하기 위해 노력해 왔다. 그러나 기독교교육학 연구 역시 이론과 실제의 괴리, 신학교육의 현장과 목회 현장의 간격, 교사와 학습자 사이의 이해 부족 등과 더불어, 기독교교육 현장과의 유기적·비판적 연계를 적절하게 제시하지 못하는 심각한 문제를 보여 왔다. 또한 줄어드는 학습자의 수와 교회학교에 대한 무관심 역시 기독교교육 현장의 심각성을 보여 주는 또 하나의 현상이라고 지적할 수 있다. 인구 통계학적인 관점에서 전체 인구의 감소와 더불어 학습연령자의 축소는 기독교교육의 현장에 심각한 영향을 주고 있으며, 초등학교에서 시작하여 중·고등학교 기간 동안 지속되어 온 학업 경쟁은 교회학교 교육에 대한 무관심으로 이어지고 있다. 뿐만 아니라, 경제적인 효율성과 자유경쟁을 모토로 하는 세계화 혹은 신자유주의의 경향들은 더불어 사는 상생의 의미와 기독교적 영성의 역할을 간과하면서 기독교교육 현장의 가능성을 제한하고 있다. 즉 매스미디어의 개발, 정보기술의 발전, 새로운 글로벌 시장의 건설 등으로 확대해 온 글로벌 사회의 출현은 국가 사이의 차이점과 불평등을 야기할 뿐 아니라 국가 내의 다양한 문제를 도출하였으며, 이는 일반 교육 현장 및 기독교교육의 현장에 직·간접적인 영향을 주어 왔다.[2]

이 같은 급변하는 상황 속에서 기독교교육학자들은 현재 진행되고 있는 문제점을 지적하고 이를 개선하려는 다양한 노력을 기울여 왔다. 이를 위해, 기독교교육학 연구는 먼저 신학의 응용학문으로 정의되는 부가적 학문의 영역에서 벗어나 학문적 정체성을 확립하려는 형태로 진행되어왔다. 또한 기독교교육학을 연구하는 학자들은 이론과 실천의 상호 비판적 관계를 형성하고 교회 현장의 목소리를 제대로 인식하며, 이를 학문의 형성과정에 반영하려는 노력도 시도해 왔다.[3] 글로벌 사회에서 기독교인들이 경험하는 다양한 문제와 더불어, 본 저서는 학문적 정체성을 확립하고 교육 현장과의 유기적이며 비판적 연계를 돕기 위해, 기독교교육학에 대한 개괄적이면서 깊이 있는 학문적 이해를 제시하고자 저술되었다. 특별히 기독교교육의 다양한 명칭과 학문으로서의 정의, 교육목적, 교육내용, 교수-학습과정, 교사, 학습자, 교육평가 및 교육행정에 대해 전반적인 논의를 구체적이면서도 학문적인 서술을 통해 전달하며, 이를 토대로 현재 한국 기독교교육의 현장에서 직면하는 다양한 문제들, 즉 기독교적 자아정체감 혼란 및 기독교교육의 침체 등에 대한 보다 포괄적인 이해를 돕고, 더 나아가 기독교교육에 대한 미래 비전을 제공하고자 하는 목적을 지니고 저술되었다.

이를 위해 본 저서는 해석학적-실천적(hermeneutical-*praxis*) 연구방법론을 활용하여, 기독교교육에 의해 전통적으로 전수되어 온 기독교 전통과 21세기 학습자들이 직면하고 있는 현대 사회의 경험을 비판적으로 연계하면서 실제 현장의 다양한 문제들을 실천적으로 접근하려는 방법을 활용하고자 한다. 여기서 해석학적-실천적 연구방법론은 데이비드 트레이시(David Tracy)와 레베카 찹(Rebecca Chopp)에 의해 제시된 비판적 상관관계 방법(critical correlational method)에 기반을 둔 연구방법론이다. 먼저 트레이시의 비판적 상관관계 방법은 기독교교육학과 타 학문 사이의 대화에 있어 단순한 원리의 일방적인 적용이 아니라 그 둘 사이의 적극적이며 동시에 비판적인 해석학적 상호작용을 통해 기독교교육의 연구주제, 연구범위, 연구 방법을 새롭게 규명하는 데 도움을 주고 있다. 또한 찹의 비판적 실천 상관관계 방법은 관념적 차원의 이론과는 분명하게 구별되는 '실천'의 형태에 관한 비판적 성찰을 중심 과제로 부각시킴으로서 '실천'의 중요성을 제안하고 있다.[4]

기독교교육의 현장은 진공관이 아닌 독특한 정치·사회·경제·문화적 구조와 얽물려 있는 역사적 상황이기 때문에, 하나의 보편적 이론을 통해 다양한 형태의 기독교교육 현장을 분석하거나 평가하려는 시도는 바람직하지 않다. 뿐만 아니라, 기독교교육이 수행되는 다양한 형태의 역사적 상황은 특정의 이데올로기 및 비기독교적 사회 구조와 밀접하게 관련되어 있음을 인식할 때, 기독교교육 현장의 구체적인 상황분석을 위해서는 비판적 상관관계 방법에 기반을 둔 해석학적-실천적 연구방법론의 활용을 고려해야 한다. 바로 이 점에 있어, 본 저서는 기독교적 전통에 대한 해석학적 연구와 인간의 경험에 대한 현상학적 연구를 비판적·실천적으로 연계시킬 수 있는 '해석학적-실천적 패러다임'을 통해 글로벌 사회의 기독교교육에 관해 연구하고자 한다.

이와 같은 연구방법론을 기반으로, 본 저서는 먼저 제1장에서 세계화와 글로벌 사회의 다양한 측면들을 살펴보고, 글로벌 사회 속에서 진행되고 있는 기독교교육의 현황에 대해 기술하고자 한다. 대다수의 교육자들은 21세기에 접어들면서 이전과는 질적으로 다른 새로운 형태의 글로벌 사회를 경험하고 있으며 이상적인 교육환경과 반대되는 모순적 상황과 갈등에 직면하고 있다. 즉 교육자들은 사회 속에서 공적 역할을 담당할 수 있는 자율적이며 성숙한 인간을 양육하려는 이상적인 교육철학을 실현하고자 하지만, 이익 추구가 가장 중요시되는 신자유주의적 세계화의 환경 속에서 경제적 성장과 효율성을 우선시하는 자본주의적 요청에 직면하게 되는 경우를 대다수 경험하게 된다는 것이다.[5] 이 같은 시대적 상황 속에서, 본 저서는 기독교교육이 과연 어떤 역할을 해야 하며, 기독교회는 어떠한 글로벌 교육을 제공해야 하는가에 대해 살펴보고자 한다. 제1장에서는 세계화로 인해 발생되는 다양한 현상, 즉 신자유주의, 근본주의, 그리고 초국가주의/신국가주의에 대해 살펴보고, 이 같은 현상 속에서 요청되는 교육적 대응은 과연 무엇인지를 제안하고자 한다. 특히 한국 기독교교육이 세계화된 사회 속에서 이 시대가 제공하는 문제의 징조를 식별하고 동시에 신앙의 전통에 기반을 둔 희망을 제시하는 글로벌 기독교교육을 제공해야 할 책임을 지니고 있다는 것을 먼저 제기하고자 한다.

제2장에서는 기독교교육의 명칭과 기독교교육의 학문적 성격 및 연구방법론에 대해 살펴보고자 한다. 기독교교육은 기독교교육의 현장 속에서 다양한 명칭으로 구분되어 사용되어 왔는데, 기독교교육, 종교교육, 교회 교육, 기독교학교 교육, 기독교적 종교교육 그리고 교육 목회가 그것이다. 기독교교육의 다양한 명칭은 하나님의 계시와 성서에 대한 다양한 관점에 따라 구분되기도 하고, 또는 기독교교육이 실시되는 장소를 중심으로 구분되기도 하였다. 본 저서에서는 기독교교육(Christian education)이라는 용어를 주로 사용하면서, 기독교의 기본적 지식과 전통을 전수하며 이와 동시에 다양한 기독교적 실천의 형태를 구체적으로 소개하는 교육 행위를 지칭하는 용어로 정의하고자 한다. 또한 기독교교육학의 연구 대상 그리고 연구방법

론에 대한 다양한 접근방법을 포함하여, 학문으로서의 기독교교육학을 확립하고 이에 대한 이론을 제안하고자 한다.[6]

제3장에서는 기독교교육신학 및 교육철학의 영역에서 중요한 과제로 대두되는 기독교교육 목적의 개념을 살펴보고, 목적의 유형을 성서적, 신학적, 역사적 구분을 통해 다각적으로 규명하고자 한다. 기독교교육 목적에 대한 학자들의 논의는 전통적으로 다양하게 진행되어 왔으나 교육목적이 비판적 논의의 대상이 된 것은 최근의 일이다. 기독교교육 목적에 대한 논의는 기독교교육의 중요한 근간을 이루는 정체성의 문제로, 기독교교육학자 뿐 아니라 기독교교육을 수행하는 교사의 의식과 행동에까지 영향을 미치는 중요한 문제라고 볼 수 있다. 글로벌 사회가 도래하면서 기독교교육의 현장 속에서 인간을 어느 한 측면으로만 평가하는 것은 점점 어려워지고 있으며, 21세기의 인간관은 트랜스휴먼을 포함하여 변화 가능하고 다양성을 지닌 인간으로 재평가되고 있다. 어떤 인간관을 토대로 교육목적을 설정할 것인가 하는 문제는 매우 중요한 의미를 지니며 이는 교육 전반에 걸쳐 광범위한 영향을 미친다. 따라서 본 장에서는 먼저 기독교교육 목적을 구성하는 데 핵심적인 기능을 수행하는 요소란 무엇이며 이 핵심적인 요소들이 어떻게 형성되고 조직되어 분배되는가에 대한 질문을 제기하려 한다. 또한 성서해석 및 인간관과 연계된 교육목적의 다양성 문제를 다룸으로써, 목적을 유형화하여 제시하고자 한다.

제4장에서는 교육과정(curriculum)의 개념을 통해 기독교교육의 내용을 선정하고 조직하는 다양한 이론을 제시하고, 기독교 교육과정을 새롭게 구성할 필요성에 대해 제안하고자 한다. 기독교 교육과정이란 교사에 의해 소개되는 교육내용의 가능성과 효율성을 측정하는 시각에서 지속적으로 재구

성되는 시도라고 정의될 수 있으며, 학습자의 차이에 관계 없이 일방적으로 선포되는 설교나 강연의 형태와는 달리, 학습자의 현재 상태를 변화시키는 데 가장 효율적인 방식으로 교육내용을 재구성하는 일련의 계획이며 성과라는 것이다. 지금까지 기독교교육의 커리큘럼은 학습자의 인지상태를 마치 흰 종이로 생각하고 그 위에 화가에 의해 일방적으로 그림을 그리는 형태로 마련되어 왔다. 그러나 학습자들의 인지 상태나 심리상태는 결코 흰 종이가 아니며, 연령의 증가에 따라 사회적 경험의 축적에 따라 그리고 주변 환경의 영향에 따라 다양한 그림이 그려져 있기 때문에, 학습자의 상태를 백지의 형태로 가정하고 계획되어 온 전통적 교육과정에 대한 수정과 새로운 연구가 필요하다. 따라서 기독교 교육과정을 새롭게 구성하려는 시도는 바로 이 같은 학습자의 인지·정서·행동 상태를 깊이 관찰하고 그 다양성을 고려하는 관점에서 시작되며, 학습자의 변화를 필연적으로 이끌어내도록 치밀하게 계획된 교육과정과 학습경험의 상호작용적 연결인 것이다. 이를 위해 본 저서는 가장 기본적인 3가지 연구유형 외에도 20세기 후반부터 다양한 관점에서 교육과정을 바라보는 시도, 즉 다문화주의적 접근, 여성주의적 접근, 미학적 접근, 포스트모던적 접근 등을 소개하고자 한다.

제5장에서는 기독교교육의 방법에 관한 연구 분야로서의 기독교 교수-학습과정을 살펴보고자 한다. 기독교교육은 앞서 제기한 바와 같이 특정의 지식을 주입하는 과정이 아니라 학습자 스스로가 자신의 의미를 찾고 자신이 속한 사회의 과제를 스스로 경험하며 극복해 나가도록 돕는 교수-학습과정을 추구하고 있다. 학교 교육이 아닌 교회 교육에서 마련될 수 있는 교수-학습과정으로서는 과연 어떠한 것이 가장 적절하고 효율적인지를 찾는 노력이 필요하며 다양한 교수-학습과정에 대한 연구가 요구된다. 이를 위해

본 저서는 신앙교육을 위한 교수-학습과정, 신학과 연계된 교수-학습과정, 성서와 전통을 비판적으로 연계한 교수-학습과정, 탈인습적 교수-학습과정을 중심으로 학습자의 자발적인 참여를 촉진하고 격려하는 교수-학습과정을 제안하고자 한다. 이와 더불어, 글로벌 시대의 미디어와 관련된 교수-학습과정을 통해, 디지털 네이티브(digital native)가 학습자의 대부분을 차지하고 있는 사회적 변화에 대응하여 학습자 스스로가 자신의 선택을 도출해내는 교수-학습과정의 중요성도 제시하고자 한다.[7]

제6장에서는 학습자의 인지·정서·행동적 신앙 상태를 분석하고 연구하는 기독교교육의 학습자론 영역과 교사의 자질과 기능 등에 관한 기독교교육 교사론을 소개하고자 한다. 학습자에 관한 이론은 주로 심리학을 포함한 사회과학적 접근에 의해 제시된 이론들이 주를 이루나, 이와 더불어 신학 및 철학의 관점에서 기독교교육의 고유한 특징을 지닌 학습자 이해가 도출되고 있다. 또한 기독교교육의 교사에 대한 연구는 다양하게 이루어지고 있으며 기독교교육 현장에서의 교사에게는 학교 교육에서 요구되는 일반적 자질 외에도 하나님에 대한 지식과 영성 등 복합적인 자질이 요구된다. 뿐만 아니라 디지털 세대를 교육하는 기독교교육의 교사에게는 학습자들로 하여금 그들이 수용한 수많은 정보를 기독교적으로 해석하고 분류함으로써, 버려야 할 정보와 간직해야 할 정보를 스스로 구별하고 해석할 수 있는 능력을 갖추도록 돕는 새로운 기능도 요구된다. 따라서 본 저서는 시대의 필요성을 파악하고 학습자의 학습 능력을 새롭게 이해하며 디지털 시대에 연계된 교수-학습모형을 활용할 수 있는 교사상에 대한 다각적인 연구를 진행하고자 한다.

제7장에서는 기독교교육의 수행과 관련된 여러 가지 환경과 체제를 연

구하는 분야인 기독교교육 행정과 평가를 새롭게 대두되는 행정 및 조직에 대한 개념을 중심으로 살펴보고자 한다. 글로벌 시대로 접어들면서, 교육행정 및 조직 연구의 영역에는 학습하는 조직(learning organization)의 개념이 강조되고 있다. 이 개념은 변화하는 환경을 감지하고 해석하며, 지속적인 학습과 변화를 통해 새로운 지식을 투입하고 이 새로운 지식을 시스템과 실천에 포함시키며, 이 지식이 새로운 결과로 전환되도록 돕는 집단적 능력을 의미한다.[8] 이 점에서 교육 공동체는 지속적인 학습과 변화를 통해 조직에 속한 구성원들이 자신의 능력을 끊임없이 확대해 가며 함께 배워가는 조직이어야 한다는 것이다. 본 저서는 기독교교육 현장이 학습하는 조직으로서 공통의 목표를 성취하기 위해 대화하고 토의하는 과정을 통해 함께 배우며 성장할 수 있도록 조직에 대한 사고의 전환을 시도하려 한다.

마지막으로 제8장에서는 글로벌 사회에 대응하는 기독교교육의 과제를 제시함으로써, 세계화의 다양한 도전에 대응하는 3가지 유형의 기독교교육, 즉 사회정의를 위한 교육, 문화 다양성을 위한 교육, 그리고 글로벌 시민교육을 제안하고자 한다. 먼저 '사회정의를 위한 교육'은 현존하는 교육 현실과 사회에 순응하며 규격화된 노동시장으로 진출하는 수동적 입장에 처한 학습자들에게 험난한 교육적 현실을 정확하게 인식하도록 돕고 새로운 가능성과 희망을 제공하려는 목적을 지닌 교육적 접근이다. 또한 이 교육은 학습자들로 하여금 교육의 현장에만 머무는 것이 아니라 능동적인 주체로서의 자각을 가지고 사회·경제적 상황에 영향을 미칠 수 있는 권리와 책임을 지닐 수 있도록 격려하며, 더 나아가 정의 중심의 사회를 형성하고 참여하도록 돕는 교육적 접근이다. '문화 다양성을 위한 교육'은 그동안 진행되어 온 다문화 교육이 피상적인 인식과 관심만으로 이루어져 왔다는 것에 대해 비판을 제기하면서 다양성과 일치 사이의 균형을 유지하고 글로벌 사회 속에서 평화적인 공존을 추구하려는 목적을 지닌 교육적 접근이다. 이 접근은 다원주의적 특징을 지닌 글로벌 사회 속에서 다양성의 유지와 차이에 대한 관심, 그리고 사회의 모든 면에서 활동적으로 참여하는 권리를 포함하는 다문화적 관점을 기반으로 교육적 현장 속에서 교육과정, 교수-학습과정, 평가, 그리고 인적 자원 구성에 관한 보다 실제적인 차원에서의 변화를 추구하려는 관점이다. '글로벌 시민교육'은 자신의 이익을 위해 능력을 개발하거나 국경을 넘나들며 자유롭게 이동하지만 지역 문화와의 밀접한 접촉을 기피하며 자신을 보호하는 거품(protective bubble) 안에 거주하려는 차원의 편협한 초국가적 정서(parochial transnational ethos)를 넘어서 글로벌 시민으로서의 책임을 인식하는 것을 목적으로 삼는 교육적 접근이다.[9] 이 같은 3가지 유형의 기독교교육을 기반으로, 본 저서는 신앙의 토대 위에서 미래 세대를 향한 희망과 글로벌 교육 사이의 변증법적인 긴장 관계를 발견함으로써 신앙의 대행자로서의 역할을 감당하도록 돕는 글로벌 사회의 새로운 기독교교육을 제안하려 한다.

머리말

1 Hyun-Sook Kim, "Seeking Critical Hope in a Global Age: Religious Education in a Global Perspective," *Religious Education* vol. 110, no. 3 (May/June 2015): 311-328; Hyun-Sook Kim, Richard R. Osmer and Friedrich Schweitzer, *The Future of Protestant Religious Education in an Age of Globalization* (Münster and New York: Waxmann Publisher, 2018).

2 David Held, Anthony McGrew, David Goldblatt, and Jonathan Perraton, *Global Transformations: Politics, Economics, and Culture* (Stanford, CA: Stanford University Press, 1999); Roland Robertson, *Globalization: Social Theory and Global Culture* (London: Sage Publications, 1992); 김현숙, "근대초기 기독교 여성과 기독교적 여성교육,"「기독교교육논총」제59집 (2019. 09): 17-58.

3 Hyun-Sook Kim, "The Hermeneutical-*Praxis* Paradigm and Practical Theology," *Religious Education* vol. 102, no. 4 (2007): 419-436.

4 Ibid.

5 Martha C. Nussbaum, *Not for Profit: Why Democracy Needs the Humanities* (Princeton: Princeton University Press, 2010) 참조.

6 James Michael Lee ed., *Forging a Better Religious Education in the Third Millennium* (Birmingham, AL: Religious Education Press, 2000).

7 Don Tapscott, *Grown Up Digital: How the Net Generation is Changing Your World* (New York: McGraw Hill, 2009), 121-123.

8 Peter Senge, Nelda Cambron-McCabe, Timothy Lucas, Bryan Smith, Janis Dutton and Art Kleiner, *Schools that Learn: A Fifth Discipline Fieldbook for Educators, Parents, and Everyone Who Cares about Education* (New York: Doubleday, 2000), 9.

9 Kim, "Seeking Critical Hope in a Global Age: Religious Education in a Global Perspective," 323.

목 차

III 기독교교육의 목적 규명: 왜 WHY

IV 기독교교육 내용의 선정과 조직: 무엇을 WHAT

목 차

V 기독교 교수-학습과정의 선택: 어떻게 HOW

VI 기독교교육의 학습자와 교사: 누가 WHO

VII 기독교교육의 평가 및 행정: 언제·어디서 WHEN & WHERE

VIII 글로벌 사회 속의 한국 교회와 기독교교육

I

세계화와 글로벌 사회의 출현

I
세계화와 글로벌 사회의 출현

1. 서론

기독교교육(Christian education)은 먼저 광의적 의미에서 볼 때 기독교의 기본적 지식과 전통을 전수하며, 이와 동시에 다양한 기독교적 실천의 형태를 구체적으로 소개하는 교육 행위를 지칭한다. 이를 협의적 의미로 서술한다면, 기독교교육은 하나님과의 관계 속에서 관계적, 평등적, 개방적인 특성을 지향하는 성숙한 기독교인을 양육하려는 목적을 지닌 것으로 정의될 수 있다.[1]

이 같은 교육을 현실 속에서 수행하고 있는 대다수의 교육자들은 21세기에 접어들면서 이전과는 질적으로 다른 새로운 형태의 글로벌 사회를 경험하고 있으며, 이상적인 교육환경과 반대되는 모순적 상황과 갈등에 직면하고 있다. 교육자들은 사회 속에서 공적 역할을 담당할 수 있는 자율적이며 성숙한 인간을 양육하려는 이상적인 교육철학을 실현하려 하지만, 이익 추구가 상대적으로 중요시되는 신자유주의적 세계화의 환경 속에서 경제적 성장과 효율성을 우선시하는 자본주의적 요청에 직면하는 경우를 종종 경험하게 된다는 것이다.[2] 달리 서술하여, 글로벌 사회에 기반을 둔 현재의 교육상황은 교육적 이상을 실현할 수 있는 환경이라기보다는 자본주의적 요청에 더 쉽게 순응하면서 교육 체제의 모순을 간과하고 혹은 더 강화하는 형태로 진행되고 있다. 이 같은 글로벌 상황 속에서 대다수의 기독교교육학자 및 기독교교육자들은 이익 추구를 강조하고 경쟁 사회의 현상을 반영하는 교육환경을 제공하기보다는 인간을 강조하는 이상적 교육환경을 조성해야 한다는 입장을 취하고 있다. 따라서 기독교교육학자 및 기독교교육자들은 현재 진행되고 있는 다양한 갈등과 심각한 문제들을 비판적으로 살펴볼 수밖에 없다는 것이다. 그러나 동시에 세계화라는 거대한 흐름 속에서 도래된 글로벌 사회의 현실은 기독교회와 기독교교육의 현장 속에서 교육을 수행하는 사람들로 하여금 자신을 둘러싼 환경에 대해 비판적 성찰을 할 수 있는 새로운 기회를 제공하기도 한다. 즉 기독교교육이 이 같은 상황 속에서 과연 어떠한 역할을 수행해야 하며, 기독교회는 어떠한 글로벌 교육을 제공해야 하는가에 대한 근본적 질문을 제기하게 한다는 것이다. 따라서 이 장에서는 현대 사회의 가장 대표적인 특징인 세계화로 인해 발생 되는 다양한 현상, 즉 신자유주의, 근본주의, 그리고 초국가주의에 대해 살펴보고, 이 같은 현상 속에서 요청되는 교육적 대응은 과연 무엇인지를 살펴보고자 한다.[3]

2. 세계화에 대한 다양한 논의

세계화(globalization)는 대체로 근대화의 과정 중에서 최초로 생겨난 독특한 현상으로 인식되고 있는 경우가 많으나, 역사적으로 볼 때 세계화는 근대화 이전으로 거슬러 올라가 살펴볼 수 있다. 데이비드 헬드(David Held)와 일단의 학자들은 역사적으로 세계화의 단계를 다음의 4가지로 소개하고 있다. 첫 번째 단계는 제국의 확장, 세계종교의 출현, 유목민의 정복 및 농업의 확장으로 표출되는 전근대적 세계화(premodern globalization)의 단계이며, 두 번째 단계는 유럽과 아메리카 대륙, 대양주 사이의 인구 통계학적, 환경적, 역학적 흐름에 의해 시작된 초기 근대적 세계화(early modern globalization)의 단계이다. 세 번째는 경제적인 차원의 세계화 현상으로 설명되는 광범위하고 집중적인 무역, 그리고 투자의 영역과 연계된 근대적 세계화(modern globalization)의 단계이며, 마지막 단계는 지금 우리가 경험하고 있는 현대적 형태의 세계화(contemporary globalization) 단계이다.[4]

이 같이 세계화는 인류의 역사 속에서 다양한 형태로 나타났으나, 우리가 지금 경험하고 있는 현대적 형태의 세계화 현상은 1945년 이전의 세계화 현상들과는 대비적인 모습을 보이고 있으며 양적·질적으로 상이한 글로벌 흐름을 나타내고 있다. 헬드와 일단의 학자들에 의하면, 현대적 형태의 세계화가 지니는 주요 특징은 사회적 상호작용이 이루어지는 모든 기본적인 영역 속에서 세계화 과정들이 점차 융합(convergence)되어 가고 있다는 것이다. 달리 서술하여, 세계화란 사회적·경제적·문화적 영역 속에서 복잡한 관계들을 만들어 내고 그로 인해 형성된 결과들이 다시 결합되어 가는 과정이라는 것이다.[5] 예를 들어, 세계화는 강화된 커뮤니케이션과 정보의 시스템을 생산하는 과정이라고 설명할 수 있는데, 이 과정은 배급 기술의 합리화 과정을 이끌어 내고, 시스템의 유연성과 즉각성을 향상시키며, 하도급 체제, 외부 발주, 수직적 붕괴, JIT(Just-in-time) 배달방식에 관한 다양한 아이디어를 제공한다. 이러한 형태로, 새로이 형성된 결과들이 결합되어 이전과

는 상이한 시스템을 구성하고 보다 강화되고 복합적인 커뮤니케이션과 정보 시스템이 만들어진다는 것이다.[6]

학문적·대중적 담론의 관점에서 볼 때, 세계화는 논쟁적 의미를 지닌 용어라고 평가된다. 프리드먼(Thomas L. Friedman)에 의하면, 세계화의 과정은 믿을 수 없을 만큼 많은 권한과 혜택을 현대인들에게 제공하는 형태로 진행되기도 하지만, 동시에 믿을 수 없을 만큼 억압적인 현상을 초래하기도 한다는 것이다. 달리 서술하여, 세계화는 사람들에게 새로운 형태의 민주적 기회를 동등하게 제공할 수 있는 이상적 환경을 조성하기도 하지만 동시에 사람들에게 불안감을 이끌어내는 이중적이며 모순적 형태로 진행된다는 것이다.[7] 피에르 부르디외(Pierre Bourdieu)는 세계화를 신화(myth)로 규정하고 있는데, 이 신화는 보수적 혁명에 기반을 둔 신화라는 것이다. 즉 세계화는 소수의 선진 국가들에 의해 대다수의 금융 시장이 지배되는 차별적 구조가 전 세계적으로 확장되는 과정이다.[8] 그러나 동시에 세계화는 글로벌 시민사회의 형성을 지향하는 과정이며, 이 과정은 평화롭고 민주적인 새로운 시대의 가능성을 제공하고 보다 진일보된 지배구조를 생성할 수 있다고 평가되기도 한다.[9] 요약하면, 사회적·경제적·문화적 현상으로서 세계화는 한편으로는 자본의 축적, 정보의 보급, 기술적 혁신으로 이어지는 긍정적 측면을 포함하면서도 다른 한편으로는 국가 사이의 심각한 불평등과 차이점을 야기하는 문제점도 동시에 지니고 있어, 이 둘 사이의 긴장과 통합의 양면적 특성을 내포하고 있다.[10]

이 같이 논쟁적이며 모순적인 현상을 내포하고 있는 세계화는 21세기의 현대인들에게는 피할 수 없는 엄중한 현실로 다가오고 있다. 현대인들은 하나의 지구로 압축된 지구촌 세계에서 살고 있으며 사회적·경제적·문화적으로 상호 연계된 사회 속에서 살고 있다.[11] 세계화의 다양한 현상 속에서 본 저서는 다음의 세 가지 특징을 중심으로 이전 시대의 세계화 현상과 대비되는 현대 사회의 세계화 현상을 다뤄보고자 한다. 1) 사회·경제적 영역 속에서 발견되는 신자유주의(neo-liberalism), 2) 문화적 영역 속에서 나타나는 근본주의(fundamentalism), 그리고 3) 글로벌 영역에서의 초국가주의(transnationalism)는 세계화로 인해 야기된 다양한 현상을 설명하는 중요한 관점으로서, 현대인뿐 아니라 기독교인들의 삶에도 밀접한 영향을 미치는 세계화의 복합적인 현상을 이해할 수 있는 관점이다.[12]

1) 신자유주의와 글로벌 사회

신자유주의는 세계화가 지닌 긍정적 차원에 대해 설명하고 있는 다양한 관점 중에서 가장 대표적인 관점으로서, 효율성과 책임(accountability)을 강조하면서 자유 시장과 자유무역을 신봉하는 이론 혹은 이데올로기라고 정의될 수 있다.[13] 데이비드 제프리 스미스(David Geoffrey Smith)는 신자유주의적 세계화란 새로운 형태의 신본주의 사회를 지향하는 속성을 지닌다고 표현하였다. 즉 신자유주의는 시장과 자본을 일종의 신적 존재로 추종하는 경제이론이라는 것이다. 냉전체제의 붕괴 이후, 모든 시장을 범세계적으로 개방하고 국경이 없는 새로운 사회를 지향하는 신자유주의의 비전은 자유 시장과 자유무역의 기치 아래 지역 사회의 변화뿐 아니라 더 나아가 인간에 대한 근본적 이해까지도 재구성하는 광범위한 변화로 이어졌다.[14] 부르디외에 의하면, 신자유주의는 무제한적인 개발(unlimited exploitation)이 가능하다는 일종의 유토피아적인 희망에 기초하였으며, 자유 시장과 자유무역이라는 두 가지 신조를 토대로 전 세계적인 현상으로 확산되어 가고 있으며, 더 나아가 신자유주의 국가의 시민을 양산하고 있다는 것이다.[15] 신자유주의 세계화는 비판적 사회 담론의 기회를 배제하고 인간보다는 이익을 우선시하는 기업 논리를 강조하는 상황을 조성함으로써 사회 전반에 영향을 주었으며, 이는 교육의 영역에도 지대한 영향을 미치고 있는 글로벌 사회의 주요 현상이다

2) 근본주의와 글로벌 사회

근본주의는 세계화가 진행되고 글로벌 사회로 접어들면서 글로벌 문화와 지역 문화 사이에 증대하는 다양성과 문화적 영역에서 나타나는 심각한 긴장 관계를 해소하기 위해 표출되는 대표적인 현상을 설명하고 있는 관점이다. 세계적인 이동의 급증, 정보 및 커뮤니케이션 기술의 혁신, 그리고 다원주의의 확산 등과 같은 다양한 현실 속에서, 문화적 영역에서의 세계화는 새로운 형태의 위기 상황을 초래하고 있다. 현대인들은 세계화로 인해 오랫동안 지속되어 온 전통이 해체되는 것을 경험하고 동시에 신념·가치·삶의 스타일에 있어서 다양한 선택권을 행사해야 하는 다원주의적 상황에 직면하고 있다. 이러한 상황 속에서 현대인들은 이에 대응하려는 다양한 모습을 보여 왔다. 근본주의는 한편으로 피상적인 안정을 도모하려는 최후수단으로 나타나기도 하고, 다른 한편으로는 헌팅턴이 지적한 바와 같이 문명의 충돌(clash of civilizations)이라는 극단적인 형태로 표출되기도 하였다.[16]

문화적 영역에서의 세계화 현상은 전통과 집단성보다는 개인의 자율성을 우선시하는 글로벌 문화의 형성을 이끌어내기도 한다. 그러나 피터 버거(Peter Berger)에 의하면, 문화적 세계화는 미디어와 기술의 발달과 더불어 현대 문화의 다양성을 과대하게 강조하는 과정 중에서 현대인들에게 심각한 거대 위협(a single great threat)으로 동시에 다가오기도 한다는 것이다.[17] 캐런 암

스트롱(Karen Armstrong)은 그의 저서 *The Battle for God*에서, 근본주의는 단순히 과거로 돌아가려는 경향으로 이해되기보다는 과학적이고 세속적인 문화에 대항하려는 현대인들의 대응 과정으로 이해되어야 한다는 것이다.[18] 근본주의란 반 세계성의 형태로 나타난 세계성의 산물로 정의되고 있는데, 그 유형은 종교적 근본주의, 신종족주의(neo-tribalism) 및 교조주의 등 다양한 형태로 나타나고 있다.[19] 근본주의적 경향은 현대사회에서 흔히 발견되는 다원주의, 민주주의 그리고 종교적 관용에 대해 불만을 표출하면서, 종교적·문화적·정치적 정체성이 지닌 선험적 우월성을 강조하고, 특정의 절대적 가치를 중심으로 모든 삶의 영역과 형태를 재구성하려는 목적을 내포하고 있다.[20] 이 같은 근본주의적 경향은 글로벌 사회의 교육 현장 속에서 다양성보다는 특정 가치를 강조하는 교조주의적 형태로 나타난다.

3) 초국가주의와 글로벌 사회

운송의 비약적인 발전과 글로벌 상호작용 네트워크에서의 급진적인 변화로 인해 세계화 과정은 현대 사회의 구조를 글로벌 사회로 변화시켰으며, 더 나아가 글로벌 상호작용 능력을 계발시켜 왔다. 이 같은 글로벌 사회의 출현과 글로벌 상호작용 능력의 계발은 전통적인 형태의 국가의 주권과 그 자율성에 많은 영향을 미치며 초국가주의로의 변화를 이끌어냈다. 달리 서술하여, 국가의 주권과 자율성을 강조해 온 웨스트팔리안 체제(Westphalian regime)는 이제 글로벌 사회 속에서 심각한 도전과 변화를 경험하고 있으며, 이 도전과 변화는 작게는 국가 정체성의 침해로부터, 크게는 지역 언어와 문화의 상실까지도 이어지는 광범위한 형태로 진행되고 있다고 볼 수 있다.[21]

스테펜 캐슬(Stephen Castle)은 지역 국가에 미친 세계화의 영향을 다음과 같이 설명하고 있다. 먼저 국가의 주권은 세계법과 인권 원칙에 의해 영향을 받아 점차 약화되고 있으며, 국가의 자율성은 다국적 기업과 세계 연방주의 체제에 의해 제약되고 있는 현실이다. 또한 국경을 넘나드는 유동성의 급격한 증가로 인해 국경의 통제는 약화되고 있으며, 민주주의는 초국가주의의 형태로 이동하면서 새롭게 조정되고 있는 양상을 보이고 있다는 것이다. 따라서 점차 변화되는 정치적 구조뿐 아니라 초국가주의 공동체의 출현으로 인해, 국가와 시민 사이의 근본적인 유대 그리고 영토와 정치적 권력 사이의 필수적인 관련성이 점차 약화되는 심각한 상황에 직면하게 되었다. 이 같은 세계화의 다양한 영향과 더불어, 글로벌 사회는 이전의 혈족 관계, 이웃 혹은 직장에 기초한 면대면 공동체의 범위를 넘어서서 광범위한 가상 사회, 달리 서술하여 초국가적 공동체(transnational community)로 확장되어 갔다. 이는 이중시민권 혹은 다중시민권과 같은 시민권의 형태에 많은 영향을 주었으며 시민권(citizenship)의 개념을 설명하고 그 한계를 설정하는데 있어 많은 어려움을 야기하였다.[22]

이 같은 초국가주의적 세계화의 현상은 교육의 현장에도 많은 영향을 미쳤으며, 학습자의 정의도 국가 시민의 한계를 넘어서 글로벌 시민으로 확대되는 새로운 개념 정의가 도출되기도 하였다. 그러나 동시에 일부 사람들은 자신이 거주하는 로컬 국가에 대한 애정과 관심보다는 국가를 넘나들면서 초국가주의의 편협한 정서(parochial transnational ethos)에 기초하여 자신의 이익을 도모하는 모습도 보이고 있다. 편협한 글로벌 시민이란 국경을 넘나들며 자유롭게 이동하지만 지역 문화와의 밀접한 접촉을 기피하며 자신을 보호하는 거품 안에 거주하려는 사람을 의미한다. 이는 세계 시민의식의 개념을 제한하는 형태로 진행되며, 교육 현장 속에서 글로벌 시민의 개념을 조정하고 글로벌 시민교육의 기능에 대한 새로운 논의를 진행할 필요성을 제기하고 있다.

위에서 서술한 세계화의 세 가지 관점 및 특징-신자유주의, 근본주의, 초국가주의-은 서로 밀접하게 연계되어 있으며 상호적으로 긴밀한 영향을 주고받고 있다. 이 세 가지 특징은 우리가 살고 있는 현 사회에 대한 보다 근본적인 문제를 제기하고 있으며 새롭게 재편되고 있는 글로벌 사회가 제기한 다양한 현상과 도전적 상황을 구체적으로 보여 주고 있다. 또한 앞서 서술한 다양한 도전은 지금까지 현 사회에 대한 큰 영향을 끼쳐 온 기업 논리(corporate logic), 근본주의적 태도(fundamentalistic attitude), 그리고 편협한 초국가주의적 정서(parochial transnational *ethos*)에 기반을 둔 교육을 비판적으로 성찰하고 글로벌 사회의 다양한 도전에 대응할 수 있는 기독교교육으로 재구성되어야 할 필요성을 제기하고 있다.[23] 달리 서술하여, 글로벌 사회는 신자유주의, 근본주의, 그리고 초국가주의에 의해 야기되는 사회적 위기와 글로벌 도전에 대응할 수 있는 새로운 기독교교육의 필요성을 제기한다는 것이다.[24]

3. 글로벌 사회에서의 공적인 기독교교육

지난 수십 년 동안, 세계화의 문제는 공적 토의와 학문적 담론의 장에서 중요한 위치를 차지해 왔다. 세계화의 현상은 지구촌 공동체의 상호 연계와 글로벌 의식을 형성하는 과정에 긍정적인 영향을 끼칠 수도 있으나, 동시에

"두려움의 문화(culture of fear)"를 강화하는 위기 현상도 제공한다고 평가된다. 여기서 두려움의 문화란 미지에 대한 공포, 낯섦에 대한 공포, 그리고 다름(difference)에 대한 공포를 지칭하는데, 이 두려움의 문화가 세계 곳곳에서 갈등과 근본주의를 유발하는 하나의 요소로 작용해 왔다는 것이다. 이와 같은 두려움의 문화는 또 다른 형태의 새로운 갈등으로 이어질 가능성이 높다. 현재 한국 사회는 각기 다른 종교, 지역, 젠더, 계층, 이데올로기에 따라 양분화된 사회의 모습을 보이고 있다. 이는 극단적인 논쟁의 모습으로 나타나기도 하고, 다른 문화에 대한 혐오 현상으로 표출되면서, 다양한 갈등이 중첩되고 있는 현상을 보여주고 있다. 세계화를 통해 각기 다른 문화와 인종 등이 공존하는 사회가 점차 증가함에 따라 이에 대한 두려움과 공포를 초래하는 새로운 현상도 함께 발생되었으며, 이를 통해 다양한 갈등이 유발되는 결과로 이어졌다는 것이다. 따라서 이를 해결하기 위해서는 다름을 과연 어떻게 다룰 것인가에 대한 지속적인 교육이 이루어져야 한다.[25]

이 같은 갈등의 상황 속에서, 특히 9.11 이래로 많은 수의 학자들은 세계 정치와 학문적 담론의 장에서 수행해야 할 종교의 역할에 대해 새로운 관심을 지니게 되었다. 그러나 종교의 역할에 대한 평가는 상반된 형태로 제기되고 있다. 먼저 일부 학자들은 종교의 공적 참여가 후기-세속 사회(post-secular society)의 자유와 안정성을 저해할 수 있다고 보았다. 즉 종교와 사회의 밀접한 관련성이 또 다른 형태의 억압적 요소로 작용하는 것은 아닌지에 대한 우려가 현존한다는 것이다. 반면 다른 학자들은 글로벌 상호의존성 속에서 연계되어 있다는 의식을 기반으로 공적 영역에서의 종교의 역할과 위치가 바람직한 공동의 가치를 회복할 수 있는 가능성을 제공한다고 주장하기도 하였다.[26] 이는 공적 영역에서 종교의 역할이 새로운 영감을 고취하고 개방성을 제공하기도 하지만 동시에 교조주의적 위험성도 내포하고 있다는 이중성 - 즉 가능성과 위험성이 동시에 존재한다는 것을 나타낸다.[27]

이 같은 이중적이며 모순적 가능성에도 불구하고, 새로운 형태의 글로벌 사회는 기독교와 기독교 공동체로 하여금 공적 종교로서 사회 담론과 학문적 토의에 참여해야 할 필요성을 제공한다.[28] 달리 서술하여, 세계화의 현상이 초래하는 불평등한 문제들을 인식하는 차원에서 기독교 공동체는 글로벌 교육을 통해 새로운 형태의 희망과 가능성을 제공할 책임을 지녀야 한다는 것이다. 공적 종교로서의 기독교와 기독교 공동체는 이 시대가 제공하는 문제의 징조를 식별하고 동시에 신앙의 전통과 현실에 대한 비판적 인식에 기반을 둔 희망(critical hope)을 제공해야 하며, 더 나아가 세계화가 진행되고 있는 사회 또는 이미 세계화된 사회 속에서 글로벌 기독교교육을 제공해야 할 책임을 지니고 있다.

우리는 여기서 세계화의 환경 속에서 수행해야 할 기독교교육의 주요 역할에 대해 다음과 같은 근본적인 질문을 제기할 수 있다. 즉 기독교인들은 자신의 신앙을 유지하면서도 동시에 글로벌 사회 속에서 사회정의를 위해 노력하고, 다양성 속에서 일치를 유지하며, 글로벌 시민으로서의 책임감을 고취할 수 있는가? 기독교교육은 현재의 이중적이며 모순적인 세계화의 상황 속에서 과연 어떠한 방식으로 희망을 제공할 수 있는가?

기독교교육은 앞서 서술한 공적 영역에서의 종교의 역할을 중시하는 관점에서, 사회정의의 실현, 문화적 다양성 속에서의 일치, 그리고 책임 있는 글로벌 시민의 육성이라는 중요한 목표를 지니고 있다. 달리 서술하여, 기독교교육은 이익보다 사람을 중시하는 교육, 특정 절대 가치보다 문화적 다양성을 유지하는 교육, 초국가시대에서 자신의 이익만을 추구하는 편협한 코

스모폴리탄이 아닌 글로벌 시민을 육성할 수 있는 관계적, 평등적, 개방적 교육환경을 제공해야 한다는 것이다. 이를 위해서는 기업 논리에 대응할 수 있는 사회정의를 위한 교육, 근본주의적 태도를 지양하고 다양성 속의 문화적 일치를 지향하는 교육, 그리고 글로벌 책임을 지향하는 기독교교육이 요청된다.[29]

이와 같은 글로벌 사회 속에서의 기독교교육에 관한 논의를 위해서는 먼저 기독교교육에 대한 전반적인 이해가 이루어져야 한다고 본다. 본 저서는 다음 장에서 기독교교육학의 다양한 명칭과 개념, 기독교교육학의 주요 연구 대상인 목적, 내용, 방법, 교사, 학습자 그리고 평가 및 교육행정에 대한 다양한 이론들을 소개하고, 이를 기반으로 글로벌 사회에서 요청되는 새로운 유형의 기독교교육을 소개하고자 한다.

제1장 세계화와 글로벌 사회의 출현

1 Kim, "Seeking Critical Hope in a Global Age," 311.

2 William Ayers, Therese Quinn, and David Stovall, "Editor's Conclusion," in *Handbook of Social Justice in Education,* edited by William Ayers, Therese Quinn, and David Stovall (New York: Routledge, 2009), 1-2; Martha C. Nussbaum, *Not for Profit,* 1-10.

3 Kim, "Seeking Critical Hope in a Global Age," 312-313.

4 Held, McGrew, Goldblatt and Perraton, *Global Transformations,* 414-452.

5 Ibid., 437; Kim, "Seeking Critical Hope in a Global Age," 313.

6 Fazal Rizvi and Laura C. Engel, "Neo-Liberal Globalization, Educational Policy, and the Struggle for Social Justice," in *Handbook of Social Justice in Education,* edited by William Ayers, Therese Quinn, and David Stovall (New York: Routledge, 2009), 530-532.

7 Joseph S. Tulchin and Gary Bland, "Introduction: Getting Globlization Right," *Getting Globalization Right: The Dilemmas of Inequality,* edited by Joseph S. Tulchin and Gary Bland (Boulder, CO: Lynne Rienner Publishers, 2005), 1-3; Thomas L. Friedman, *Lexus and the Olive Tree* (New York: Anchor Books, 2000), 406, quoted by C. T. Kurien, "Globalization: An Economist's Perspective," in *Public Theology for the 21st Century: Essays in Honour of Duncan B. Forrester,* edited by William E. Storrar and Andrew R. Morton, forworded by Raymond Plant (London: T & T Clark, 2004), 196.

8 Pierre Bourdieu, *Acts of Resistance: Against the Tyranny of the Market*, translated by Richard Nice (New York: The New Press, 1998), 34-38.

9 Peter L. Berger, "Introduction: The Cultural Dynamics of Globalization," in *Many Globalizations: Cultural Diversity in the Contemporary World,* edited by Peter L. Berger and Samuel P. Huntington (Oxford: Oxford University Press, 2002), 2.

10 Rizvi and Engel, "Neo-Liberal Globalization, Educational Policy, and the Struggle for Social Justice," 530-532.

11 Roland Robertson, *Globalization: Social Theory and Global Culture* (London: Sage Publications, 1992); "The Globalization Paradigm: Thinking Globally," in *Religion and the Social Order: New Developments in Theory and Research*, vol 1, edited by David G. Bromley (Greenwich, CO: JAI Press INC., 1991), 216.

12 Kim, "Seeking Critical Hope in a Global Age," 313-314.

13 G. E. Fischman and E. Haas, "Critical Pedagogy and Hope in the Context of Neo-liberal Globalization," in *Handbook of Social Justice in Education,* edited by William Ayers, Therese Quinn, and David Stovall (New York: Routledge, 2009), 567.

14 David Geoffrey Smith, "Curriculum and Teaching Facing Globalization," in *The Curriculum Studies Reader,* 3rd edition, edited by David J. Flinders and Stephen J. Thornton (New York: Routledge, 1998), 368-384.

15 Bourdieu, *Acts of Resistance*, 94-105; Kurien, "Globalization: An Economist's Perspective," 199.

16 Samuel P. Huntington, *The Clash of Civilizations and the Remaking of World Order* (New York: Simon & Schuster, 1996), 21-29.

17 Berger, "Introduction," in *Many Globalizations*, 2-9.

18 Karen Armstrong, *The Battle for God: A History of Fundamentalism* (New York: Ballantine Books, 2000; 2001), viii.

19 Robertson, *Globalization*, 170; Smith, "Curriculum and Teaching Facing Globalization," in *The Curriculum Studies Reader*, 377.

20 Robertson, *Globalization*, 170; David Held, "The Transformation of Political Community: Rethinking Democracy in the Context of Globalization," in *Global Citizenship: A Critical Introduction*, edited by Nigel Dower & Jon Williams (New York: Routledge, 2002), 100.

21 Held and others, *Global Transformations*, 443-444; Smith, "Curriculum and Teaching Facing Globalization," in *The Curriculum Studies Reader*, 377.

22 Stephen Castle, "Migration, Citizenship and Education," in *Diversity and Citizenship*

Education: Global Perspectives, edited by James A. Banks (San Francisco, CA: Jossey-Bass, 2004), 21-22; 27-29.

23 본 저서는 옹(Aihwa Ong)에 의해 제시된 국경 없는 신자유주의 정신(borderless neoliberal *ethos*)과 버거(Peter Berger)에 의해 제시된 편협한 글로벌 시민(parochial cosmopolitans)의 개념을 응용하여 편협한 초국가주의 정서(parochial transnational *ethos*)의 개념을 제안하고자 한다. 여기서 국경 없는 신자유주의 정신이란 글로벌시민으로 알려져 있는 개인들이 자신의 이익을 위해 기술과 능력을 강화하는 것에 초점을 맞추고 있는 의식을 지칭한다. 반면 편협한 글로벌 시민이란 국경을 넘나들며 자유롭게 이동하지만 지역 문화와의 밀접한 접촉을 기피하며 자신을 보호하는 거품(protective bubble) 안에 거주하려는 사람을 의미한다. Aihwa Ong, "Higher Learning: Educational Availability and Flexible Citizenship in Global Space," in *Diversity and Citizenship Education: Global Perspectives,* edited by James A. Banks (San Francisco, CA: Jossey-Bass, 2004), 49-70; Berger, "Introduction," in *Many Globalizations,* 6.

24 Kim, "Seeking Critical Hope in a Global Age," 315-316.

25 M. Golmohamad, "Global Citizenship: From Theory to Practice, Unlocking Hearts and Minds," in *Global Citizenship Education: Philosophy, Theory and Pedagogy*, edited by M. A. Peters, A. Britton, and H. Blee (Rotterdam: Senge Publishers, 2008), 520; 벤자민 바버(Benjamin Barber)는 미국이 테러리즘의 주요 무기를 상기시킨다고 주장했다. 즉 두려움과 공포는 자유와 안전을 위협하는 두려움과 공포의 제국을 만들어 낸다는 것이다. Benjamin R. Barber, *Fear's Empire: War, Terrorism, and Democracy* (New York: W. W. Norton & Company, 2003), 15-32; Robert Jackson, "Religion, Education, Dialogue and Conflict: An Introduction," in *Religion, Education, Dialogue and Conflict: Perspectives on Religious Education Research*, edited by Robert Jackson (London: Routledge, 2012), 5-9.

26 David Hollenbach, S. J., *The Global Face of Pubic Faith: Politics, Human Rights, and Christian Ethics* (Washington, D.C.: Georgetown University Press, 2003), xi.

27 Hent de Vries, "Introduction: Before, Around, and Beyond the Theologico-Political," in *Political Theologies: Public Religions in a Post-Secular World*, edited by Hent de Vries and Lawrence E. Sullivan (New York: Fordham University Press, 2006), 1-4.

28 Hans Küng, "A Global Ethic for a New Global Order," in *Global Citizenship: A Critical Introduction*, edited by N. Dower and J. Williams (New York: Routledge, 2002), 134; Robert Jackson, *Rethinking Religious Education and Plurality: Issues in Diversity and Pedagogy* (London: RoutledgeFalmer, 2004), 126-142.

29 Kim, "Seeking Critical Hope in a Global Age," *Religious Education*, 324-326.

II

기독교교육학의 이해

1. 기독교교육 명칭의 분류

2. 학문으로서의 기독교교육학

3. 기독교교육학의 연구방법론

1) 현상학적/기술적 연구 방법
2) 상관관계적 연구 방법
3) 비판적 상관관계 연구 방법
4) 비판적 '실천' 상관관계 연구 방법
5) 실증 신학적 연구 방법
6) 기독론적 연구 방법
7) 트랜스버설 연구 방법
8) 합의적 연구 방법
9) 해석학적-실천적 연구 방법

II
기독교교육학의 이해

1. 기독교교육 명칭의 분류

기독교교육은 기독교교육의 현장 속에서 다양한 명칭으로 구분되어 사용되어져 왔다. 학자들마다 조금씩 다르겠지만, 적어도 다음의 6가지의 명칭으로 구분되는데, 이는 기독교교육, 종교교육, 교회 교육, 기독교 학교교육, 기독교적 종교교육, 그리고 교육 목회이다.

그 중 가장 대표적인 명칭이 기독교교육(Christian education)인데, 여기서 기독교교육은 기독교의 기본적 지식과 전통을 전수하며, 이와 동시에 다양한 기독교적 실천의 형태를 구체적으로 소개하는 교육 행위를 지칭하는 용어이며, 개신교 학자들에 의해 주로 사용되어 왔다. 이는 다음에 논의할 종교교육과 대비되어 정의되기도 한다.[1] 종교교육(religious education)은 주로 가톨릭교회에서 사용하는 용어로서, 기독교교육과 같은 지시대상을 의미한다. 여기서 기독교교육이라는 말 대신 종교교육이라는 용어를 사용하는 이유는 기독교가 범세계적인 종교라고 인식하는 근거로부터 시작되었다. 또한 성공회가 국교인 영국에서도 기독교교육이라는 명칭 대신 종교교육이라는 용어를 사용하며, 유대인의 경우도 유대교 교육을 종교교육이라고 지칭한다. 한편 개신교의 경우에도 기독교교육이라는 명칭 대신 종교교육이라는 명칭을 사용하는 학문적 집단이 있는데, 이 경우는 신학적·교육학적 입장의 차이를 반영하고 있다. 기독교교육의 주요 내용에 있어 하나님의 계시와 성서에 집중하는 신학적 입장을 지닌 학자들은 기독교교육이라는 명칭을 사용하는 반면, 인간의 경험을 통해 파악될 수 있는 하나님의 계시라는 특징을 강조하는 자유주의 신학자들과 사회개조 및 하나님의 민주주의를 주장하는 진보주의 기독교교육학자들은 기독교교육이라는 명칭 대신에 종교교육이라는 명칭을 선호한다.[2]

교회 교육(church education)과 기독교 학교교육(Christian school education)은 기독교교육의 내용보다는 기독교교육이 실시되는 장소를 중심으로 붙여진 명칭으로서, 교회 교육과 기독교 학교교육이라는 명칭의 차이는 그 교육을 받는 구성원의 차이에 의해 구별될 수 있다. 일반적으로 교회 교육은 신앙생활을 이미 시작한 사람에게 실시하는 교육 행위임에 반해, 기독교 학교교육은 경우에 따라 비신자까지를 포함한 보다 광범위한 교육 현장에서 실시되는 교육을 지칭한다. 예를 들어, 현재 한국에서 실시되고 있는 기독교 학교교육은 그 성격상 교회 교육과 구분되는 기독교교육으로서, 기독교 학교, 일명 미션스쿨이라고 불리는 학교에서 실시되는 제한된 의미의 기독교교육을 지칭하는 용어라고 설명될 수 있다.

기독교적 종교교육(Christian religious education)이라는 명칭은 일반 기독교교육의 현장에서는 흔히 사용되지 않는 용어이나, 기독교교육학의 학문 분야에서 빈번히 활용되고 있는 명칭이다. 1981년 보스턴 컬리지(Boston College)의 교수인 토마스 그룸(Thomas H. Groome)에 의해 처음 제시되었는데, 이 용어는 개신교의 기독교교육과 가톨릭의 종교교육의 형태를 함께 연계시켜 그 각각의 장점, 혹은 강점을 연결하여 보다 바람직하고 효율적인 기독교교육의 형태를 개발하려는 의도 아래 생성된 것이다.[3] 또한 기독교교육학이라는 학문적 차원에서는 앞서 예시한 바와 같이, 계시적 성격의 교육과 인간 경험을 중시하는 진보적 차원의 해석을 함께 연계시키면서 그 둘 사이의 변증법적 발전을 기대하는 시각에서 제시된 용어라고 볼 수 있다.

마지막으로 교육 목회(educational ministry)라는 명칭은 목회의 교육적 기능을 강조하는 용어로서, 초·중등 학생으로 구성되는 주일학교 교육으로 국한되어 인식되어왔던 기독교교육의 영역을 전 교회적 차원으로 확장시키며, 형식적인(formal) 교육과 더불어 교회의 다양한 활동을 통해 발생되는 비형식적인(informal) 교육의 영역까지를 포함하는 기독교교육을 지칭하는 용어라고 설명될 수 있다.[4]

2. 학문으로서의 기독교교육학

한글의 기독교교육이란 명칭은 영어 단어 'Christian education'을 번역한 용어이다. 여기서 주의해야 할 점은 Christian education이라는 단어가 한국어로 번역될 때 경우에 따라 기독교교육 혹은 기독교교육학으로 번역될 수 있다는 점이다. 지금까지 한국어로 번역된 Christian education은 이 두 가지 용어 사이를 구별하지 않고 단순히 기독교교육으로만 번역되어 왔는데, 이는 분명히 구별되어야 할 명칭이다. 구체적으로 서술하여, 기독교교육이라는 명칭은 기독교교육과 관련된 '활동' 혹은 '행동'을 의미함에 반해,

같은 용어인 Christian education이 기독교교육학이라고 번역되는 경우에는 기독교교육이라는 교육 행위 혹은 활동에 관한 이론적·실천적 차원의 학문적인 연구를 지시하는 용어라는 것이다.[5] 달리 서술하여, 기독교교육의 현장에서 실시되는 Christian education은 기독교교육이며, 신학대학원이나 대학에서 학문적으로 연구되는 연구 대상으로서의 Christian education은 기독교교육이 아니라 기독교교육학에 관한 것으로서, 지금까지 교회, 학교, 사회 등에서 실시되고 있는 기독교교육이라는 특정의 교육 활동을 이론적·실천적 차원에서 연구하는 학문이다.

그렇다면 기독교교육학은 어떠한 학문인가? 학문으로서의 기독교교육학은 연구 대상에 대한 연구가 필수적으로 요청된다. 먼저 학문으로서의 기독교교육학은 학자들에 따라 약간의 차이가 있긴 하지만, 다음의 6가지 주요 과제를 그 연구 대상으로 삼고 있다. 이는 기독교교육 목적, 기독교교육 내용, 기독교교육 교수-학습과정, 기독교교육의 학습자와 교사, 기독교교육의 환경 및 평가 등이다. 각각의 연구 대상은 기독교교육이라는 커다란 틀 안에서 각기 하위 학문 영역과 연계되어 있다.

제1영역 기독교교육의 목적을 규명하려는 기독교교육 신학 및 철학 영역
제2영역 기독교교육의 내용을 선정하고 조직하는 기독교 교육과정 영역
제3영역 기독교교육의 방법에 관한 연구 분야인 기독교 교수-학습과정 영역
제4영역 기독교교육과 관련된 학습자의 인지·정서·행동적 신앙 상태를 분석하고 연구하는 기독교교육 학습자론 영역
제5영역 기독교교육과 관련된 교사의 자질과 기능 등에 관한 연구 분야인 기독교교육 교사론 영역

제6영역 기독교교육의 수행과 관련된 여러 가지 환경과 체제를 연구하는 분야로서 구체적으로 기독교 교육행정 및 기독교 교육평가의 영역

예를 들어, 구약성서는 39권으로 구성되어 있으나 구약학의 연구 대상은 크게 4부분으로 - 곧 오경, 역사서, 예언서, 성문서로 구분되고 있고, 신약성서의 경우도 27권으로 구성되어 있으나 복음서, 서신서 및 묵시록으로 구분되어 있는 것처럼, 기독교교육학의 연구 대상은 다음의 6가지 부분 영역으로 분류되어 있으며 이는 교육철학, 교육과정 이론, 교수-학습과정론, 학습자론, 교사론, 환경 및 체제에 관한 연구 영역과 연계되어 있다.

지금까지의 논의를 요약하면, 학문으로서의 기독교교육학은 다음과 같이 정리할 수 있다. 일반적으로 어떤 현상을 설명함에 있어 가장 많이 사용되는 방법은 '육하원칙'인데, 이 육하원칙과 연계하여 학문으로서의 기독교교육학을 설명하면 다음과 같다. 즉 (1) 누가, (2) 무엇을, (3) 언제, (4) 어디서, (5) 왜, (6) 어떻게 이다. 1) 누가(who)는 제4영역과 5영역인 교사론, 학습자론과 관계된 영역; (2) 무엇(what)은 내용과 연계된 제2영역인 기독교 교육과정 곧 기독교교육의 커리큘럼 영역; (3) 언제(when); (4) 어디서(where)는 둘 다 제6영역인 기독교교육 환경 및 평가 영역; (5) 왜(why)는 기독교교육의 목적을 규명하는 제1영역; (6) 어떻게(how)는 기독교교육의 교수법과 관련되어 있는 제2영역 곧 기독교교육 교수학습과정 영역이다.

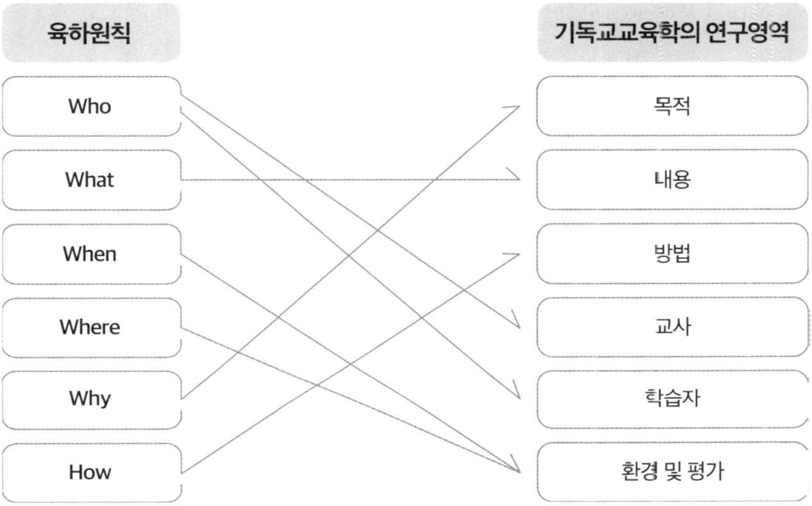

[도형 1] 육하원칙과 기독교교육학의 연구영역

3. 기독교교육학의 연구방법론

앞서 제시한 기독교교육학의 연구 대상과 더불어, 학문으로서의 기독교교육학은 연구 대상을 직접적으로 규명하고 분석하는 다양한 연구방법론을 필요로 한다. 기독교교육학 연구는 먼저 신학과 타 학문 사이의 대화를 필요로 하는데, 기본적 인간관, 인간의 경험에 근거한 신관 그리고 학문적 탐구 방법 등에 관하여 각기 다른 입장을 표명해 온 신학과 인문·사회과학 사이의 상충된 견해는 기독교교육학의 연구에 있어 어려움을 가져오기도 했다.[6] 일부 기독교교육학 연구는 인문·사회과학에 과도하게 의존하기도 하였으며, 또 다른 기독교교육학 연구는 타 학문과의 대화의 필요성을 간과하면서 단일학문적 연구 방법으로 치우치는 경향도 나타냈다. 이러한 측면에서 비판적 시각과 신중한 성찰에 근거를 둔 학문적 연구방법론의 필요성이 기독교 교육학 연구에서 심도 깊게 제기되고 있다. 본 장에서는 기독교 전통과 신학적 연구를 한쪽에, 인간의 경험과 시대적 상황을 다른 한쪽에 상정해 놓고 이 둘 사이를 연계시키려는 다양한 학문적 노력을 살펴보고자 한다. 기독교 교육학의 영역에서는 활용할 수 있는 연구방법론이 다양하지만, 본 저서에서는 다음의 9가지 연구 방법을 중심으로 살펴보고자 한다.

1) 현상학적/기술적 연구 방법 (phenomenological/descriptive method)

현상학적/기술적 연구 방법은 에드워드 팔리(Edward Farley)에 의해 제시된 방법으로서, 인간의 정황에 대한 해석(interpretation of situation)을 연구 방법의 가장 중요한 과제로 제시한 접근이다. 전통적인 형태의 연구는 주로 경전(text)에서 시작하여 인간의 삶으로 적용되는 형태로 진행되고 있는 반면, 팔리는 교회나 개개인을 둘러싼 정황, 교회 내의 지도력이 직면하고 있는 정황, 그리고 탐구와 학문의 다양한 연구가 이루어지고 있는 실제적인 정황을 제시하면서, 신학적 이해를 체계화하는 데 있어 필수적인 구체적 정황의 중요성을 강조하였다.

팔리에 의하면, 정황에 대한 해석과정은 다음의 4단계를 거쳐 진행된다. 먼저 신학적 성찰을 기반으로 정황을 파악하고 기술하는 단계(identifying and describing the situation)가 첫 번째 단계이다. 두 번째 단계는 현재의 정황에 미친 과거의 영향을 살펴보는 단계(probing its history)로서, 이 단계는 특별히 간과된 부분과 보이지 않는 부분을 역사적인 관점에서 조사하고 탐색하는 단계이다. 세 번째 단계는 단순하고 지역적인 하나의 정황에 초점을 맞춤으로써 생겨난 오류를 수정하려는 단계(locating it within other situation)이다. 이를 위해 서로 관련될 수밖에 없는 각 정황 간의 영향과 문제를 고려하여 정황에 대한 왜곡을 방지하고, 정황에 대해 보다 깊은 이해를 가능하게 하는 단계이다. 네 번째 단계는 그 정황에서 요구되는 것이 무엇인지를 식별하는 단계(discerning the situation's demand)이다. 팔리는 정황의 중요성을 강조하면서 신학적인 성찰과 이해를 시도하는 '정황의 해석학'을 제안하였다.[7]

이 연구 방법은 현장의 중요성을 인식하고 목회자 중심의 패러다임을 넘어 이론과 실천을 통합시키려는 특징을 지닌다. 또한 연구자의 특정 관점에 따라 현장을 평가하려는 연구 방법을 지양하고, 현상학적 방법 중 하나인 '판단중지'를 통해 있는 그대로의 현장을 인식하고 기술하려는 특징을 지니고 있다. 그러나 이 연구 방법은 정황의 범위를 여전히 교회 안으로 국한시킨다는 점에서 제한점을 지닌다고 평가되고 있다.

2) 상관관계적 연구 방법(correlational method)

이 연구 방법은 폴 틸리히(Paul Tillich)에 의해 제시된 방법으로서, 인간의 상황 속에서 제기되는 실존적 질문(existential question)과 복음에 의해 제공되는 신학적 답변(theological answer)을 서로 연결하려는 접근이다. 그는 실존적 존재로서의 인간이 제기할 수 있는 질문의 본질을 규명하기 위해 조직신학을 활용함과 동시에 인간 실존의 심층적인 구조와 특성을 밝히는 데 있어 심층심리학의 도움을 받아, 질문에 대한 답변을 연결하는 신학적 연구 방법을 제안하였다. 틸리히는 선포된 말씀을 강조하는 케리그마 신학과 대비되는 변증 신학(apologetic theology)을 제안하였는데 여기서 변증 신학은 메시지의 의미만을 강조하는 것이 아니라 메시지에 내재된 의미를 효과적으로 전달하는 데 관심을 두는 신학적 접근으로, 신학적 범위의 밖에 있는 사람들의 관점에서도 기독교인의 주장이 타당성이 있음을 증명하는 데 관심을 둔 접근이다. 이는 더 나아가 기독교적 메시지와 현대 정신(modern mind)을 함께 고려하는 실용적 관점을 추구하고 있다.[8]

변증 신학의 방법으로서 상관관계적 연구 방법은 먼저 인간의 상황에 대한 존재론적인 분석과 질문을 한쪽에 그리고 실존적 문제에 대한 대응으로서의 기독교적 답변을 다른 한쪽에 놓고, 질문과 답변 사이의 상호의존성을 수립하는 데 초점을 두고 있다. 즉 인간의 궁극적 관심에 관한 질문은 대답의 본질을 담고 있으며, 대답은 질문의 형태에 따라 형성되는 상호의존성을 지니고 있다는 것이다. 틸리히에 의하면, 상관관계 방법은 인간이 직면하고 있는 현실적 상황을 인식하고 동시에 전통 속에 내재되어 있는 기독교적 상징 모두를 세심하게 '읽고 응답하는(reading and answering)' 연구 방법이다.[9] 이 연구 방법은 실천신학을 포함한 여러 신학자에게 영향을 주었으나, 기독교교육학을 포함한 실천신학을 기술적 이론으로 정의함으로써 실천신학의 범위를 제한했다는 비판을 받고 있다. 또한 이 연구 방법은 후에 트레이시에 의해 인간의 질문에 대한 신학적 응답이라는 병렬적·위계적 접근으로 비판받게 된다.

3) 비판적 상관관계 연구 방법(critical correlational method)

틸리히에 의해 제시된 상관관계 방법을 수정하고 보완한 '비판적 상관관계 방법'은 다원화된 현대 사회를 한쪽에, 그리고 기독교의 전통을 다른 한쪽에 놓고 그 둘을 상호 비판적으로 연계시키는 방법이다. 이 방법은 수정주의 모형이라고도 불리는데, 이는 기존의 네 가지 접근방법 곧 전통적 신학, 진보적 신학, 신정통주의 신학 및 급진주의 신학과 구별되는 특징을 지닌다. 데이비드 트레이시는 비판적 상관관계 방법과 기존의 네 가지 접근방법이 과연 기독교의 본질을 어떻게 이해했으며, 그 같은 이해가 현대 사회의 인간 경험에 어떻게 연계되는지를 규명하려 하였다. 그는 오늘날 교회와 신학의 연구에 영향을 미치는 세 가지 형태의 위기를 인지적 위기, 윤리적 위기, 그리고 실존적 위기로 규정하면서, 신학자들은 현재 현대인이 직면한 위기에 대한 해답을 마련해야 한다고 주장하였다.[10]

이러한 의도 아래 제시된 그의 연구 방법은 인간의 경험과 기독교 전통의 내용을 상호 비판적으로 연계시키면서, 현대 사회의 문제 해결에 도움을 주는 학문적 탐구의 방법을 서술하였다. 비판적 상관관계 방법은 틸리히의 상관관계 방법을 기반으로 시작된 것이지만, 인간의 상황과 성서를 단순히 병립시킴으로써, 그 둘을 비판적으로 연계시키지 못한 틸리히의 입장을 넘어서려는 접근이다. 달리 서술하여, 인간의 경험으로부터 제기되는 질문과 성서(기독교 전통)로부터의 답변을 기대하는 틸리히의 상관관계 방법은 인간의 경험으로부터 제공 받을 수 있는 대답의 가능성을 배제시킴으로써, 결과적으로 인간의 환경과 인간의 경험을 기독교적 전통과 적절하게 연계시키지 못했다고 트레이시는 지적했다. 이러한 지적과 더불어, 그는 인간의 경험과 환경으로부터 제기되는 질문과 답변을 한 쪽에 설정하고, 그와 동시에 기독교 전통과 성서의 해석에 내포되어 있는 질문과 답변을 다른 쪽에 설정한 뒤, 그 둘을 비판적으로 연계시켜 분석하는 수정주의 방법(revised correlational method)을 제시하였다. 트레이시의 연구 방법에 의하면, 공통의 인간 경험에 대한 연구는 현상학적 접근을 통해, 그리고 기독교 전통에 대한 조사는 역사적/해석학적 접근을 통해 이루어져야 한다고 보았으며, 인간 경험과 기독교 전통에 대해 도출된 조사 결과를 분석하기 위해서는 초월적/형이상학적 접근을 통해 연구해야 한다고 주장하였다.[11]

비판적 상관관계 방법을 실천신학의 영역에서 활용한 브라우닝(Don Browning)은 사회적·개인적 변형을 목표로 하는 새로운 실천신학의 개념을 제안하였다. 모든 신학은 근본적으로 실천적이라는 기본 전제 위에서, 브라우닝은 기독교적 자원과 공동체의 경험과의 사이에서 이루어지는 교회의 대화에 대한 비판적 성찰로 근본적 실천신학(fundamental practical theology)을 정의하면서, 다음의 4가지 하위 영역을 제안하였다. 즉 기술적 신학, 역사적 신학, 조직신학, 그리고 전략적 실천신학이다. 그의 연구방법론은 변형된 실천을 도출하는 실천-이론-실천 모형을 제안함으로써, 실천의 중요성을 강조하고 보다 확장된 실천신학 개념을 제시하였다. 그러나 모든 신학을 실천적으로 규정함으로써 실천신학과 신학의 구분을 모호하게 만들었으며, 실천신학과 전략적 실천신학의 차이점을 명확히 제시하지 못했다는 비판을 받기도 한다.[12]

이와 같은 비판적 상관관계 연구 방법은 인간의 경험과 기독교 전통의 상호 비판적 상관관계를 통해 틸리히의 연구 방법이 지니는 병렬적인 측면을 극복하였으나 인간 경험을 일반화한 점에서 비판받고 있다. 즉 각기 다른 변방인들의 경험을 어떻게 도출하여 공통 경험으로 제안할 것인지에 대해 비판적인 질문이 제기될 수 있다는 것이다. 또한 이 연구 방법은 인간의 경험과 기독교 전통을 동등하게 취급함으로써 상대적으로 기독교 전통에 대한 관심의 폭을 제한하게 하는 비의도적 결과를 초래할 개연성을 지니고 있다.[13]

4) 비판적 '실천' 상관관계 연구 방법
(critical *praxis* correlational method)

트레이시에 의해 제시된 비판적 상관관계 방법을 해방신학적 관점에서 비판한 레베카 찹은 비판적 상관관계 방법이 진보적 신학의 또 다른 형태임을 지적했다. 곧 인간의 경험과 실재 사이를 관념적 접근을 통해 양립시킬 수 있다고 주장했던 진보주의는 현 시대의 문제점을 정확하게 분석하고 대응하는 데 있어 이제는 적절한 방법을 제시하지 못했다는 것이다. 즉 진보신학에 기반을 둔 트레이시의 비판적 상관관계 방법은 단지 포스트모던 사회에서 직면하게 되는 이론적인 문제들만을 규명하려 하였으며, 따라서 현대사회에 만연된 인간소외와 왜곡된 인식과 같은 실제적 문제에 대해서는 적절한 대응을 하지 못했다는 것이다.

이 같은 비판적 관점에 근거하여, 찹은 매튜 램(Matthew Lamb)의 비판적 실천 상관관계 방법(critical *praxis* correlational method)을 기반으로 그의 연구 방법을 제시하였다. 그가 제안하는 연구 방법은 실천의 변혁을 도모하는 사회이론, 해방과 계몽의 비판이론, 실용적 경험의 해석 그리고 성서의 탈이데올로기화를 포함하고 있다. 그는 진보주의가 전제하는 이데올로기와 현존의 정치·경제·사회적 억압의 구조에 관해서 뿐만 아니라, 트레이시에 의해 제시된 방법에 의존하고 있는 기독교적 경험과 전통의 형성에 관해서도 문제점을 제기하였다. 찹은 트레이시 방법이 지니고 있는 이론적 한계를 비판하면서 신학의 출발점을 역사의 현장에서 벌어지고 있는 해방과 인간의 계몽이어야 한다고 주장했다. 바로 이 같은 맥락에서 찹은 진보-수정주의 신학에서 강조하는 실천(*praxis*)의 개념과 해방신학의 실천(*praxis*) 개념을 서로 비교하고, 해방신학의 실천적 개념을 식별할 수 있는 토대의 마련이 주

요 연구과제이며 방법이어야 한다고 보았다.[14]

그러나 비판적 실천 상관관계 방법은 기독교 전체의 실천적 삶에 관심을 기울여야 할 탐구의 방향을 창의적으로 제안했음에도 불구하고, 이 연구 방법은 교회 및 사회 현장에 관한 구체적인 분석의 필요성을 간과한 채 일반적 역사 속에서 노출되고 있는 인간 소외 현상과 해방의 문제만을 강조했다는 점에서 또 다른 비판을 받고 있다. 달리 서술하여, 이론 중심적 접근의 문제점을 지적하면서 역사 속에서의 실천 중심적 접근의 필요성을 강조한 참의 주장도 실천을 역사 속의 실천으로 추상화한 것으로 구체적인 삶의 현장에서 일어나는 실천의 문제를 정확하게 규명하지 못한다는 비판을 초래할 수 있다는 것이다.[15]

5) 실증 신학적 연구 방법(empirical theological method)

요하네스 밴 더 벤(J. A. van der Ven)에 의해 제시된 실증 신학적 연구 방법은 타 학문으로부터 차용한 개념, 방법, 기술 등을 신학과 통합하려는 방법이다. 밴 더 벤은 실천신학의 4가지 접근, 단일학문적, 다학문적, 간학문적, 학문내적 방법 중 학문내적(intradisciplinary) 방법을 제안했는데,[16] 이는 한 학문의 방법론을 다른 학문이 차용함으로써 통합적인 실증신학의 가능성을 제안한 것이었다. 예를 들어, 생리학과 심리학을 학문내적 접근방법을 통해 연계시킴으로써 생리심리학이라는 새로운 학문의 출현이 가능하며, 언어학과 철학을 연결하여 언어철학이라는 새로운 지식체계를 도출하는 것이 바로 실증 신학적 연구 방법인 학문내적 방법의 활용에 의한 것이다. 이처럼 실증 신학적 연구 방법은 상호 구별되는 두 학문 사이의 대화 및 비판뿐 아니라 더 나아가 그 둘 사이의 변증법적 통합까지를 시도하려는 특징을 지닌다. 즉 신학적 전통과 경험적 지식이라는 두 체제의 연결을 통해, 두 가지 축(bipolarity)을 변증법적으로 이해하려는 것이다.

이 연구 방법은 5단계의 실증적 사이클을 제안하고 있는데, 먼저 첫 번째 단계는 신학적 문제와 목적을 인식하고 발전시키는 단계(development of the theological program and goal)이다. 이 단계는 연구자가 연구대상과의 대화를 통해 과학적-신학적 문제를 식별하는 단계이다. 두 번째 단계는 신학적인 귀납(theological induction)의 단계로서, 연구자는 자신의 실천적·신학적 문제를 실질적인 연구과제로 형성하게 된다. 인터뷰와 관찰, 실험, 편지, 일기, 보고서 등을 통해 연구대상으로부터 귀납적 자료를 수집하고 내용을 분석하는 단계이다. 세 번째 단계는 앞서 진행된 경험적 자료를 개념화하는 신학적 연역(theological deduction)의 단계이다. 이 단계는 이전 단계에서 수집된 자료를 기반으로 이론적인 구성 활동이 이루어지는 단계로서, 가설을 세우고 개념 간의 이론적 관계를 설정하는 단계이다. 네 번째 단계는 전 단계에서 설정된 가설에 대해 실증적인 신학 검증을 수행하는 단계(empirical theological testing)이다. 마지막은 앞선 네 단계에 근거하여 신학적 평가를 내리는 단계(theological evaluation)이다. 이 단계는 조사 결과를 확인하고 가설에 비추어 해석하는 단계이다. 개발된 신학적 이론이 경험적 자료와 적절히 연계되는지를 확인하는 과정이다.[17]

현재의 상황으로부터 도출되는 궁극적 관심을 인식하는 토대 위에서, 이 연구 방법은 현재의 상황과 기독교 신앙 사이의 변증법적 관계를 이해하고 시도하는 것을 실증 신학적 연구 방법의 목표로 설정하고 있다. 이 연구 방법은 종교적 확신이나 감정 등을 분석·이해·평가하는 수단을 제공하며, 인간의 행동과 신앙을 보다 과학적으로 탐구할 수 있다는 면에서 긍정적으로 평가할 수 있다. 그러나 실증적 연구 방법은 동시에 변증법적 통합을 실현할 수 있는 가능성이 보장되지 않는다는 약점도 지니고 있다. 즉 실증적 연구 방법이 제시하는 과학적 탐구에 능한 신학자가 과연 얼마나 되는지에 대한 의문도 제기되며, 실증 신학적 연구가 모두 변증법적 통합으로 이어질 수 없다는 한계도 지니고 있다.[18]

6) 기독론적 연구 방법(Christological method)

기독론적 연구 방법은 목회 상담학자인 데보라 헌싱거(Deborah Hunsinger)와 기독교교육학자인 제임스 로더(James Loder)에 의해 제시된 것으로 인문학적·과학적 전문지식을 어떻게 신학적 연구와 결합할 수 있는지에 대한 관심에서 시작되었다.[19] 헌싱거에 의하면, 신학과 심리학은 각각 하나의 통일체로 이루어져 있어 서로 통합될 수 없는 특징을 지니고 있으나, 실천신학자는 두 가지 각기 다른 관점을 하나의 인격을 통해 통합할 수 있는 능력을 지니고 있다는 것이다. 즉 실천신학자로서의 목회상담자는 각기 다른 두 가지 언어, 신학의 언어와 심리학의 언어를 유창하게 구사하여 하나의 해석적 시도를 수행하는 존재라는 것이다.

헌싱거는 앞서 진행되었던 목회상담의 간학문적 접근, 즉 투르나이젠(Eduard Thurneysen), 에딩거(Edward Edinger), 틸리히(Paul Tillich)의 접근이 지니는 문제점을 먼저 비판하였다. 즉 헌싱거에 의하면, 투르나이젠은 신학과 심리학의 구별을 너무 명확히 함으로써 그 둘 사이의 관련성을 제대로 인식하지 못하였으며, 에딩거의 경우는 두 분야를 명확하게 구별하지 못함으로써 한 분야가 다른 분야로 흡수되는 위험성을 보여줬다고 보았다. 또한 틸리히는 하나님과 인간 사이의 연결을 강조함으로써 신학적 영역과 심리학적 영역의 관계를 대칭적으로 보는 문제를 야기했다고 헌싱거는 비판하고 있다. 이러한 비판을 근거로, 헌싱거는 바르트의 신학에 기반을 두고 기독론과 연계된 칼케돈 양식(Chalcedonian pattern)을 활용한 간학문적 접근의 특징을 강조하였다.[20] 즉 신학과 심리학은 "구별되거나 분리되지 않고(without separation or division)", "혼동되거나 뒤바뀌지 않으며(without confusion or change)", "신학이 심리학보다 비대칭적으로 개념상의 우위를 차지한다는 측면에서(with the conceptual precedence assigned to theology)" 서로 연결될 수 있다고 주장하였다.[21] 여기서 칼케돈 양식의 3가지 특징은 신적인 용어와 인간적인 용어 사이에 존재하는 "용해할 수 없는 차별화(indissoluble differentiation)", "분리될 수 없는 일치성(inseparable unity)", 그리고 "파괴될 수 없는 순서(indestructible order)"로 설명될 수 있다. 로더에 의하면, 이 같은 세 가지 특징은 신학과 인문과학 사이의 변형적 상호작용(transformational interaction)을 가능하게 하였다는 것이다. 간학문적인 특징을 지닌 기독교교육학은 각 학제의 본래의 모습을 잃지 않으면서도 현상에 대한 포괄적인 이해를 얻기 위해 간학문적인 관계를 유지해야 한다는 것이며, 그와 같은 간학문적 관계는 관련된 각각의 학제 모두의 이해 지평을 확대할 수 있어야 한다는 것이다. 예수에게 신성과 인성이 둘 다 필요한 것 같이, 기독론에 기반을 둔 기독교교육학적 연구 방법은 기독교와 연계된 신학 그리고 교육에 관련된 인문과학 모두를 필요로 하며 이를 조직적 절차를 통해 활용할 수 있어야 한다는 것이다.[22]

이 연구 방법은 틸리히에 의해 제시된 연구 방법이 신학적 영역과 심리학적 영역을 동등하게 취급했던 것을 비판하면서 신학의 논리적 우위성을 강조하고 있다. 그러나 신학적 영역과 심리학적 영역 사이의 이 같은 관계의 설정이 심리학적 영역을 단순히 기능적인 부분만을 담당하는 보조적인 차원으로 취급할 가능성이 있다는 점에서 비판을 받고 있다. 즉 신학은 규범성(normativity)을 제공하고 심리학은 기능성(functionality)만을 제공함으로써, 실제에 있어 심리학적 영역이 부차적인 기능을 담당하게 하는 문제로 이어질 수도 있다는 것이다. 또한 신학의 언어와 인문·사회과학의 언어를 온전하게 활용하는 엄밀한 의미의 이중 언어(bilingual) 사용자가 과연 가능한가에 대한 의문이 제기되기도 한다. 이중 언어자라 하더라도 특정 언어에 기반을 두는 경우가 대부분이기 때문에, 헌싱거가 주장하는 간학문적 접근이 아니라 밴 더 벤의 다학문적 접근에 더 가까운 접근이 될 가능성이 더 높다는 것이다.

7) 트랜스버설 연구 방법(transversal method)

트랜스버설 연구 방법은 밴 호이스틴(J. Wentzel van Huysteen)과 캘빈 슈랙(Calvin O. Schrag)에 의해 제기된 연구 방법으로 신학과 과학 사이의 대화에서 주로 이루어지는 횡단적 연구 방법이다. 트랜스버설 연구 방법은 학문 영역에 대한 유동적이면서도 역동적인 이해를 통해 상호 교차 되는(lie across) 간학문적 연구 방법을 지칭한다.[23] 현대 종교와 과학 사이의 문제는 종교적-신학적 합리성을 형성하는 지식·가치와 과학적 합리성을 형성하는 지식·가치가 과연 얼마나 유사하며 또한 상이한 것인가에 대한 빈번한 문제 제기로부터 비롯되어 왔다. 포스트모던 시대 속에서 제기되는 신학에 대한 다양한 도전을 인식하면서, 밴 호이스틴은 기초주의(foundationalism)의 객관주의와 반기초주의(anti-foundationalism)의 극단적 상대주의를 극복할 수 있는 포스트-기초주의에 기반을 둔 합리성 모형(postfoundationalist model of rationality)을 제안하였다. 여기서 포스트-기초주의적 합리성 모형은 다양한 문화적 차이점을 뛰어넘어 인식론적으로 더 넓고 다양한 합리성 개념과 관계를 맺을 수 있는 간주관적 단계에서의 논의를 지향한다. 밴 호이스틴은 신학적 성찰과 과학적 통찰이 만날 수 있는 탐구의 형태가 가능하다고 주장하며, 더 나아가 교리적, 이데올로기적, 신앙적으로만 인식되었던 종교적 경험을 고찰할 수 있는 합리성의 근원을 발견하고자 하였다. 여기서 합리성의 근원이란 다음의 3단계를 통해 발견될 수 있다는 것이다. 먼저 합리성의 기본적 근원은 상황을 넘어 지식의 공유와 평가를 가능하게 하는 것으로 인간공동체에 분배되어 있으며, 합리성의 근거는 명제, 신념, 절차에 있는 것이 아니라 합리적인 대행자(rational agent)의 판단에 놓여 있으며, 그러한 판단은 동료 공동체의 비판적인 조사와 평가에 의해 사회적으로 매개(social or contextual element)되어 있다는 것이다.[24]

여기서 포스트-기초주의에 기반을 둔 트랜스버설 연구 방법은 시대적 상황(context)을 충분히 고려하면서도 동시에 하나의 집단이나 문화가 지니고 있는 한계를 뛰어넘어서 근대의 객관주의와 포스트모던의 상대주의를 극복할 수 있는 새로운 합리성을 추구하는 신학적 연구 방법을 제안하였다. 또한 근대의 수직성과 포스트모던의 수평성을 극복하면서 보다 확대된 사고와 행동을 이끌어낼 수 있는 연구 방법으로 평가되기도 한다.[25] 그러나 이 연구 방법은 학문 간의 대화 속에서 한 학문의 개념이나 은유가 변형되지 않고 유지되기 위해서 필요한 기초적 의사소통의 가능성을 구체적으로 제시하지 못하고 있으며, 기독교교육학 연구에 있어서 구체적인 실행 가능성을 제시하지 못한 문제점도 동시에 드러내고 있다는 평가를 받고 있다.

8) 합의적 연구 방법(consensus method)

합의적 연구 방법은 리처드 아스마(Richard R. Osmer)에 의해 제시된 연구 방법으로서, 실천신학의 다양한 과제들 속에서 교차 학문적 사고(cross-disciplinary thinking)에 기초하여 일관성을 유지할 수 있도록 돕는 연구 방법이다. 여기서 교차 학문적 사고는 학문내적 사고(intradisciplinary thinking), 간학문적 사고(interdisciplinary thinking), 다학문적 사고(multi-disciplinary thinking), 메타학문적 사고(meta-disciplinary thinking)로 대표될 수 있다. 아스마에 의하면, 대다수의 기독교교육의 연구는 주로 간학문적 사고와 학문내적 사고에서 이루어진다고 보았다.

아스마에 의해 4단계로 제시된 합의적 모형은 ① 기술-경험적인 탐구(descriptive-empirical task), ② 종합적인 해석(interpretive task), ③ 비판적인 신학적 평가(normative task) 그리고 ④ 실용적인 개선(pragmatic task)의 단계를 통해 다양한 학문 영역에서 논의되고 '합의'되면서 교차 학문적으로 연구하는 방법이다. 먼저 기술적-경험적 탐구는 특정의 사회적 상황 속에서 진행되고 있는 종교적 실천을 실제적이고 경험적으로 진술하는 단계로서, "무엇이 진행되고 있는가(what is going on?)"를 묻는 단계이다. 이 단계의 가장 중요한 초점은 경험이 이루어지는 현장을 보다 정확하게 묘사하려는 것이다. 이 단계에서 연구자들은 사회과학자들과의 공동 연구를 통해 경험적/기술적 연구를 수행하면서 종교적 실천에 대한 풍성한 이해를 도출할 수 있다는 것이다. 두 번째 단계는 해석적 과제로서 앞서 단계에서 얻어진 결과들을 종합적인 해석의 과정을 통해 "왜 이런 일들이 일어나는가(why is this going on?)"에 대해 질문하는 단계이다. 즉 기술적인 탐구를 통해 얻어진 결과물에 대해 보다 포괄적으로 설명하고 해석하려는 과정이다. 여기서 1단계인 기술하는 단계와 2단계인 해석하는 단계는 단순히 순차적인 과정을 거쳐 진행되는 것이 아니라, 상호 연계되어 영향을 미치며 교차적 사고의 과정을 통해 이루어진다. 세 번째 단계는 비판적인 신학적 평가의 단계로 “특정 사회 환경 속에서 기독교적 실천은 과연 어떤 형태로 이루어져야 하는가(what form ought Christian practice take in this particular social context?)”에 대한 규범적인 질문을 던지고 있다. 실천신학자인 기독교교육학자는 성서와 기독교 전통을 한쪽에 그리고 현 시대의 기독교 실천을 또 다른 한쪽에 놓고 이 둘을 상호 연계하면서 신학적·윤리학적 규범을 형성하려는 과제를 지니고 있다. 이 단계에서는 실천에 기반을 두면서 다른 신학 영역의 학문과 대화를 진행하는 단계이다. 마지막 단계는 기독교적 실천에 참여하는 학습자를 도울 수 있는 행동 지침을 만들어 내는 단계이다. 이 단계에 도달하면 “앞 단계에서 제시되는 규범을 포함한 기독교 실천을 어떻게 형성할 수 있는가(how might this area of practice be shaped to more fully embody the normative purposes of the Christian life in this particular context of experience?)”에 대해 실용적인 질문을 제기한다. 즉 이 단계는 쉴라이에르마허가 소개한 rules of art의 개발에 관심을 기울이면서, 보다 창의적이며 분별 있는 판단에 기반을 둔 행동 지침을 제공하려는 단계이다.[26]

아스마에 의하면, 이 연구 방법은 상호 관계적인 특징을 지닌 4가지 과제가 단계마다 각각의 과제에 집중하면서도 동시에 다양성을 허용하는 융통성 있는 합의 모형(flexible consensus model)의 형태를 지니며, 각기 다른 공동체의 신념과 실천에 내재되어 있는 종교적 자기-이해의 다양성을 인정하는 특징을 지닌다. 또한 이를 통해 신학의 다른 영역에 건설적인 통찰력을 제공한다는 시사점도 내포하고 있다. 이 접근은 추상적인 기독교 실천의 한계를 넘어서 실제적인 회중 속에서 나타나는 다양한 실천의 모습을 제시하려는 방법으로서 기독교교육의 연구를 진행하는 데 있어 활용 가능한 구체적인 과정을 제안한 방법이라고 평가된다. 그러나 아스마에 의해 제안된 합의의 개념이 모호하며, 회중 속에서 어떠한 방식으로 합의가 실현되는지에 대해 구체적 과정을 제시하지 못한다는 면에서 비판이 제기될 수 있다.

9) 해석학적-실천적 연구 방법(hermeneutical-*praxis* method)

기독교교육학의 학문적 정체성을 정립하려는 다양한 시도는 그 연구주제 및 연구범위에 관한 새로운 연구 방법의 제시를 통해 이어지고 있는데, 신학과 타학문 사이를 연계하는 '해석학적-실천적 연구 방법'으로의 전향이 바로 그것이다. '해석학적-실천적 방법'은 필자에 의해 제시된 연구 방법으로서, 기독교적 전통에 대한 해석학적 연구와 인간의 경험에 대한 현상학적 연구를 비판적으로 실천적으로 연계시키려는 연구 방법이다. 여기서 실천(*praxis*)의 개념은 실제(practice)와는 구분하여 연구할 필요가 있다. 실제는 행동과 관련된 것을 의미하지만, 실천은 행동 그 자체를 의미한다고 정의될 수 있다. 아리스토텔레스(Aristotles)에 의하면, 실천(*praxis*)은 인간의 세 가지 기본적 행위(*theoria, poeisis*) 중 하나로, 인간의 윤리적, 정치적 생활에의 참여 과정 중 나타나는 훈련과 행위를 지칭한다. 이 개념은 후에 헤겔(G. W. F. Hegel)에 의해 이론과 실천의 이분법적 분리를 거부하고 실천의 역사적 측면을 부각시킴으로써 아리스토텔레스의 개념과는 다른 실천 개념으로 제시되었다. 그러나 이는 마르크스(Karl Marx)에 의해 비판받으면서 실천(*praxis*)은 노동과 연계된 개념으로 인식되기도 했다. 그 후 하버마스(Jürgen Habermas)는 마르크스의 결정론적인 실천 개념을 비판하면서 이해를 위한 의사소통 행위로서의 실천 개념을 주장하였는데, 하버마스에 의하면, 의사소통 행위란 담화자가 자신의 주장을 소개하고 그 타당성을 입증함으로써 상호 간의 이해에 도달하려는 행위이다. 이 같은 의사소통 행위로서의 실천(*praxis*)에 대한 이해는 그 의미를 상호작용의 전체 영역으로 확대시킴으로써, 기독교교육학의 연구에 많은 영향을 끼쳤다.

따라서 기독교교육학 연구는 실제(practice)가 아닌 실천(*praxis*)의 개념을 정확하게 인식하고, 왜곡된 인식으로부터 파생된 비기독교적 행동양식을 규명하고 이를 수정하는 데 도움을 주는 기독교적 실천(Christian *praxis*)에 대한 규명을 주요 목적으로 삼고 이를 우선적으로 논의해야 한다. 또한 해석학적-실천적 연구 방법은 신학과 타 학문 사이의 대화에 있어 단순한 원리의 일방적인 적용이 아니라 그 둘 사이의 적극적이며 동시에 비판적인 해석학적 상호작용을 통해 연구주제, 연구범위, 연구 방법을 새롭게 규명하고, 진공관이 아닌 특정한 정치·사회·경제·역사적 상황에 대한 분석에서 시작하여 실천 형태에 대한 비판적 성찰을 수행하는 것이 필수적으로 요청된다.[27]

지금까지 제시한 다양한 연구 방법은 그동안 응용신학의 영역에 포함되어 온 기독교교육학이 응용신학으로서의 한계를 넘어서 연구방법론과 이론 형성의 과정을 강조하면서 이론 신학과는 대비되는 연구 방법의 특징을 보여주고 있다. 한쪽으로는 기독교적 전통과 신학적 방법론을, 다른 한쪽으로는 인간의 경험과 시대적 상황을 상정해 놓고 이 둘 사이를 연계시키려는 노력은 기독교교육학이 직면한 가장 어려운 과제이며 동시에 학문적 정체성을 정립할 수 있는 의미 있는 과제인 것이다. 방법론적으로 각기 문제점을 지니고 있기는 하지만, 지금까지 제시한 연구 방법은 기독교적 전통과 인간의 경험을 연계시키는 다양한 방법을 통해 실천으로서의 기독교교육의 현장을 다면적으로 연구할 수 있는 연구 방법을 제안하고 있다. 더 나아가 기독교교육학의 9가지 연구 방법은 학문으로서의 기독교교육학

[표 1] 기독교교육학의 연구방법론

	현상학적/ 기술적 방법	상관관계 방법	비판적 상관관계 방법	비판적 실천 상관관계 방법
대표적 학자	에드워드 팔리	폴 틸리히	데이비드 트레이시	레베카 찹
특징	• 인간의 정황에 대한 기술 • 정황의 해석학	• 실존적 질문과 신학적 답변 • 변증 신학	• 현대 사회와 기독교 전통의 상호 비판적 연계 • 수정주의 방법	• 해방신학의 실천 개념 • 역사의 현장에서 벌어지는 해방과 계몽 강조
방법론	1) 정황을 파악하고 기술 2) 역사적 관점에서 조사·탐색 3) 각 정황 간의 관련성 연구 4) 정황의 요구 식별	1) 상황에 대한 존재론적인 분석과 질문 2) 기독교적 답변 3) 둘 간의 상호의존적인 연계	1) 현상학적 접근에 의한 인간 경험 연구 2) 역사적/해석학적 접근에 의한 기독교 전통 조사 3) 초월적/형이상학적 연구	1) 실천의 변혁 강조 2) 해방과 계몽의 비판이론 3) 실용적 경험의 해석 4) 성서의 탈이데올로기화
평가	• 현장의 중요성 인식 • 이론과 실천의 통합 • 정황의 범위를 교회 안으로 국한	• 응답하는 신학 • 병렬적 위계적 접근 • 실용적 접근 (기독교적 메시지와 현대 정신을 함께 고려)	• 인간 경험에 대한 일반화 • 기독교 전통과 인간 경험의 동등한 취급 • 이론 중심의 진보적 신학	• 구체적 방법론 미비 • 기독교 전체의 실천적 삶 제시 • 또 다른 형태의 추상화

의 정체성을 형성하고 기독교교육학 연구가 나아가야 할 다양한 실천적 방향을 제안하고 있다.

실증신학적 방법	기독론적 방법	트랜스버설 방법	합의적 방법
요하네스 벤 더 밴	데보라 헌싱거, 제임스 로더	벤츨 밴 호이스틴, 캘빈 슈랙	리차드 아스마
• 실증신학의 학문내적 방법 • 현재의 상황과 기독교 신앙 사이의 변증법적 관계	• 신학적 언어와 심리학적 언어 • 칼케돈 양식 (예수의 신성과 인성) • 변형적 상호작용	• 신학과 과학 사이의 횡단적 연구 • 포스트-기초주의적 합리성	• 고차 학문적 연구 • 다양성을 허용하는 융통성 있는 모형
1) 신학적 문제와 목적 인식 2) 신학적인 귀납 3) 신학적 연역 4) 실증적인 신학 검증 5) 신학적 평가	1) 구별되거나 분리되지 않음 2) 혼동되거나 뒤바뀌지 않음 3) 신학이 심리학보다 비대칭적으로 개념상의 우위	1) 인간 공동체에 분배되어 있는 합리성 2) 합리적인 대행자 3) 동료 공동체의 비판적인 조사와 평가	1) 기술-경험적 탐구 2) 종합적인 해석 3) 비판적인 신학적 평가 4) 실용적인 개선
• 인간의 행동과 신앙을 보다 과학적으로 탐구 • 변증법적 통합의 가능성에 대한 의문	• 신학의 논리적 우위성 강조 • 심리학의 기능적/보조적 측면 • 이중언어자의 한계	• 근대의 객관주의와 포스트모던의 상대주의 극복 • 확대된 사고와 행동을 이끌어내는 연구 • 구체적 실행 가능성을 제시하지 못함	• 추상적인 기독교 실천의 한계를 극복 • 활용 가능한 구체적인 단계 제공 • 합의 개념 모호

제2장 기독교교육학의 이해

1 강희천, 『기독교교육사상』 (서울: 연세대학교 출판부, 1991), 제1장 참조.

2 Harold W. Burgess, *An Invitation to Religious Education* (Birmingham, AL: Religious Education Press, 1975) 참조.

3 Thomas H. Groome, *Christian Religious Education: Sharing Our Story and Vision* (New York: HarperSanFrancisco, 1981) 참조.

4 John H. Westerhoff III., *Will Our Children Have Faith?* (New York: HarperSanFrancisco, 1976); Robert T. O'Gorman, "The Faith Community," in *Mapping Christian Education: Approaches to Congregational Learning,* edited by Jack L. Seymour (Nashville, TN: Abingdon Press, 1997), 41-57; Charles R. Foster, "Why Don't They Remember? Reflections on the Future of Congregational Education," in *Forging a Better Religious Education in the Third Millennium*, edited by James Michael Lee (Birmingham, AL: Religious Education Press, 2000), 89-112 참조.

5 강희천, 『기독교교육사상』, 제1장 참조.

6 김현숙, 『탈인습성과 기독교교육』 (서울: 대한기독교서회, 2003), 176-190.

7 Edward Farley, *Theologia: The Fragmentation and Unity of Theological Education* (Philadelphia: Fortress Press, 1983); "Theology and Practice Outside the Clerical Paradigm," in *Practical Theology*, edited by Don S. Browning (San Francisco, CA: Harper & Row 1983), 21-41; "Interpreting Situations: An Inquiry into the Nature of Practical Theology," in *Formation and Reflection: The Promise of Practical Theology,* edited by Lewis S. Mudge and James N. Poling (Philadelphia: Fortress Press, 1987), 1-26.

8 Paul Tillich, *Systematic Theology*, vol. 1 (Chicago: University of Chicago Press, 1951); *Theology of Culture* (New York: Oxford University Press, 1959), 13-61; 김현숙, 『탈인습성과 기독교교육』, 180-181.

9 Paul Tillich, "The Problem of Theological Method," in *Four Existentialist Theologians: A Reader from the Works of Jacques Maritain, Nicholas Berdyaev,*

Martin Buber and Paul Tillich, edited by Will Herbeg (New York: Doubleday Anchor Books, 1958), 263-283.

10 David Tracy, *Blessed Rage for Order: The New Pluralism in Theology* (New York: Seabury Press, 1975) 참조.

11 David Tracy, *Plurality and Ambiguity: Hermeneutics, Religion, Hope* (Chicago: University of Chicago Press, 1987); "Hermeneutical Reflections in the New Paradigm," in *Paradigm Change in Theology: A Symposium for the Future*, edited by Hans Küng and David Tracy (New York: Crossroad, 1989), 34-62.

12 Don Browning, *A Fundamental Practical Theology: Descriptive and Strategic Proposals* (Minneapolis: Fortress Press, 1991), 1-12; 55-74; "Toward a Fundamental and Strategic Practical Theology," in *Shifting Boundaries: Contextual Approaches to the Structure of Theological Education* (Louisville, KY: Westminster/John Knox Press, 1991), 295-328.

13 김현숙, 『탈인습성과 기독교교육』, 183-187.

14 Rebecca S. Chopp, "Practical Theoogy and Liberation," in *Formation and Reflection: The Promise of Practical Theology*, edited by Lewis S. Mudge and James N. Poling (Philadelphia: Fortress Press, 1987), 120-136.

15 김현숙, 『탈인습성과 기독교교육』, 183-187.

16 밴 더 벤에 의해 제시된 4가지 학문적 접근 중 3가지 접근은 다음과 같다. 단일학문적 접근(monodisiplinarity approach)은 실천신학의 성격이나 범위를 규정함에 있어 활용될 수 있는 지식의 범위를 단지 신학이라는 단일학문으로 제한하는 접근을 의미한다. 다학문적 접근(multidisciplinary approach)은 응용신학으로서의 실천신학이라는 정체성을 거부하고, 실천신학의 연구범위를 규정함에 있어 사회과학적 연구로부터 도출해낸 경험적 사실과 그에 대한 신학적 통찰을 의미 있게 연계시키는 것을 지칭한다. 간학문적 접근(interdisciplinary approach)은 각기 다른 두 학문간의 상호적인 평가와 비판을 수용할 정도로 그 견구범위를 확대하고 그를 통해 학문간의 대화에 초점을 모으는 유형을 의미한다. J. A. van der Ven, *Practical Theology: An Empirical Approach* (AC Kampen, The Netherlands: Kok

Pharos Publishing House, 1993); "Practical Theology: From Applied to Empirical Theology," *Journal of Empirical Theology* 1 (1998): 7-28; "Empirical Approach in Practical Theoology," *Practical Theology: International Perspectives*, edited by Friedrich Schweitzer and Johannes A. van der Ven (Frankfurt am Main: Peter Lang, 1999), 323-339; 김현숙, 『탈인습성과 기독교교육』, 178-180 참조.

17 Van der Ven, *Practical Theology: An Empirical Approach*; "Practical Theology: From Applied to Empirical Theology," 7-28; "An Empirical Approach in Practical Theology," in *Practical Theology: International Perspectives*, edited by Friedrich Schweitzer and Johannes A. van der Ven (Frankfrut am Main: Peter Lang, 1999), 332-335.

18 김현숙, 『탈인습성과 기독교교육』, 178-180.

19 James E. Loder and W. Jim Neidhardt, *The Knight's Move: The Relational Logic of the Spirit in Theology and Science* (Colorado Springs, CO: Helmers & Howard, 1992) 참조.

20 Deborah van Deusen Hunsinger, *Theology and Pastoral Counseling: A New Interdisciplinary Approach* (Michigan: William B. Eerdmans Publishing, 1995), 77-95.

21 칼케돈 양식은 5세기경 기독론을 둘러싼 다양한 교리적 대립을 종식시키고 교회가 예수 그리스도를 인간인 동시에 신적인 존재로 이해하도록 고안된 것으로써, 바르트 사상의 특징적 구조로 인식되고 있다. 칼케돈 양식에 관한 바르트의 관점에 의하면, 예수의 신성과 인성은 각각 완전한 모습으로 나타나며 서로 분리되거나 구분됨 없이, 혼동되거나 뒤바뀜 없이, 신성이 인성보다 개념적으로 비대칭적으로 우위를 차지하는 것으로 이해된다. Deborah van Deusen Hunsinger, *Theology and Pastoral Counseling: A New Interdisciplinary Approach* 참조.

22 James E. Loder, "Normativity and Context in Practical Theology: The Interdisciplinary Issue," in *Practical Theology: International Perspectives*, edited by Friedrich Schweitzer and Johannes A. van der Ven (Frankfurt: Peter Lang, 1999), 359-381.

23 여기서 횡단성(transversality)은 다양한 학문 분야를 가로지르는 사상이 되풀이되는 모양으로 나타나는데, 횡단성의 개념은 가로질러 놓여 있고 (lie across), 분야의 범위를 넘어 확장되며(extending over), 상호 교차하고 (intersecting), 동시에 발생하지 않으면서도 만나고 한 점에 모이는 것(meeting and converging without achieving coincidence)으로 정의된다. Calvin O. Schrag, *The Resources of Rationality: A Response to the Postmodern Challenge* (Indianapolis: Indiana University Press, 1992), 13-49; 148-179; J. Wentzel van Huyssteen, "Postfoundationalism in Theology and Science: Beyond Conflict and Consonance," *in Rethinking Theology and Science: Six Models for the Current Dialogue*, edited by Niels Henrik Gregersen and J. Wentzel van Huyssteen (Grand Rapids, MI: Willilam B. Eerdmans Publishing Company, 1998), 13-49.

24 Ibid.; J. Wentzel van Huyssteen, *Duet or Duel? Theology and Science in a Postmodern World* (London: SCM Press, 1998), 1-39; 131-166.

25 Schrag, *The Resources of Rationality*, 13-49; 148-179; Richard R. Osmer, "The Role of Practical Theology in Protestant Religious Education Theory," *Journal of Christian Education & Information Technology* vol. 2 (June 2001): 5-32.

26 Richard R. Osmer, "The Teaching Ministry of Contemporary Christian Congregations: An Exercise in Practical Theological Reflection," *Journal of Christian Education & Information Technology* vol. 3 (April 2002): 5-44; "A New Clue for Religious Education?" in *Forging a Better Religious Education in the Third Millennium*, edited by James Michael Lee (Birmingham, AL: Religious Education Press, 2000), 179-202; "The Role of Practical Theology in Protestant Religious Education Theory," *Journal of Christian Education & Information Technology* vol. 2 (June 2001): 5-32.

27 Hyun-Sook Kim, "The Hermeneutical-*Praxis* Paradigm and Practical Theology," *Religious Education* vol. 102, no. 4 (Fall 2007): 419-436; 김현숙, 『탈인습성과 기독교교육』, 174-195.

III

기독교교육의 목적 규명: 왜 WHY

III

기독교교육의 목적 규명: 왜 WHY

1. 기독교교육의 목적과 목표

기독교교육의 목적은 과연 무엇인가? 학자들과 교사들에게 동일한 질문을 제시하면, 각기 중요하다고 여겨지는 다양한 유형의 교육목적을 제시할 것이다. 그렇다면 왜 학자들은 같은 기독교교육학을 가르치면서도 각기 다른 교육의 목적을 제안하고 있는가에 대한 의문이 제기될 수 있다.

기독교교육의 목적은 전통적으로 성서로부터 그 근거를 찾아왔다. 일반적으로 기독교교육의 목적으로 제시된 내용을 보면, 구원과 영생의 길 발견, 신앙인으로서의 성숙, 기독교인으로서의 사명 수행, 선교와 사랑의 실천 등이 기독교교육의 주요 목적으로 제시되기도 한다. 이 모든 목적은 성서로부터 추론된 목적이기 때문에 문제가 되는 부분은 없다. 그러나 이 목적을 이루기 위해서는 다시 한 번 제기해야 할 질문이 뒤따른다고 볼 수 있다. 예를 들어, 구원과 영생의 길을 발견하기 위해서는 무엇을 해야 하는가? 신앙인으로서의 성숙을 이루기 위해서는 어떠한 마음가짐과 신앙생활을 해야 하는가? 기독교인으로서 수행해야 할 사명은 과연 어떠한 것인가와 같은 질문이 제기될 수 있다.

이 문제에 관한 답변은 학문적으로 볼 때 2가지로 나누어 생각해 볼 필요가 있다. 첫째는 궁극적으로 이루어야 할 장기적 목적(aim)에 관한 것이며, 둘째는 그 궁극적 목적을 이루기 위한 단기적 목표(objectives)에 관한 것이다. 여기서 사용된 두 단어 곧 목적과 목표는 비슷한 의미를 지닌 용어로 볼 수도 있지만, 이 두 단어는 분명하게 구별되는 의미를 지니고 있다.[1] 예를 들어, 여름휴가로 제주도 서귀포 해수욕장으로 여행하게 될 경우, 우리가 가야 할 최종 목적지는 서귀포 해수욕장이다. 그러나 서귀포로 가기 위해 비행기를 탈 경우, 그 비행기는 먼저 제주도 제주시에 도착하고, 그 이후에는 다시 다른 버스를 타고 서귀포에 도달하게 된다. 달리 서술하여, 최종 목적지는 제주도 서귀포 해수욕장이며, 이를 가기 위해 우선적으로 거쳐야 할 장소는 제주시이다. 이러한 예를 기독교교육의 목적과 연결시켜 서술한다면, 기독교교육을 통해 궁극적으로 도달하기를 원하는 최종의 상태를 '목적'이라고 정의할 수 있다. 그러나 그 최종 목적지에 도달하기 위해 우선적으로 거쳐 가야 할 필수적 요소를 가리켜 '목표'라고 지칭한다. 대다수의 기독교교육 현장에서는 이러한 목적과 목표에 관한 분명한 구분이 이루어지지 않았다고 평가될 수 있다. 즉 일반적으로 최종 목적지에 관한 설명만을 강조하면서, 그 목적을 이루기 위한 필요조건 혹은 필수요건에 대한 구체적인 소개와 교육이 없었기 때문에 기독교교육의 현장에서 많은 혼란과 문제가 야기되었다는 것이다. 따라서 기독교교육을 수행하는 교사는 최종 목적지에 도달하기 위한 목적(aim)을 달성하기 위해 필요한 학습자들이 건너야 할 징검다리(objectives)를 제공해야 하며, 목적과 목표를 연계시키는 일에 많은 관심을 기울여야 한다는 것이다.

이해를 돕기 위해, 또 다른 예를 제시한다면 다음과 같다. 고등학교 2학년 학생이 지리 시간의 공부를 통해 최종적으로 도달하기 원하는 목적지가 국토관의 형성이라고 가정해 보자. 또한 그 국토관을 형성하기 위해서 구체적으로 1) 지구상의 수륙과 기후에 대한 이해, 2) 인구와 도시의 상태에 대한 연구, 그리고 3) 교통 및 산업에 대한 분석 등이 필요하다고 가정해보자. 이 경우 최종적으로 도달하기를 원하는 목적(aim)은 국토관의 형성이지만, 이 최종 목적을 이루기 위해 우선적으로 요청되는 항목은 1) 지구상의 수륙과 기후에 대한 이해, 2) 인구와 도시의 상태에 대한 연구, 그리고 3) 교통 및 산업에 대한 분석이라는 단기적 목표(objectives)인 것이다. 이 3가지 중 만일 한 가지 목표라도 습득하지 못한다면 그 학생은 지리교육의 최종 목적(aim)에 도달할 수 없는 것이다. 기독교교육의 목적에 관한 연구는 바로 이 같은 목적(aim)과 목표(objectives)를 체계적으로 연계시키는 것을 그 주요 과제로 삼는다.

지금까지 제시된 목적과 목표 사이의 구분을 기독교교육과 연결하여 다른 예를 든다면, 신앙(faith)의 성숙을 들 수 있다. 일반적으로 신앙의 성숙이 무엇이냐고 묻는다면, 하나님과 그리스도를 잘 믿고 신앙생활을 잘하는 것이라고 대답하는 경우가 많다. 그러나 조금 전 서술한 장기적인 의미의 목적 그리고 그 목적을 이루기 위한 목표의 구분이라는 관점에서 볼 때, 신앙의 성숙은 장기적인 목적인 aim이다. 그렇다면, 이 장기적인 목적인 신앙이 성숙을 이루기 위해 우선적으로 갖추어야 할 요건 즉 단기적인 목표(objectives)는 다음의 4가지로 나누어 서술될 수 있다. 성서 원문이나 영어성경을 찾아보면, 믿음 혹은 신앙이라는 단어는 똑같은 단어로서 사용되고 있지 않다. 어떤 경우에는 belief로 혹은 trust로 사용되기도 하며, 다른 경우에는 가장 잘 알려진 faith라는 단어가 신앙으로 번역되고 있다. 프린스턴 신학대학원 교수인 리처드 아스마에 의하면, 다음의 네 가지 영어 단어가 신앙과 관련된 용어로 사용된다. 곧 belief, trust, commitment 그리고 mystery가 그것이다.[2] 우리가 사용하는 신앙이라는 단어에서는 이 같은 용어상의 차이가 뚜렷하게 나타나지 않지만, 영어의 경우에는 그 의미가 분명하게 구분되고 있다는 것이다. 아스마에 의하면, 1) 먼저 하나님에 대한 지적·인지적 신앙 곧 머리로 하나님을 올바르게 이해하고 믿는 신앙을 가리켜 신념인 belief라고 지칭한다. 2) 이에 반해, 마음으로 하나님을 신뢰하고 그분의 사랑에 의지하려는 신앙 그리고 주변 사람들과의 신뢰적 관계를 형성하려는 신앙을 가리켜 신뢰(trust)라고 구별하여 서술한다. 3) 하나님과 그리스도의 말씀에 따라 충실히 실천하는 신앙을 가리켜 헌신(commitment)이라고 지칭하고 있다. 이 세 가지 구분은 신앙의 3 구성요소인 인지적 신앙, 정서적 신앙, 행동적 신앙의 구별인 것이며, 이와 더불어 4) 인간의 한계를 인식하고 초월적인 하나님과의 관계를 추구하도록 돕는 신비(mystery)의 영역이 포함될 경우, 이를 가리켜 총체적 의미의 신앙 곧 faith라고 정의한다.[3] 여기서 faith는 궁극적인 의미의 기독교교육의 목적임에 반해, 그 궁극적 목적을 이루기 위해 우선적으로 요청되는 구체적 신앙인 belief, trust, commitment, 그리고 mystery가 곧 단기적인 목표인 objectives임을 알 수 있다.

기독교교육학의 영역에서는 오랫동안 이 같은 구분 곧 목적과 목표를 구분하는 신학적·철학적 연구가 많이 시도되지 않았으나, 최근 20-30년 동안 이 분야에 관한 새로운 관심이 대두되고 있다. 그리고 이 같은 학문적 변화는 한국 기독교교육의 현장 특히 교회 교육의 현장에서 장기적 목적인 aim

만이 강조되고 있을 뿐, 학생들로 하여금 그 aim을 이루기 위해 요청되는 단기적 목표인 objectives를 제대로 소개하지 못하는 현상에 대한 문제제기로부터 생겨난 변화이다. 따라서 목적과 목표 사이의 구분 그리고 목적과 목표를 연계시키는 분야는 기독교교육학의 학문적 영역에서 우리가 필수적으로 다뤄야 하며 구체적으로 연구되어야 할 부분이라고 평가될 수 있다.

[표 2] 목적(aim)과 목표(objective)의 구분

목 적	목 표
궁극적	실제적
추상적	구체적
장기적	단기적

2. 기독교교육 목적의 유형 분류

기독교교육에 관한 질문은 목적에서 방법까지 다양하게 제기될 수 있다. 그러나 기독교교육 목적에 관한 질문만큼 어려운 문제는 없는 것 같다. 즉 '왜 기독교교육을 하는가?'라는 질문은 너무나 당연시되어, 직접 교육을 하는 교사나 배우는 학생까지도 느끼지 못한 채로 교육 활동에 임하는 경우가 많다고 생각된다. 그러나 교육의 목적이 무엇인가를 묻는 것은 사람들로 하여금 성취할 가치가 있는 것에 관하여 명확한 인식을 가지게 하고 그것에 주의를 집중시키는 한 방법이 될 수 있다고 본다.[4]

기독교교육이 수행되기 시작한 이후 왜 기독교교육을 해야 하는가에 대한 논의가 지속적으로 진전되고, 학자들은 각기 그 당시의 성서적·신학적 전

제에 따라 기독교교육 목적을 제시해 왔다. 국가와 도시가 성립되기 이전의 중세시대에는 교회와 신학자의 이론이 바로 기독교교육 목적, 내용, 방법을 결정짓는 가장 큰 요소였으며, 이러한 신학적인 이론과 전제는 근대를 거치면서 계속 결정적인 요소로 작용해 왔다. 예를 들어, 20세기에 들어서면서 정통주의 신학에서 자유주의 신학으로, 신정통주의 신학에서 세속신학 혹은 급진신학으로 신학적인 이론과 전제가 변화됨에 따라 기독교교육의 목적, 내용, 방법도 같이 변화되는 양상을 보여 왔다는 것이다. 이러한 측면에서 볼 때, 기독교교육에 있어 그리고 그 목적과 내용을 선정하고 조직하는 데 있어 신학의 역할은 지대한 것이었다고 볼 수 있다. 기독교교육 목적은 그것이 목적으로만 남아 있는 것이 아니라 인간의 사고와 행동까지도 영향을 미치는 중요한 것으로 평가될 수 있다.

그러나 기독교교육이 직접 수행되는 기독교교육의 현장에서는 물론 기독교교육학 연구에 있어서도 기독교교육의 목적이 무엇인가라는 질문은 있었으나 기독교교육 목적이 어떻게 형성되고 조직되어 제시되는가에 대한 질문이 제기된 경우는 거의 드물었다고 본다. 지금까지 기독교교육의 목적에 관한 대부분의 연구는 기독교교육 목적이 무엇이냐는 질문에 따라 교수-학습과정의 방법이나 교육내용의 선정되고 재구성되는 것에 관한 연구가 많이 이루어졌다. 그러나 기독교교육 목적이 어떻게 형성되고 조직되어 제시되는가 하는 질문도 교육목적에 있어 중요한 질문이다.[5] 따라서 기독교교육 목적의 제시뿐 아니라 목적이 형성되고 제시되는 다양한 학자들의 분류에 대한 연구도 탐구될 필요가 있다.

지금까지 신학자 및 기독교교육학자에 의해 형성되고 조직·제시된 기독교교육의 목적과 연관된 연구는 크게 3가지로 분류될 수 있다. 그 중 첫 번째는 신학적 접근으로서, 기독교교육의 목적을 규명하는 데 있어 성서를 어떻게 해석하고 이해하는지에 따라 그 입장을 구분하고 다양한 신학적 입장을 제시한 분류이다. 기독교교육의 목적을 규명하려는 두 번째 분류는 해럴드 버지스(Harold W. Burgess)에 의해 분류된 역사적 접근으로서, 19세기 말부터 20세기 중반까지 연구된 접근들을 그 역사적 순서에 따라 제시한 분류이다.[6] 세 번째 분류는 기독교교육의 목적을 주제별로 유형화하려는 접근이다. 20세기 후반에 접어들면서 신학과 사회과학 이론의 다원화에 따라 다양한 교육 목적이 제기되었으며 이를 유형화하려는 연구가 많은 학자들에 의해 시도되었다.

1) 신학적 접근

신학적 접근 유형은 학자에 따라 다양한 분류가 가능하나, 첫 번째 신학적 접근은 이안 녹스(Ian P. Knox)에 의해 제시된 유형 분류로서, 계시의 성격에 관한 자연주의적 해석(the natural)과 초자연주의적 해석(the supernatural)을 양극단에 놓고 기독교교육의 목적을 설명하는 학자들의 입장을 구분하며 그 위치를 규명하려는 유형이라고 볼 수 있다.[7] 먼저 ① 초월주의적 접근(transcendist metaperspective)이란 하나님의 초월적인 계시에 의해 쓰여진 성서의 내용 그리고 그를 해석한 교회의 전통을 학습자들에게 소개하는 것이 기독교교육의 최종 목적이라고 보는 입장이다. 달리 서술하여, 인간적인 경험이나 시대적인 변화 등을 목적 설정에 포함시키기 보다는 시간의 변화나 공간의 차이에 관계 없이 동일한 모습으로 그 자신을 계시하시는 성서의 말씀 그 자체와 그에 관한 신학적 해석을 전수하는 일을 기독교교육의 궁극적 목적으로 삼는 접근이다.[8] 이에 반해 ② 내재주의적 접근

(immanentist metaperspective)이란 하나님의 유일한 계시로서의 성서에 관한 교육보다는 하나님께서 창조하신 자연을 포함한 인간 주변의 현상을 통해 하나님의 활동과 계시를 감지할 수 있다는 이른바 일반계시를 강조하는 진보적 입장에서 기독교교육의 목적을 설정하려는 접근이다. 환언하여, 성서의 내용 전수보다는 학습자 각 개인의 경험을 통해 역사하시는 하나님의 모습 곧 일반계시를 중시하는 형태의 기독교교육 목적이 이에 속한다.[9] 마지막으로 ③ 통합주의적 접근(integrationist metaperspective)은 위에서 서술한 초월주의적 접근과 내재주의적 접근의 장점을 연결하여 통합하려는 입장에서 기독교교육의 목적을 설정하려는 접근이다. 칼 바르트(Karl Barth)에 의해 제시된 신정통주의 신학을 기반으로, 이 접근은 하나님의 특수계시인 성서와 그리스도뿐 아니라 지금도 각 신앙인에게 역사하시는 하나님을 경험하도록 촉진하는 형태를 기독교교육의 주요 목적으로 강조하는 입장이다. 다시 서술하여, 성서의 내용을 단순히 학습자의 머릿속에 주입하여 암기시키는 것이 아니라, 성서에 대한 정확한 이해를 강조하고 이와 동시에 그 이해를 토대로 신앙인으로서의 삶을 살도록 그 두 가지 항독을 균등하게 강조하는 기독교교육의 목적 설정을 주장하는 것이 바로 이 접근의 특징이라고 볼 수 있다.[10]

두 번째 신학적 접근은 랜돌프 밀러(Randolph Crump Miller)에 의해 제시된 구분으로서, 교회 신학(church theologies), 철학적 신학(philosophical theologies), 특별 신학(special theologies)으로 구분될 수 있다. 밀러는 기독교교육의 목적, 이론, 방법 등은 신학적 재구성에 의해 의식적으로 뒷받침되고 수정되어야 한다고 주장하였다. 20세기 후반에 접어들면서, 교육이론과 신학에도 많은 새로운 변화가 생겨났으며 신학과 교육이론이 다원화되고 있음에도 불구하고, 밀러에 의하면, 교육자가 지녀야 할 신학적 책임감은 기독교교육의 목적 설정에 중요한 기반이 된다는 것이다. 기독교교육의 목적은 하나님을 가장 중심에 두고 삶의 전반에 대한 기독교적 진리의 근본적인 관점 속에서 하나님 그리고 사람들과 올바른 관계를 맺도록 학습하는 것이기 때문에, 신학과 기독교교육의 관련성은 강조될 필요가 있다는 것이다.[11]

밀러는 다양한 신학의 유형을 3가지 형태로 구분하면서, 이를 다음과 같이 제시하였다. 먼저 ① 교회 신학은 개혁신학, 토미즘 신학, 복음주의 신학, 정통신학으로 구성되는데, 신학은 기독교교육에 깊은 시사점을 제공하며 좋은 신학은 좋은 교육철학으로 이어진다는 관점을 지닌 신학적 접근이다. 성서의 가치를 강조하면서, 교회신학적 접근은 신학과 교육이 긴밀하게 연결되어 있으며, 교회의 삶 속에서 신학이 실천될 수 있다고 보았다. ② 철학적 신학은 과정 신학, 경험신학, 실존 신학으로 구성되며, 다양한 철학적 관점에서 기독교교육과의 관련성을 제안하고 교육 실천에 방향을 제시하는 접근이다. 예를 들어, 밀러에 의하면, 과정 신학은 하나님과 실제 상황(reality)과의 상호관련성을 제시하면서 학습은 인간 경험의 상호관련성 속에서 일어난다고 주장하였으며, 경험신학은 학습자로 하여금 하나님 및 동료들과의 올바른 관계를 맺도록 돕는 것이 교육의 목적이라고 보았다. 또한 실존 신학은 교육을 통해 인간 예수의 삶과 더불어 하나님의 말씀 사이에서 이루어지는 실존적 만남(encounter)의 중요성을 강조하였다. ③ 특별 신학은 20세기 후반 등장한 여성 신학, 케리그마 신학, 이야기 신학, 해방신학, 흑인 신학, 생태 신학으로 구성되며, 전통적 신학에서 다뤄지지 않은 새로운 혹은 주변적 관점에서 새롭게 신학을 구성하고 이를 실천적 관점에서 기독교교육과 연계하려는 접근이다. 예를 들어, 기독교 전통에서 간과된 여성의 이야기,

편하된 유대교 전통, 삶의 이야기, 가난한 자와 억압된 자들, 흑인의 경험, 환경과 인간 자유의 문제 등이 특별 신학의 영역에서 주요하게 다뤄지는 주제들로서, 이 신학적 관점은 최근 들어 교육에 많은 영향을 미치고 있다. 밀러에 의하면 이 같은 13개의 다양한 신학은 넓은 의미에서 시작과 끝을 제공하며 각각의 신학은 기독교교육의 이론과 실제로 이어진다고 보았다. 이 관점은 교육의 목적 설정에 있어 신학의 중요성을 구체적으로 제시한 구분으로서, 기독교교육의 목적 설정에 연계된 신학적 강조점을 다각적 관점에서 제시한 접근이다.[12]

세 번째 신학적 접근은 잭 시모어(Jack L. Seymour)와 도널드 밀러(Donald E. Miller)에 의해 제시된 접근으로서, 신학과 교육 사이의 상호적 대화를 기반으로 도출된 모형이다. 이 접근은 20세기 전반까지 진행되어온 교육과 신학 사이의 위계적 혹은 이분법적 접근, 즉 내용으로서의 신학과 과정으로서의 교육을 지양하고, 상호의존적 관계를 통해 새로운 신학적 접근을 제시하려는 것이다. 시모어와 밀러는 교회의 역사를 통해 반영되어 온 신학과 교육 사이의 변증법적 관계를 다시 한번 재조명하면서, 기독교교육은 인간의 삶 속에서 하나님의 계시적 활동을 식별하고 이를 이해하려고 노력하는 신학적 과제라고 보았다. 그들은 먼저 기독교교육의 실천적 활동을 통해 제기된 5가지 신학적 이슈를 다음과 같이 제시하였다. ① 신앙의 내용으로서의 전통의 본질, ② 신앙공동체의 본질과 교회가 교육을 과연 어떻게 제공하고 변혁시켰는가에 대한 문제, ③ 인간의 본질과 개인적 변형의 과정, ④ 세상 속에서의 교회의 사명과 사회적 변형, ⑤ 종교적·신학적 의미가 만들어지는 과정으로서의 신학적 방법이 주요 신학적 이슈로 제시되었다. 이 같이 제시된 신학적 이슈의 논의를 통해, 시모어와 밀러는 기독교교육을 정의함에 있어 근본적인(fundamental) 개념을 제안하였다. 즉 교육은 신학적 성찰에 의해 형성되어 전수된 전통을 단순히 전달(transmission)만 하는 작업이 아니라, 주어진 전통을 이해하고 새롭게 창조할 수 있는 예술적 작업이라는 것이다. 전통은 이 같은 예술적인 교육의 과정(process) 중에서 새롭게 형성되는 것으로서, 이는 교육과 신학의 상호의존적 관계를 잘 설명하고 있다. 따라서 시모어와 밀러는 교육의 목적을 다음과 같이 정의하였다. 교육은 하나님의 임재와 권력이 존재하는 공적 세계 속에서 새로운 공동체의 대행자가 될 수 있도록 학습자들을 격려하고 힘을 주는 신학적 활동이라는 것이다.[13] 이 접근은 신학적 접근의 우위를 전적으로 인정해 왔던 이전의 관점과는 달리 신학과 교육의 상호적 관계를 인정하고, 실천적 과정 중에서 나타날 수 있는 신학적 이슈의 제기를 통해 신학을 보완하고 있다. 그뿐 아니라 그 교육 자체가 신학적 활동이라고 정의함으로써, 더 나아가 신학과의 동등한 관계를 통해 상황으로부터 제기되는 실천적 문제의 중요성을 재확인하고 있다.

2) 역사적 접근

기독교교육의 목적을 규명하는 데 있어 두 번째 구분은 버지스에 의해 분류된 역사적 접근으로서, 4가지 유형 혹은 모형으로 나누어 제시되고 있다. 이는 전통주의 신학적 접근(traditional theological approach), 사회문화 이론적 접근(socio-cultural theoretical approach), 신정통주의 신학적 접근(contemporary theological approach), 그리고 사회과학 이론적 접근(social science theoretical approach)이다.[14] 버지스는 '신학'과 '이론'을 주요 개념으로 삼고 각각의 접근이 강조하는 초점에 따라 이론적(theoretical) 접근과 신학적(theological) 접근으로 크게 구분하였고, 역사적 순서에 따라 이론과 신학이 교차되는 4가지 유형으로 제시하였다.

먼저 ① 전통주의 신학적 접근은 구원의 메시지 전달을 목표로 설정하여 이전 세대에 의해 전달된 신앙을 긍정적이든 비판적이든 자신의 것으로 소화하고 새롭게 증거 하는 수용(reception)에 관심을 두고 있는 접근방법이다. 이 접근방법은 19세기 전반의 교육개혁자인 헤르바르트의 5단계 교육방법, 즉 준비(preparation), 제시(presentation), 연상(association), 일반화(generalization), 적용(application)의 영향을 받았으며, 성서와 전통, 교사의 권위, 그리고 신학적 관점을 중시하는 교육을 그 특징으로 삼고 있다. 이 접근을 주장하는 학자들은 신적 메시지의 전달을 이 접근방법의 가장 중요한 주요 목적으로 설정하였으며, 교사는 이 신적 메시지를 위임받은 전달자의 역할을 수행한다고 보았다. 이 접근방법은 추상적인 신학 이론의 강조로 인해 일상적 삶에 대한 인식이 상대적으로 부족하다고 비판받고 있으며, 학습자를 둘러싸고 있는 교육환경과 현대사회에 대해 상대적으로 적은 관심을 보이는 방법으로 평가되고 있다.[15]

② 사회문화 이론적 접근방법은 20세기 초반 진보주의 교육 운동과 자유주의 신학의 영향을 받은 교육 모형으로 하나님의 민주주의 실현을 목적으로 삼고 사회 속에서 직면하는 다양한 문제의 해결을 돕는데 그 강조점을 둔 교육이론이다. 이 접근방법은, 버지스에 의하면, 다음의 4가지 기준에 따라 서술된다. 첫째, 신학적 개념체계는 고정적이라기보다는 시대의 변화에 따라 계속적으로 변화하는 개념체계이며, 성서는 기독교교육의 유일한 원천이라기보다는 기독교교육에서 활용하는 주요 원천을 구성하는 일부라는 것이다. 둘째, 기독교교육은 앞서 서술한 전통적 신학적 접근방법에서 강조하

는 개인 구원 이외에도 본질적으로 사회적·문화적 개조에 관심을 두어야 한다는 것이다. 셋째, 기독교교육 담당 교사의 임무는 사회의식을 일깨우고 학생들이 사회화 과정에 직접 참여하는 상황을 마련함으로써 삶에서 활용할 수 있는 기술을 개발시키는 것이다. 넷째, 학생의 기독교적 인격과 기독교적 삶의 유형은 자신의 잠재적인 개인적·종교적 능력을 발전시킴으로써 발생한다고 본다.[16] 이러한 기준에 따라 사회문화 이론적 접근방법의 학자들은 기독교교육 목적을 설정하는 데 있어 사회적 이상을 결정적인 요인으로 보며, 미국의 실용주의 교육철학자인 듀이(John Dewey)의 교육 방법인 문제해결식 방법(problem-solving method)과 조지 코우(George Coe)의 하나님의 민주주의(democracy of God) 개념을 활용하여 고정화된 내용의 전수보다는 사회적 문제의식을 고취하는 데 관심을 두고 있다.[17] 전통적으로 전수되었던 교육목적을 비판하면서, 이 접근방법은 반성적 사고와 과학적 사고를 증진시키며 교육 현장에서 배운 것을 일상의 삶에 쉽게 적용하도록 돕는 강점을 지니고 있다. 그러나 인간의 죄와 더불어 기독교의 특별계시인 초월적 측면을 경시함으로써 일반 도덕교육과는 구별되어야 할 기독교교육의 정체성을 모호하게 만든다는 비판도 받고 있다.[18]

③ 기독교교육의 목적을 규명하는 세 번째 역사적 구분은 신정통주의 신학적 접근으로서, 이는 인간에 대한 낙관적 견해를 강조하는 자유주의 신학적 접근에 대해 비판적 입장을 지니면서 인간과 하나님 사이의 초월적 간극과 절대적 차이를 강조하는 칼 바르트의 위기 신학에 기반을 둔 교육 접근이다.[19] 구원의 메시지 전달에 초점을 두는 전통적 신학적 접근 그리고 이상적인 사회 질서의 발전에 초점을 두는 사회문화적 접근과는 대조적으로, 1930년대 위기 상황에서 나타난 신정통 신학적 기독교교육의 목적은 전형

적으로 교회와 그 단체 생활의 구원을 강조한다. 버지스는 이 접근방법의 목적을 두 가지로 설명하고 있다. 먼저 교회적 교제의 범위 내에서 개인적 성장과 발전을 격려하는 것과 교회 내의 사람들이 교회공동체의 일원이 되도록 교육하고 훈련하는 것이다.[20] 즉 특정 교육 방법을 채택하기보다는 성서에 의존하면서, 하나님과의 실존적 만남에 그 강조점을 두고 있는 이론이다. 이는 초월적 접근과 내재적 접근의 통합, 학습자와 교사 사이의 실존적 만남(encounter)의 강조, 그리고 교육학적 관점보다는 신학적 관점의 우위를 지향하는 기독교교육이라는 특징을 지니고 있다. 이 접근방법은 인간의 한계와 교육의 한계를 동시에 지적하면서 통합적인 관점을 제시하였다는 시사점을 지니고 있으나, 반면 급변하는 교육의 현장 속에서 신학적인 관점으로만 학습자를 이해하는 단편적 접근이라는 비판을 받기도 한다. 또한 교육 현장에서 필수적으로 요청되는 다면적이며 구체적인 교육목표를 제시하지 못한다는 평가를 받고 있다.[21]

④ 버지스에 의해 제시된 역사적 접근의 마지막 접근방법은 1960년대 후반에 나타난 사회과학 이론적 접근방법이다. 이는 구체적인 행동 목표의 제시를 통해 학습자의 행동수정을 촉진하는 데 강조점을 두고 있는 교육이론이다. 이 접근은 다음과 같은 기준에 따라 서술된다. 첫째, 기독교교육은 명확하고 행동적으로 제시되며 종교적으로 목표가 정해진 행동의 촉진을 강조한다. 둘째, 교사의 역할은 학습자의 종교적 행동이 바람직한 방향으로 수정되도록 모든 교육적 변수를 신중하게 조직화하는 것이라고 본다. 셋째, 본질적으로 학습자의 종교적 행동은 다른 인간 행동과 동일한 방법으로 학습된다는 것이다. 이러한 기준에 따라 기독교교육은 부모, 학생 및 보다 넓은 교회공동체를 대표하는 인사들과 적극적으로 협력하는 가운데 기독교교

육 담당 교사에 의해 각 특수한 교육상황에 맞도록 결정되고 수행되어질 때 가장 효과적이라는 것이다.[22] 제임스 마이클 리(James Michael Lee)의 5단계 교수 방법에 기반을 둔 이 접근은 교수자에 의해 구체적으로 명시된 학습 결과가 학습자에게 일어날 수 있도록 과학적으로 학습경험을 규명하려는 교수모형을 제시하였다.[23] 이는 전문인으로서의 교사상과 더불어 체계적인 교수모형을 제시함으로써 교육 경험이 적은 교사를 위한 교사 교육에 도움을 주며, 구체적인 행동 목표를 제시함으로써 학습 결과에 대한 체계적 평가기초를 제공한다는 강점을 지니고 있다. 그러나 학습 결과에 대한 수량적 접근으로 인해 계측 가능한 행동 목표를 벗어난 교육목표, 예를 들어 초월적 차원에 기초한 교육목표를 제시하고 교육하는 데 있어 어려움이 있다는 비판을 받기도 한다.[24]

3) 주제별 접근

기독교교육의 목적을 규명하려는 세 번째 형태는 기독교교육의 목적을 주제별로 유형화하려는 접근이다. 이에 관해서는 학자들의 견해가 다양하기 때문에 보편적으로 서술할 수는 없으나, 지난 40여 년간 다양한 주제들을 유형화하려는 노력이 대표적 학자들에 의해 시도되어 왔다.

잭 시모어는 도날드 밀러와 함께 편집한 *Contemporary Approaches to Christian Education*(1982)과 *Theological Approaches to Christian Education*(1990)에서 종교적 교수, 신앙공동체, 발달, 해방, 해석이라는 5개의 주요 주제를 중심으로 교육목적을 제시하였다.[25] 먼저 ① 종교적 교수(religious instruction)를 주창하는 학자들은 하나님의 자기 계시와 전통을 직면할 수 있도록 학습자들을 돕는 것, 즉 종교적 교수가 기독교교육의 목적이라고 보았으며, ② 신앙공동체(community of faith)를 강조하는 학자들은 학습자들로 하여금 하나님의 사람들 그리고 신앙공동체가 되는 것의 의미를 이해하고 구현하는 것을 목적으로 삼고 있다. ③ 세 번째 교육의 유형인 발달(development)의 관점은 성숙한 기독교인이 되기 위해 신앙 전통에 참여하도록 돕는 것을 교육의 목적으로 제안하였으며, ④ 해방(liberation)을 교육의 목적으로 삼는 학자들은 세상을 변화시키고 인간화하기 위한 노력으로 기독교적 참여를 실현하도록 돕는 것이 주요 과제라고 보았다. 마지막으로 ⑤ 해석(interpretation)을 주장하는 학자들은 신앙 전통과 일상생활의 경험을 연계시킬 수 있는 기술을 학습하도록 학습자를 돕는 것이 기독교교육이라고 주장하였다.[26]

이후 시모어는 1997년에 저술된 저서 *Mapping Christian Education*에서 두려움과 불안의 시대 속에서 교회가 담당해야 하는 교육적 역할을 강조하면서, 다음의 4가지 주제를 제안하였다. ① 세상 속에서의 교회의 사명, ② 신앙공동체의 역할, ③ 인간에 대한 이해, 그리고 ④ 교수의 장소라는 4가지 주제를 중심으로, 변형, 신앙공동체, 영적 성숙 그리고 종교적 교수를 각각의 교육목적으로 제시하였다. 먼저 ① 변형(transformation)을 강조하는 기독교교육은 신실한 시민의식과 사회 변형을 강조하며, ② 신앙공동체(faith community)를 강조하는 기독교교육은 진정성 있는 인간의 발달을 촉진하며 공동체를 구현하는 것을 목적으로 삼고 있다. ③ 영적 성숙(spiritual growth)은 학습자들로 하여금 내적 삶을 증진하고 타인과 우주에 대한 외적 행동으로 반응할 수 있도록 돕는 것을 목적으로 삼고 있다. ④ 종교적 교수(religious instruction)는 성서적 신앙에 기반을 두고 신앙과 삶의 내용 사이를 연결할 수 있도록 돕는 것을 기독교교육의 목적으로 삼고 있다.[27]

지금까지 살펴본 바와 같이, 지난 20세기 말까지 제기된 다양한 교육의 목적은 학자들의 신학적 배경, 이론적 관심 그리고 인간에 대한 이해에 따라 다양하게 제시되어 왔다. 이 같은 교육의 목적은 다음의 3가지로 크게 나누어 요약될 수 있다. 즉 하나님 나라의 실현, 신앙의 성숙, 그리고 기독교적 사랑의 실천 등이 그것이다. 먼저 ① 하나님 나라의 실현은 다음의 3가지 주제로 구분되는데, 이는 저 세상으로서의 하늘나라, 이 세상을 하늘나라로 만들자는 그리스도의 교훈, 하늘나라는 너의 마음속에 있다는 예수 그리스도의 교훈을 중심으로 본 마음속의 하늘이 그것이다. 이 구분은 하나님 나라에 대한 위의 3가지 개념을 기반으로 하나님 나라의 실현을 목적으로 하는 기독교 교육 모형을 제시하는 것이다. ② 두 번째 구분은 신앙의 성숙으로, 앞서 제시한 신념, 신뢰, 헌신, 신비를 균형적으로 형성시키려는 교육목적 중 하나로 제시될 수 있다. 즉 전 세대로부터 무비판적으로 전수된 신앙의 형태를 넘어서 보다 성숙하고 개방적인 기독교인의 모습을 지향하려는 교육을 강조하고 있다. ③ 기독교적 사랑의 실천이라는 교육목적은 인지적·정서적 차원에만 머물고 있는 기독교교육의 한계를 벗어나, 삶의 현장 속에서 기독교의 사랑을 전수하고 실천하려는 학습자를 육성하는 데 그 목적을 두고 있는 접근이다.

그러나 최근 들어 교육 현장 속에서 교육의 목적 설정에 있어 새로운 주제가 제기되고 있다. 즉 목표 설정에 있어서 여성의 역할 및 기독교적 자아정체감의 재정립 등이 기독교교육의 철학 및 신학의 주제로 새롭게 제기되고 있다는 것이다. 특히 남성과 여성 사이의 인식 형태의 차이점과 공통점을 인식하면서, 인식 형태의 발달과정을 연구한 벨렝키와 일단의 학자들(Mary F. Belenky, Blythe M. Clinchy, Nancy R. Goldberger, and Jill M. Tarule)은 여성의 인식 형태를 침묵의 단계(silence), 수용적 지식의 단계(received knowledge), 주관적 지식의 단계(subjective knowledge), 절차적 지식의 단계(procedural knowledge), 그리고 통합적 지식의 단계(constructed knowledge)로 제시함으로써, 기독교교육의 목적 설정에 여성에 대한 연구가 필수적임을 제시하였다.[28] 여성의 인식 단계에 대한 이 연구는 기독교교육의 목적과 목표를 설정하는 데 중요한 기능을 수행하고 있다. 성숙 혹은 인간의 발달이라는 용어는 아주 오래 전부터 교육의 주요 목적 중 하나로 취급되어 왔으나, 그동안 인간의 성숙이라고 하는 이 교육목적의 설정이 과연 누구의 성숙을 의미하는가에 관한 질문은 그다지 중요한 질문으로 취급되지 않았다. 즉 당연하다고 간주해왔던 인간의 성숙이라는 교육의 목적이 인류의 반인 여성의 성숙을 제외한 채 남성만의 성숙 과정만을 제시했다고 한다면, 그것은 교육의 목적 설정에 있어 크나큰 오류를 범하는 것일 수 있다. 기독교교육의 현장 속에서 여성의 인식 단계에 관한 다양한 연구는 보다 폭넓고 균형적인 기독교교육 목적과 목표를 설정하는 데 도움을 줄 수 있을 것으로 평가된다.[29]

또한 기독교교육의 현장에서는 오늘날의 기독교인들이 경험하고 있는 기독교적 자아 정체감의 혼란에 대한 연구가 교육의 목적 설정이라는 차원에서 새롭게 진행되고 있다. 20세기 중반 이후 지금까지 후기 현대 사회 및 글로벌 사회가 초래한 급격하고도 다양한 변화에 노출되면서 기독교인들은 기독교적 자아 정체감의 재정립이라는 새로운 과제에 직면하고 있다. 이러한 기독교적 자아 정체감에 관한 새로운 인식은 단순히 글로벌 사회 속에서 직면하는 도전에 대한 방어뿐 아니라, 21세기의 사회에 상응하는 기독교적 자아 정체감을 재정립할 수 있는 새로운 기회로 삼자는 양면적인 성격을 지닌다. 현대의 글로벌 사회가 요청하는 도전과 요구는 종교적 삶과 자아 정체감마저

위협받고 있는 기독교인들을 대상으로 하는 기독교교육의 목적·목표와 밀접한 관련성을 맺고 있다고 볼 수 있다. 후기 현대사회 및 글로벌 사회로의 전환은 기독교인들에게 삶의 의미와 방향 설정에 관한 불안정성의 문제를 야기하면서, 결과적으로 자아 정체감의 위기와 같은 새로운 현상을 동반하고 있다고 지적된다. 여기서 기독교적 자아 정체감이란, 외부적 환경의 변화와 자연발생적인 신체적·정서적 성장에도 불구하고 기독교인으로서의 동일성과 일관성을 유지하게 하며, 어려운 상황 속에서도 하나님의 사랑을 인식하고 하나님 나라의 실현을 위해 노력하는 믿음을 유지하게 하는 상징적 구조를 지칭한다. 대다수의 기독교인들은 이 같은 기독교인의 자아 정체감의 획득 필요성을 직면하게 되는데, 21세기의 글로벌 사회의 기독교교육을 위해서는 이러한 정체감 확립을 위한 교육적 환경의 마련과 실질적인 대화 교육을 기독교교육 목적의 설정에 포함하는 것이 그 과제로 대두된다.[30]

[표 2] 기독교교육 목적의 유형 분류

<table>
<tr><th colspan="3">신학적 접근</th></tr>
<tr><th>이안 녹스</th><th>랜돌프 밀러</th><th>잭 시모어
도널드 밀러</th></tr>
<tr><td rowspan="2">① 초월주의적 접근: 초월적 계시</td><td rowspan="2">① 교회 신학: 성서의 가치</td><td>① 전통의 본질: 신앙의 내용</td></tr>
<tr><td>② 신앙공동체의 본질</td></tr>
<tr><td>② 내재주의적 접근: 일반 계시</td><td>② 철학적 신학: 인간의 경험</td><td>③ 인간의 본질과 개인적 변형의 과정</td></tr>
<tr><td rowspan="2">③ 통합주의적 접근: 성서와 신앙인의 삶</td><td rowspan="2">③ 특별 신학: 주변적 관점</td><td>④ 교회의 사명과 사회적 변형</td></tr>
<tr><td>⑤ 종교적·신학적 의미</td></tr>
</table>

3. 글로벌 사회의 기독교교육 목적에 대한 비판적 논의

기독교교육 목적에 관한 학자들의 논의는 전통적으로 지속되어 왔으나, 교육목적이 비판적 논의의 대상이 된 것은 최근의 일이다. 기독교교육 목적에 대한 논의는 기독교교육의 중요한 근간을 이루는 정체성의 문제로, 기독교교육학자 뿐 아니라 기독교교육을 수행하는 교사의 의식과 행동에까지 영향을 미치는 중요한 문제이다. 전통적으로 제기된 다양한 교육목적에 대한 논의는 대다수 기독교교육 목적이 무엇인가에 대한 질문으로 귀결된다. 그러나 글로벌 사회로의 변화와 더불어 기독교교육 목적을 구성하는 데 핵심적인 기능을 수행하는 요소란 무엇이며 이 핵심적인 요소들이 어떻게 형성되고 조직되어 제시되는가에 대한 새로운 질문이 제기되고 있다. 이 질문은 기독교교육 목적의 인식론적 기반에 대한 비판적 논의라 할 수 있다.[31]

기독교교육 목적에 대한 비판적 논의는 다음의 3가지 형태로 제기될 수

역사적 접근	주제별 접근		
버지스	잭 시모어 도널드 밀러	잭 시모어	김현숙
① 전통주의 신학적 접근: 구원의 메시지 전달	① 종교적 교수: 전통	① 변형	① 하나님 나라의 실현
② 사회문화 이론적 접근: 사회 문제 해결	② 신앙공동체	② 신앙공동체	② 신앙의 성숙
③ 신정통주의 신학적 접근: 실존적 만남	③ 발달: 성숙한 기독교인	③ 영적 성숙	③ 기독교 사랑의 실천
④ 사회과학 이론적 접근: 행동 수정 촉진	④ 해방: 인간화	④ 종교적 교수	④ 남성과 여성을 모두 포괄하는 인간 성숙
	⑤ 해석: 신앙전통과 경험 연계		⑤ 글로벌 시대의 자아 정체감 재정립

있다. 첫째, 기독교교육 목적이 어느 한 개인의 주장이나 학자의 영감으로만 이루어진 것이 아니라 특정 사회 구조에 의해 영향을 받으며 형성된다는 전제에서 볼 때, 기독교교육 목적을 형성하는 주요 요소를 분석하는 것은 그 교육목적의 이데올로기 혹은 교육철학의 정체성과 관련된 물음이라는 것이다. 여기에서 교육 이데올로기(educational ideology) 혹은 교육철학이란 실제적인 교육적 문제에 대한 결정을 내리는데 있어 필수적인 가치 전체를 포괄하는 신념 체제라고 정의될 수 있다. 교육 이데올로기는 가치 있다고 여겨지는 목적을 실행하기 위한 방향을 제시하며, 그 과정에 영향을 미치는 주요한 요소이다.[32] 기독교교육은 특정 시대와 사회 안에서 이루어지며 특정 사회와의 긴밀한 관련 속에서 이루어진다고 볼 때, 기독교교육의 목적 역시 특정 사회 구조의 영향을 받으며 그 시대의 지배적인 이데올로기를 함축하고 있다는 것이다. 달리 서술하여, 기독교교육의 목적 구성에 중요한 기능을 수행하는 요소는 사회 구조 안에 내포된 지식의 흐름이며 그 지식 안에는 그 시대의 지배적인 이데올로기가 내포되어 있다는 것이다. 따라서 글로벌 시대의 기독교교육의 목적을 살펴봄에 있어 글로벌 시대가 강조하는 이데올로기, 즉 예를 들어 신자유주의 경제, 근본주의적 태도 그리고 초국가주의로의 전환 등이 과연 무엇인지에 대한 분석과 연구가 필수적으로 요청되며, 이러한 시대적 이데올로기가 특정 목적을 설정하는 데 어떠한 영향을 미치는지에 대한 보다 엄밀한 논의가 필요하다.

둘째, 기독교교육의 목적이 지식의 형태로 구성되고 이후 합리적인 것으로 인식된다면, 그 교육목적은 사람들의 의식과 무의식 그리고 행동에까지 영향을 미치는 권력의 형태로 변환될 수 있다는 것이다. 지금까지 대다수의 사람들은 지식의 형태로 행사되는 권력에 대해 의문을 갖기보다는 지식을 합리적인 것으로 간주하고 이를 당연한 것으로 여겨왔다. 그러나 지식이 어떻게 조직되고 누가 조직하는가에 대한 비판적 인식이 지식사회학자나 비판이론가들에 의해 제기되었으며, 합리적 지식 역시 앞서 서술한 학자들에 의해 성찰의 대상이 되어 왔다.[33] 또한 미셸 푸코(Michel Foucault)와 같은 후기 구조주의자들에 의하면, 이데올로기를 내포한 지식은 외부적인 권력에 의해 영향 받기보다는 지식 그 자체의 형태로 권력을 행사할 수 있다는 것이다.[34] 따라서 기독교교육의 목적은 그것이 지식의 형태로 형성된 이후 기독교교육학자, 교사, 학생의 사고와 행동에까지 영향력을 미치는 권력으로 나타날 수 있는 가능성을 지니고 있기 때문에, 목적 형성과 제시에 대한 문제는 기독교교육학의 연구에서 보다 엄밀하게 논의해야 할 문제인 것이다.

셋째, 위에서 논의된 대로 기독교교육의 목적이 지식의 형태로만 존재하는 것이 아니라 미세한 권력의 형태로 인간의 일상생활까지도 영향을 미친다면, 이 같은 교육목적은 보다 비판적으로 성찰되고 올바른 형태로 재구성되어야 할 필요성이 있다. 이를 위해서는 먼저 교육목적의 재생산에 작용하는 선택과 배제의 차원 및 규칙을 엄밀하게 분석함으로써, 우리가 쉽게 간과하는 왜곡된 측면을 제시하고, 그 다음 이러한 왜곡이 더 이상 반복되지 못하도록 목적의 인식론적 근거를 재구성함으로써 기독교교육의 목적을 새롭게 확립해야 한다.[35]

물론 종교적 지식은 일반적 지식과는 다르다는 면에서 이 같은 비판적 논의가 지니는 문제점도 발견할 수 있다. 즉 종교적 지식이 일반적 지식과 다르다는 점을 고려하지 않고 모든 종교적 지식을 검토대상으로 삼는 것이 부적절하다고 볼 수 있다. 종교적 지식은 계시적 지식을 내포하고 있으며 이러한 계시적 지식은 단순한 학문적 분석의 대상이 되기가 어렵다. 또한 전통은 해석학적 순환을 통해 우리에게 이해 지평을 넓힐 수 있는 가능성을 제시해 주는 역할을 담당하기 때문에 모든 기독교적 전통이 비판의 대상이 되는 측면에 대해서도 문제점을 제기할 수 있다. 그러나 이 같은 전통의 중요한 역할과 종교적 지식의 특수성에도 불구하고, 기독교교육의 목적은 시대의 영향을 받으며 인간관 형성에 중요한 기능을 수행하고 있으며 기독교교육의 전반에 많은 영향을 미치기 때문에, 학문적으로 보다 엄밀한 논의와 비판적 분석을 통해 검토되고 재정립될 필요가 있다는 것이다.

지금까지 기독교교육 목적에 내포된 기독교적 인간관은 하나님의 은혜로 인해 구원을 받는 인간관이거나 혹은 잠재적으로 가능한 존재로 인정되는 인간관으로 크게 구분될 수 있다. 즉 두 가지 인간관 중 어느 한 측면을 강조하는 형태가 기독교교육의 목적에도 제시되어 왔다는 것이다.[36] 그러나 후기 현대 사회와 글로벌 사회가 도래하면서 인간을 어느 한 측면으로만 평가하기는 어려워지고 있다. 21세기의 인간관은 트랜스휴먼을 포함하여 변화 가능하고 다양성을 지닌 인간으로 재평가되고 있다. 따라서 어떤 인간관을 토대로 교육 목적을 설정할 것인가 하는 문제는 매우 중요한 의미를 지니며, 이는 교육 전반에 걸쳐 광범위한 영향을 끼치기 때문에, 이에 대한 보다 엄밀한 분석과 비판적 논의가 필요하다.

이와 같은 비판적 논의를 기반으로 다양하게 제기되는 기독교교육의 목적에 관한 연구는 목적의 설정에 대한 근본적 논의와 더불어, 앞서 제시된 목적에 부합되는 교육내용은 과연 무엇이며, 누구에 의해 교육 내용이 선정되고, 어떠한 과정을 거쳐 내용이 조직되는지 이러한 과정에 대한 분석까지를 연구하는 기독교 교육과정의 연구로 자연스럽게 이어질 수 있다. 다음 장에서는 기독교교육 내용의 선정과 조직에 관한 기독교 교육과정 연구를 다룰 것이다.

1 강희천, 『기독교교육사상』, 5; Eliot W. Eisner, *The Educational Imagination: On the Design and Evaluation of School Programs*, 3rd edition (New York: Macmillan College Publishing Company, 1994), 108-124.

2 Richard R. Osmer, *Teaching For Faith: A Guide for Teachers of Adult Classes* (Louisville, KY: Westminster/John Knox Press, 1992).

3 Osmer, *Teaching for Faith* 참조.

4 김현숙, "구조주의적 관점에서 본 기독교교육 목적 분석," (서울: 연세대학교 연합신학대학원, 1991), 74.

5 Ibid., 1-2.

6 Burgess, *An Introduction to Religious Education* 참조.

7 Ian P. Knox, *Above or Within: The Supernatural in Religious Education* (Mishawaka, IN: Religious Education Press, 1976); 강희천, 『기독교교육사상』, 17-18.

8 Knox, *Above or Within*, 52-79.

9 Ibid., 80-114.

10 Ibid., 115-147; 강희천, 『기독교교육사상』, 18.

11 Randolph Crump Miller, "Editor's Introduction," in *Theologies of Religious Education*, edited by Randolph Crump Miller (Birmingham, AL: Religious Education Press, 1995), 4-5.

12 Ibid., 4-8.

13 Jack L. Seymour and Donald E. Miller, "Openings to God: Education and Theology in Dialogue," in *Theological Approaches to Christian Education*, edited by Jack L. Seymour and Donald E. Miller (Nashville, TN: Abingdon Press, 1990), 7-24; "Living into a World of Confessional Pluralism: The Partnership of Education and Theology," in *Theological Approaches to Christian Education*, edited by Jack L. Seymour and Donald E. Miller (Nashville, TN: Abingdon Press, 1990), 239-258.

14 Harold W. Burgess, *Models of Religious Education: Theory and Practice in Historical and Contemporary Perspective* (Nappanee, IN: Evangel Publishing House, 2001).

15 Burgess, *An Invitation to Religious Education*, 21-58; Melanie A. May, "Tradition and Education," in *Theological Approaches to Christian Education,* edited by Jack L. Seymour and Donald E. Miller (Nashville, TN: Abingdon Press, 1990), 27-42; Thomas H. Groome, *Education for Life: A Spiritual Vision for Every Teacher and Parent* (Allen, TX: Thomas More, 1998), 215-265.

16 Burgess, *An Invitation to Religious Education*, 84.

17 John Dewey, *Democracy and Education* (New York: A Free Press, 1916), 1-22; John Dewey, *Experience & Education* (New York: Collier Books, 1938), 17-31.

18 Burgess, *An Invitation to Religious Education*, 59-93; George Albert Coe, *Education in Religion and Morals* (New York: Fleming H. Revell Company, 1904), 389-406.

19 Sara Little, "Reformed Theology and Religious Education," in *Theologies of Religious Education*, edited by Randolph Crump Miller (Birmingham, AL: Religious Education Press, 1995), 11-34.

20 Burgess, *An Invitation to Religious Education*, 133-134.

21 Ibid., 94-126; Burgess, *Models of Religious Education*, 111-145; James Smart, *The Teaching Ministry of the Church* (Philadelphia: Westminster, 1954).

22 Burgess, *An Invitation to Religious Education,* 133-134.

23 James Michael Lee, *The Flow of Religious Instruction* (Birmingham, AL: Religious Education Press, 1973).

24 Burgess, *An Invitation to Religious Education*, 127-165; Burgess, *Models of Religious Education*, 187-221; Sara Little, "Religious Instruction," in *Contemporary Approaches to Christian Education*, edited by Jack L. Seymour and Donald Miller (Nashville, TN: Abingdon Press, 1982), 35-52; Elizabeth Caldwell, "Religious Instruction: Homemaking," in *Mapping Christian*

Education: Approaches to Congregational Learning, edited by Jack L. Seymour (Nashville, TN: Abingdon Press, 1997), 74-89; James Michael Lee, "Vision, Prophecy, and Forging the Future," in *Forging a Better Religious Education in the Third Millennium*, edited by James Michael Lee (Birmingham, AL: Religious Education Press, 2000), 243-267.

25 Jack L. Seymour and Donald E. Miller ed., *Contemporary Approaches to Christian Education* (Nashville, TN: Abingdon Press, 1982); *Theological Approaches to Christian Education* (Nashville, TN: Abingdon Press, 1990).

26 Seymour and Miller, "Openings to God: Education and Theology in Dialogue," in *Theological Approaches to Christian Education*, 10-22.

27 Jack L. Seymour, "Approaches to Christian Education," in *Mapping Christian Education: Approaches to Congregational Learning*, edited by Jack L. Seymour (Nashville, TN: Abingdon Press, 1997), 9-22.

28 Mary F. Belenky, Blythe M. Clinchy, Nancy R. Goldberger, and Jill M. Tarule, *Women's Ways of Knowing: The Development of Self, Voice and Mind* (New York: Basic Books, 1986); Nancy R. Goldberger, Jill M. Tarule, Blythe M. Clinchy, and Mary F. Belenky, *Knowledge, Difference and Power* (New York: Basic Books, 1996).

29 김현숙, 『탈인습성과 기독교교육』, 97-98.

30 상게서, 14-33.

31 김현숙, "구조주의적 관점에서 본 기독교교육 목적 분석," 108.

32 Eliot W. Eisner, *The Educational Imagination: On the Design and Evaluation of School Programs,* 3rd edition (New York: Macmillan College Publishing Company, 1994), 47-86. 아이즈너는 그의 저서에서 6가지 교육 이데올로기(educational ideologies)를 제시하고 있는데, 여기서 교육 이데올로기란 무엇을 가르쳐야 하며, 어떤 목적을 위해서, 어떤 이유로 가르쳐야 하는지를 제시하는 신념체계(Belief System)이다: 1) 종교적 정통주의(religious orthodoxy), 2) 이성적 인본주의(rational humanism), 3) 진보주의(progressivism), 4) 비판이론

(critical theory), 5) 재개념주의(reconceptualism), 6) 인지적 다원주의(cognitive pluralism).

33 Michael W. Apple, *Ideology and Curriculum* (London: Routledge & K. Paul, 1979); *Education and Power*, 2nd edition (New York: Routledge 2012).

34 Michel Foucault, *The Archaeology of Knowledge* (New York: Harper & Row, 1972) 참조.

35 김현숙, "구조주의적 관점에서 본 기독교교육 목적 분석," 109-111.

36 상게서, 111-116.

IV

기독교교육 내용의 선정과 조직: 무엇을 WHAT

IV

기독교교육 내용의 선정과 조직: 무엇을 WHAT

1. 교육과정의 개념

교육과정(커리큘럼)이란 전통적으로 학습자들에게 소개해야 할 지식으로 알려져 왔다. 그러나 1960년대 이후 일반 교육학에서 교육과정(커리큘럼)에 관한 연구가 확대된 이후, 교육과정이란 단순히 교사에 의해 제시되는 지식뿐 아니라 학습자들에 의해 직접적으로 겪는 경험까지를 포함하는 내용으로 이해되고 있다. 다시 서술하여, 교육과정이란 (1) 전수되는 지식, (2) 지식의 전수 과정 중 얻게 되는 학습자의 경험, 이 두 가지 요소를 동시에 강조하면서 그 둘 사이의 효율적인 상관관계를 연구하는 분야이다.[1]

구체적인 예를 하나 든다면 다음과 같다. 지금 기독교교육학의 개괄적 이해에 관해 서술하고 있는데, 여기서 제시되는 내용은 곧 기독교교육학의 지식에 해당된다. 그러나 지식을 접하는 독자들의 머리는 진공관처럼 비어 있는 상태가 아니라, 이미 수십 년 동안 생활하면서 그동안 축적한 여러 지식에다 지금 제시되는 기독교교육학의 내용을 덧붙이고 있다는 것이다. 문제는 독자들의 머릿속에 축적된 지식과 저자가 지금 제시하고 있는 교육 내용이 거의 비슷한 것이라면, 독자들은 의미 있는 경험을 하지 못하고 단지 지루하다는 경험만을 하게 될 것이다. 그러나 만일 소개된 기독교교육학의 내용이 지금까지 알았던 기독교교육학의 내용과 구별되거나 경우에 따라 상치될 경우 독자들은 소개된 지식 이외의 내용에 관해 스스로 생각하게 된다는 것이다. 예를 들어, 하나님을 잘 믿고 섬기는 것이 신앙이라고 단순하게 생각했으나, 앞서 서술한 지적 신념인 belief, 신뢰적 확신인 trust, 행동적 실천이라는 action 혹은 commitment 그리고 인간의 한계를 깨닫게 하는 mystery라는 네 차원이 꼭 결합되고 갖추어져야 만이 비로소 faith라는 총체적 의미의 신앙을 지닐 수 있다고 소개한 내용을 접하게 될 때, 독자들은 의도하지 않은 새로운 경험을 하게 될 수도 있다. 요약하면, 교사에 의해 소개되는 지식 내용을 왼쪽에 그리고 학생들에 의해 경험되는 학습 결과를 오른쪽에 설정한 뒤 그 둘 사이를 어떻게 연결하는 게 가장 바람직하고 효율적인지를 연구하는 것이 곧 기독교 교육과정의 주요 과업이라는 것이다.

전통적인 의미의 교육과정은 성서 지식의 전문가인 교사가 그에 관한 지식이 부족한 학습자에게 거의 일방적으로 교육내용(학습내용)을 소개하고 전수하는 형태로 인식되어져 왔다. 이 경우 화살표의 방향은 교사에서 학습자로 향해 나아가는 일방적인 것이었으나, 지난 40여 년간 기독교 교육과정의 분야에서 연구된 결과는 이 같은 일방적인 화살표를 순환적인 쌍방의 화살표로 바꾸자는 것이라고 볼 수 있다.[2]

예를 들어, 고등학교 2학년 학생에게 아담과 하와의 선악과 사건에 관해 가르치는 커리큘럼을 생각해볼 수 있다. 어느 한 교사가 구약성서의 내용을 중심으로 아담과 하와의 선악과 사건과 그 결과로 에덴동산에서 쫓겨나는 징벌의 문제에 대해 설명하였다. 그러나 이 학생은 이미 중학교를 거치면서

[도형 2] 전통적 의미의 교육과정 이해

[도형 3] 수정된 교육과정의 이해

그 내용을 여러 번 배웠으며, 그 후 개인적 관심으로 성서를 읽고 또한 밀턴의 『실낙원』을 혼자서 읽은 경험이 있다고 가정해보자.[3] 밀턴의 『실낙원』은 아담과 하와의 에덴동산 추방사건이 인간의 죄에 대한 하나님의 저주라기보다는 새로운 문화의 시작으로 보는 긍정적인 해석을 시도하고 있다. 어느 날 고등부 2학년 분반 공부 시간 교사에 의해 아담과 하와의 선악과와 죄와 징벌에 대한 이야기가 진행될 경우, 이 학생은 어떠한 반응을 보일 것인가? 분반 공부 시간 그 학생은 선악과 사건과 에덴동산 추방에 대한 이전의 설명과 해석을 지워버린 흰 종이 상태로 교사의 설명을 들을까 아니면 이미 교회학교와 개인 성경 공부를 통해 채색된 종이 위에서 분반 공부의 시간을 보내게 될까 하는 질문이 제기될 수 있다. 여기서의 정답은 말할 필요 없이 후자의 상태일 것이다.

지금까지 기독교교육의 커리큘럼은 학습자의 인지 상태를 마치 흰 종이로 생각하고 그 위에 화가에 의해 일방적으로 그림을 그리는 형태로 마련되어 왔다. 그러나 학습자들의 인지 상태나 심리상태는 결코 흰 종이가 아니며, 연령의 증가에 따라, 사회적 경험의 축적에 따라, 그리고 주변 환경의 영향에 따라 다양한 그림이 이미 그려져 있기 때문에, 학습자의 상태를 백지의 형태로 가정하고 계획되어 온 전통적 교육과정에 대한 수정과 새로운 연구가 필요하다는 것이다.[4]

기독교 교육과정을 새롭게 구성하려는 시도는 바로 이 같은 학습자의 인지·정서·행동 상태를 깊이 관찰하고 그 다양성을 고려하는 관점에서 시작된 것이다. 앞서 예로 든 고2 학생의 경우처럼, 기독교교육의 교육 내용은 그 내용을 듣는 학습자의 수준에 따라 혹은 특성에 따라 체계적으로 재조직될 필요가 있다. 예를 들어, 아담과 하와의 선악과 사건은 하나님의 진노로 인해 에덴동산으로 쫓겨난 단순한 죄와 징벌의 사건으로만 해석될 것이 아니라, 쫓겨난 아담과 하와에게 의복을 지어주시고 축복하신 하나님의 사랑을 다시 한 번 경험할 수 있는 또 다른 삶의 시작이며, 이를 통해 인간의 삶은 문화를 형성하는 인류문명의 시작으로 이어지는 사건으로 해설될 수 있다는 것이다. 또한 초등학교 시절 철저한 인과응보 혹은 축복과 저주로만 하나님을 이해하던 아동의 인지구조가 변화되어, 인과응보의 원칙을 넘어선 하나님의 사랑을 이해할 줄 알게 되는 청년기의 인지구조를 지니게 된 학습자들에게 소개되어야 할 교육 내용은 아동부 교육 내용과는 분명하게 구별될 필요가 있는 것이다.

다시 요약하면, 기독교 교육과정이란 성령의 활동과의 상호적 관련 속에서 교사에 의해서 소개되는 교육 내용이 결과적으로 학생들에게 과연 어떠한 경험(변화)을 이끌어내는지 그 가능성과 효율성을 측정하는 시각에서 지속적으로 재구성되는 시도이다. 학습자의 차이와 관계없이 일방적으로 선포되는 설교나 강연의 형태와는 달리, 학습자의 현재 상태를 변화시키는 데 가장 효율적인 내용으로 재구성하는 일련의 계획이 곧 커리큘럼이라는 것이다. 부언하여, 학습자의 변화를 일으키지 못하는 교육내용은 체계적·효율적인 차원에서 재구성될 필요가 있다.

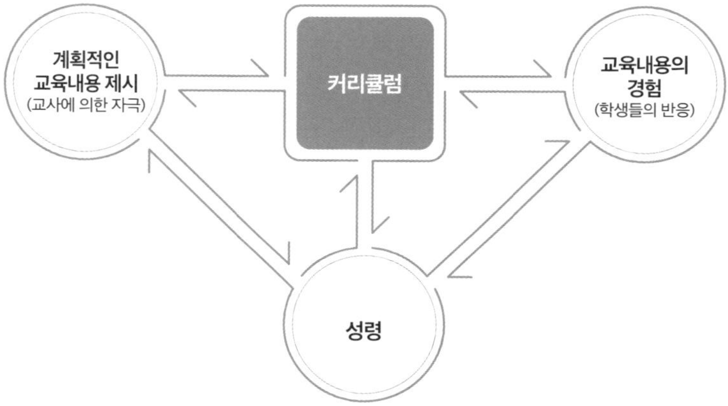

[도형 4] 기독교 교육과정의 이해

교육과정(커리큘럼)은 일회적인 강연과는 달리 지속적인 자극을 통해 학생들의 변화를 필연적으로 이끌어내도록 치밀하게 계획된 교육내용과 학습 경험의 상호작용적 연결이다. 물론 인간의 노력보다는 성령의 활동이 우선적으로 전제되어짐은 당연한 사실이지만, 성령의 역사에 효과적으로 동참할 수 있는 교사의 준비 및 커리큘럼의 재구성은 기독교교육의 효과를 증진하기 위한 필수요건인 것이다. 다시 서술하여, 하나님께서 허락하신 지혜를 최대한 활용하여 기독교교육의 효과를 높이기 위해서는 교육과정(커리큘럼)을 가장 효율적으로 구성하는 것이 교사와 기독교교육학자들의 책임이라고 볼 수 있다.

2. 교육과정 이론의 다양한 유형

새롭게 재구성된 기독교 교육과정에 대한 정의를 기반으로, 교육과정은 다양한 관점에서 연구될 필요가 있다. 먼저 가장 기본적인 3가지의 연구유형이 있는데, 전통주의적 접근(traditional curriculum), 개념-경험주의적 접근(conceptual-empirical curriculum), 재개념주의적 접근(reconceptualist curriculum)이 대표적인 접근이다. 앞서 서술한 3가지 기본적인 교육과정에 관한 이론 외에도, 20세기 후반부터 다양한 관점에서 교육과정을 바라보고자 하는 시도가 제기되고 있다. 즉 다문화주의적 접근(multicultural curriculum), 여성주의적 접근(feminist curriculum), 미학적 접근(aesthetic curriculum), 포스트모던적 접근(postmodern curriculum) 등이 제시될 수 있다. 이 장에서는 기본적인 3가지 연구유형과 새롭게 대두되고 있는 다양한 연구유형을 소개하고자 한다.

1) 전통주의적 접근

교육과정에 대한 관심은 여러 세기 동안 제기되어 왔으나, 체계화되고 전문화된 교육과정 연구는 20세기까지 이루어지지 못했다. 1918년 보빗(F. Bobbitt)에 의해 시작된 교육과정에 대한 초기 연구는 행정적 효율성이라는 관점에서 이루어졌다. 그러나 엄밀한 의미의 학문적 연구는 지식의 체계성을 강조한 타일러(R. W. Tyler)로부터 시작되었다고 볼 수 있다.[5] 이 접근은 교육 프로그램에 대한 계획을 교육과정으로 정의하면서, 교육과정의 개발을 다음의 4단계를 통해 구성하려는 입장이다. 곧 ① 교육목적과 목표의 설정, ② 교육내용의 선정, ③ 교육내용의 조직과 구성(순서), ④ 교육과정의 평가라는 4단계를 순차적으로 진행하여 체계적인 교육계획을 강조하는 접근이다.[6] 예를 들어, ① 신앙의 성숙을 교육의 목적(aim)으로 설정할 경우, 그 목표(objectives)로 인지적 신앙, 신뢰적 신앙, 행동적 신앙, 그리고 신비적 신앙이 설정될 수 있다. ② 그 다음 인지, 신뢰, 행동, 신비적 신앙을 위한 교육 내용을 - 곧 사도신경, 주기도문의 암기(인지적), 기도를 통한 하나님과의 대화(신뢰적), 불우이웃돕기 등의 이웃사랑 실천방안(행동적), 그리고 학습자의 전통적 사고에 대한 역설적 내용의 제시(신비적)를 구체적으로 선정한다. ③ 이처럼 선정된 교육 내용을 어떤 순서로 배열, 구성하는 것이 학습자들의 변화에 가장 적절하며 효율적인지를 살펴보는 시각에서 교육 내용을 조직하고, ④ 그 교육 내용을 전수한 후, 얼마만큼 학생들의 변화가 일어났는지를 확인하는 절차를 통해 교육 내용의 선정과 교육 내용의 조직과 구성을 수정하는 평가 과정이 곧 전통주의적 접근에서 제시하는 커리큘럼 구성 방안이다. 이 접근은 교육목적을 달성하기 위한 체계적이며 단계적 절차에 따른 교육과정 개발을 강조하며, 교육과정의 실용성과 '체계성(systematic method)'을 강조하는 접근방법이라고 평가할 수 있다.[7]

그러나 교육과정을 연구하는 많은 수의 학자들은 타일러가 제시한 교육과정 이론의 문제점을 선형적 배열의 경직성으로 평가하고 있다. 그들에 의하면, 앞서 타일러가 제시한 4가지 기능은 순차적인 단계보다는 상호의존적이어야 하며, 그 기능에 대한 결정에 있어 철학적인 기초가 선행되어야 한다는 것이다.[8] 또한 이 접근은 단순한 기술적인 처방에 중점을 둔 교육과정으로 의사결정을 위한 숙고가 결여되었으며, 동시에 명시적 교육과정에만 중점을 둔 접근이라고 평가되기도 한다. 뿐만 아니라 성서, 신학, 전통 중 무엇이 우선적으로 가르쳐져야 하는지를 선정하기 위해 당대의 조직신학과 철학에 의존하는 과정에서, 이 접근은 실제 현장에서 교육을 담당하는 교사의 참여를 고려하지 않았다는 비판을 받고 있다.

2) 개념-경험주의적 접근

전통주의적 입장이 커리큘럼의 '체계성'을 강조한 반면, 개념-경험주의적 접근은 커리큘럼의 '효율성(efficiency)'을 중시하는 접근이다. 여기서 효율성이란 아무리 체계적으로 커리큘럼이 마련되었다 할지라도 학습자의 행동 변화를 크게 이끌어내지 못했다면 이를 비판적으로 보면서, 제시된 커리큘럼의 한계를 효율적 차원에서 지적한 평가 기준을 의미한다. 예를 들어, 인지적 변화를 추구하는 하나의 커리큘럼이 학습자의 이해력 증진에는 도움을 주었으나 그 이해를 토대로 한 응용력 증진에는 별 도움을 주지 못했을 경우, 그 커리큘럼은 효율적이라 평가되기 어렵다는 것이다. 교회학교 학생들로부터 흔히 발견되듯이, 많은 수의 학생이 구약성서에 기록된 인물들을 이해하고 그 내용을 잘 암기하고 있으나 그들의 행동을 본받아 실천에 옮기지 못하는 수많은 예를 찾을 수 있다. 지금까지는 전수된 지식대로 행동하지 못하는 책임을 주로 학생들의 의지력 부족이나 신앙의 미성숙이라고 평가해 왔으나, 개념-경험주의 입장에 선 학자에 의하면, 그 책임의 상당 부분이 잘못된 커리큘럼의 구성에 있다고 보는 것이다. 구체적으로 성서에 나타난 인물을 소개하는 데만 많은 관심과 정성을 쏟기보다는, 현대사회에서 구체적으로 어떻게 행동하고 느끼는 것이 아브라함을 닮는 일인지 그리고 모세를 닮는 일인지를 상세하게 소개하자는 것이 개념-경험주의자들의 주장이다. 곧 교육과정을 문자로 적혀 있는 내용보다는 그 내용을 배우는 학습자들의 행동 변화를 얼마나 효율적으로 이끌어냈는지의 여부에 따라 재구성

하자는 것이 그들의 기본 입장인 것이다.[9]

개념-경험주의적 접근은 학습자들의 지적, 정서적, 행동적 변화를 총체적으로 이끌어내는 것에 관심을 둔 효율적인 교육과정을 개발하려는 접근이다. 이를 위해서는 먼저 학습 내용과 학습 능력 사이의 효율적인 연계 모형이 이루어져야 한다. 예를 들어, 블룸(B. S. Bloom)과 그의 동료들에 의해 제시된 학습 능력인 인지적 능력을 지식(knowledge), 이해(comprehension), 응용(application), 분석(analysis), 종합(synthesis), 평가(evaluation)로 구분하고,[10] 정서적 능력을 수용(receiving)/주의(attending), 반응(responding), 가치화(valuing), 가치의 개념화(organization), 인격 형성(characterization)으로,[11] 그리고 심리 운동적 능력을 관찰(observing), 모방(imitating), 실천(practicing), 적용(adapting)으로 구분하여 이 능력과 연계된 적절한 학습 내용을 제시하려는 것이다.[12] 두 번째는 학습 경험과 학습 결과 사이의 효율적 연결방안을 고안해야 한다는 것이다. 예를 들어, 아브라함이 이삭을 바치는 성서 이야기를 수업 현장에서 제시하고 가르쳤을 경우(학습 경험), 이야기를 들은 학습자들로부터 실질적으로 어떤 변화를 이끌어낼 수 있는가(학습 결과)를 서로 연계하여, 학습자의 총체적 변화를 실질적으로 이끌어낼 수 있는 학습 경험을 제시해야 할 필요성을 제안하는 것이다. 세 번째는 탐구과정으로서의 교육과정을 강조하는 것이다. 즉 자연과학에 기초한 논리와 탐구 방법을 강조하면서, 확실성, 통제, 예측과 같은 경험론적 방법의 활용을 제안하고 있다.[13]

이 접근은 경험론적 접근을 통해 교육내용의 포괄성과 타당성을 확보하는 데 필요한 시사점을 제시하였으며, 교육과정 연구가 목적을 설정하는 차원에서 끝나는 것이 아니라 수업에 필요한 각종 매체를 선택하거나 수업전략 및 평가에 대한 교사들의 의사결정까지를 포함함으로써 교육적 효과를 높일 수 있는 과학적 방법을 제안하였다. 또한 이 접근은 수업을 통해 진행되는 교수-학습과정과 교육과정을 연계함으로써, 교육과정 개발에 있어 교사가 참여할 수 있는 여지를 포함한 접근이라고 평가될 수 있다.[14] 그러나 이 접근은 자연과학에 기초한 논리와 탐구 방법을 옹호함으로써, 외연적으로 측정 가능한 행동에만 관심을 보인다는 비판도 받고 있다. 다라서 내면적으로 발생하는 변화나 측정하기 어려운 행동에 대해서는 적절한 대응을 하기 어려운 접근으로 평가된다. 앞서 제시한 전통주의적 접근보다는 학습자 중심의 교육과정이라는 평가를 받고 있으나, 학습자의 개념을 지역, 인종, 젠더의 구분 없이 보편적으로 이해함으로써 학습자의 다양성을 간과한다는 문제점도 동시에 지니고 있다.

3) 재개념주의적 접근

재개념주의적 접근은 현재 사용 중인 교회학교의 공과 내용 중 '정당성(legitimacy)'을 인정받기 힘든 비기독교적 가치관을 찾아내 수정하자는 특징을 지닌 교육과정 이론이다. 어떻게 가르칠 것인가에 대해 관심을 가졌던 개념-경험주의적 접근과는 달리, 재개념주의적 접근은 누가 교육내용을 선정하였으며, 왜 했는지에 대한 질문을 통해 가치가 제거된 객관적 지식에 대한 추구로부터 정당성을 지닌 지식에 대한 관심으로 전환되어야 할 필요성을 강조하였다. 예를 들어, 지금까지 교회 교육을 통해 소개된 전통적 지식 중에는 식민지 정책을 옹호하거나 인종차별을 인정하는 내용이 포함되어 있을 수 있다. 구약성서의 내용을 소개하면서, 은연중 전수되고 있는 침략주의, 노예제도, 성차별, 지역 차별 등을 기독교 가치관으로 오해하게 하는 내용을 가려내어 수정하자는 것이다. 대표적인 재개념주의자인 드웨인 휴브너(Dwayne Huebner)에 의하면, 교육과정 속에 전수되고 있는 일부 교육 내용은 특정의 시대적 상황 속에서 형성되고 전수되어 왔는데, 이 같은 특정의 가치(value)에 기반을 둔 역사적인 내용을 재개념화함으로써 시대적 편견과 한계를 가려내야 한다는 것이다. 특히 비기독교적인 가치관을 은연중 옹호하고 전수하는 교육 내용을 배제하고, 현재 삶의 현장을 배경으로 기독교적 가치를 재해석하는 교육을 실시해야 한다는 것이다. 이러한 시도는 이데올로기의 논쟁으로 이어지기 때문에 곧바로 기독교 교육과정에 적용되기에는 어려움이 있을 수 있으나, 이 접근은 모든 인간이 하나님 앞에서 완전할 수 없음을 인정하며 신앙인의 비의도적 실수를 더 이상 반복하지 않도록 노력하는 자아 반성적 시도를 강조하는 접근이라고 볼 수 있다.[15]

재개념주의적 접근은 특정의 시대적 상황 속에서 형성된 기독교교육의 내용을 비판적으로 성찰하고, 새로운 성서해석의 가능성을 제시한다는 점에서 의미를 지니는 접근이라고 평가할 수 있다. 또한 명시적 가치와 잠재적 가치의 구분을 통해 은연중에 무비판적으로 교육 현장에서 전수되어 온 잠재적 가치의 중요성을 잘 지적하고 있다. 뿐만 아니라, 과거에 대한 해설에만 머물렀던 성경 공부의 방향을 신앙인의 실천을 촉구하는 형태로 바꿈으로써, 실천적인 교육의 가능성도 함께 제시하고 있다. 그러나 앞서 지적한 바와 같이 교육 내용을 선정함에 있어 각기 다른 교육철학(이데올로기)에 의해 제시된 정당성을 정확하게 식별하고 선정할 수 있는 구체적인 평가 기준의 마련이 필요하다. 이 접근은 교육 내용의 문제점을 지적하고 새로운 해석의 필요성을 제시하는 데에는 의미 있는 방향을 제시하고 있으나, 교육과정 개발을 위한 구체적인 대안을 마련하고 새로운 해석을 수행하는 개발과

정을 제시하는 데 있어 미비한 이론으로 평가될 수 있다.[16]

4) 다문화주의적 접근

이 접근은 커리큘럼의 '다양성(diversity)'을 강조하는 입장으로, 문화적 다원주의와 교육 기회의 균등이라는 관점에서 커리큘럼을 재구성하려는 입장이다. 크리스틴 슬리터(Christine E. Sleeter)와 칼 그랜트(Carl A. Grant)에 의하면, 문화적 다원주의는 한 개인의 독특한 정체성을 인정하면서, 다양성의 유지와 차이에 대한 관심 그리고 사회의 모든 면에서 활동적으로 참여할 수 있는 권리를 포함하는 것을 의미한다. 그들은 1973년도에 발표된 "National Coalition for Cultural Pluralism"을 인용하면서, 문화적 다원주의란 한 나라의 경계 안에서 각기 다른 신념, 행동, 인종, 그리고 언어를 지닌 다양한 문화가 상호호혜적인 관계를 지니면서 동등하게 공존하는 상태를 지칭한다고 설명하였다. 반면 교육 기회의 균등은 인종, 문화, 언어, 장대의 차원에서의 기회균등을 의미하는 용어이다. 슬리터와 그랜트에 의하면, 학습자들에게 교육현장 속에서 평등한 기회, 개인적으로 자신의 역량을 발휘할 수 있는 미래를 위해 선택하고 노력할 수 있는 기회, 그리고 그들의 소수 문화와 언어의 차이에도 불구하고 자기 존중을 개발할 수 있는 기회가 주어져야 한다는 것이다. 달리 서술하여, 교육의 환경 속에서 제공되는 교육 내용은 다양한 문화적 배경, 한 가지 이상의 언어 개발, 다양한 교수 방법, 그리고 문화적 차이점을 존중하는 평가 방법을 통해 선택되고 개발되어야 한다는 것이다.[17] 이 두 개념을 기반으로, 다문화주의적 접근은 지금까지 주류 문화의 관점을 교육의 내용으로 당연시 여겨왔던 인습적 커리큘럼을 비판적으로 성찰하면서, 다양한 문화적·인종적 집단의 관점에서 개념, 사건,

문제점을 볼 수 있게 도와주는 변형적 관점과 사회의 문제를 파악하고 문제를 해결하기 위한 자아 성찰적 행동을 취하도록 격려하는 사회적 실천의 관점을 포함하는 접근이라고 정의될 수 있다.[18]

그러나 이 접근은 특정 인종 집단을 정형화된 이미지로 인식하게 할 수 있다는 문제점과 단순히 특정 이익집단의 이익을 옹호하는 형태로 진행될 위험성을 동시에 지니고 있다. 일부 다문화 가정의 아동은 다문화 가정의 테두리 안에 포함되는 것을 불편하게 여기는 시각도 있다. 따라서 다문화주의적 접근은 특정 집단만을 위한 접근이 아니라 대다수의 학생이 다양성을 인지하고 수용할 수 있는 교육적 접근으로 변화되어야 한다는 것이다.

5) 여성주의적 접근

여성주의적 접근은 커리큘럼의 '평등성(equality)'을 살펴보려는 입장을 강조한다. 특히 이 접근은 여성의 경험, 목소리, 관점 등을 중시하면서, 이러한 경험, 목소리, 관점 등이 이론과 실천의 형성에 미치는 중요성을 강조하는 입장이다. 예를 들어, 가장 대표적인 교육내용인 성서를 살펴보면, 성서의 인물 중 여성이 등장하는 경우는 매우 드물며, 혹여 여성이 등장하여도 주도적 역할을 담당하는 인물보다는 주변적 인물로 그려지는 것이 현실이다. 열왕기하 22:12-20에 등장하는 훌다(Hulda)는 요시야 왕이 율법(Book of Law)에 기록된 저주를 묻기 위해 찾아간 여성 선지자이다. 여기서 훌다는 유다가 멸망할 것이며 요시아 왕은 그 재앙을 면할 것이라고 예언한 중요한 인물이지만, 대다수의 성서주석은 훌다에 대해 거의 알려진 사항이 없다고 평가하고 있다. 특히 『그랜드 종합주석』은 훌다를 예루살렘 출신의 선지자이며 예레미야보다 찾아가기 쉬웠던 인물로 묘사하고 있다.[19] 그러나 여성학적 관점에서 저술된 *Women's Bible Commentary*에 의하면, 선지자 훌다는 두루마리에 수록된 말씀을 해석했을 뿐만 아니라 더 나아가 유대교와 기독교에서 중요하게 사용될 최초의 문서를 확립하는 필수적 역할을 담당했다고 평가하고 있다. 성서에는 훌다의 성별이 명확하게 제시되지 않고 있으나, 훌다의 남편에 대해서는 3세대를 거쳐서 그의 이름을 소개하고 있다. 성서는 남편을 통해서 결혼한 여성의 정체성을 훌다에게 부여하고 있지만 동시에 훌다는 성서의 다른 선지자들과 마찬가지로 권위를 가지고 야훼의 이름을 사용하고 있다는 점에서, 성서에 나오는 여성들의 활동과 업적을 어떻게 다룰 것인가에 대한 논의가 교육과정에서 필수적으로 이루어져야 할 것이다.[20]

또 다른 예로 에스더에 나오는 폐위된 왕비 와스디의 이야기가 있다. 와스디 왕비는 에스더를 등장시키기 위한 도구적 존재로 흔히 설명되고 있다. 『국제성서주석』에서는 에스더 1:1-22의 제목을 "아하수에로가 베푼 잔치와 와스디의 과실"이라고 붙이고 와스디의 처벌을 공공의 복리를 위한 처사로 해석하고 있다. 결혼한 남자는 누구든지 자기 가정의 주인이 되어야 하며, 누구든지 아내에게 무조건 순종할 것을 요구할 수 있고 자기가 하고 싶은 말을 해야 한다는 것이다.[21] 반면 여성주의적 관점에서 성서해석을 시도한 *Women's Bible Commentary*에서의 제목은 "와스디의 이야기"이며 와스디 왕비를 거대한 사회에 대한 묵인을 거절한 강한 여성으로 해석하고 있다.[22] 이는 교육과정의 중요한 부분으로 활용되는 성서의 동일한 내용이 어떠한 관점에서 해석되는가에 따라 커다란 차이점을 보이고 있다는 것을 명확하게 보여주는 한 예라고 볼 수 있다.

젠더란 사회적으로 형성된 것이라는 관점을 기반으로, 지금까지 주류의 문화적 경험만을 토대로 구성된 배타적 교육 내용, 즉 인종, 계층, 성, 장애 등에 의해 주변화된 사람들을 소외시키는 교육 내용의 불평등성을 비판적으로 성찰하고, 소외된 목소리에 귀를 기울여야 한다고 주장하는 접근방법이 바로 여성주의적 관점이다. 이를 위해서 여성주의적 교육과정은 주류의 관점에 의해 기술된 본문을 해체하고, 지금까지 간과되었거나(neglected) 제외된(missing) 여성의 역사를 회복하며, 이를 기반으로 교육의 내용을 양성평등적으로 재구성해야 한다고 보는 교육과정 관점 등이 포함된다.[23] 이를 위해서는 기존의 성서 읽기와는 다른 크리티컬 리터러시(critical literacy)의 관점에서 새로운 성서 읽기가 필요하다. 크리티컬 리터러시는 인종, 젠더, 계급 및 정체성과의 관련성을 중심으로 어떠한 인물들이 등장하고 이들이 어떻게 묘사되고 있는지에 관심을 둔다. 또한 누구 혹은 무엇으로 시작되는 질문을 거쳐 '왜'라는 질문을 통해 이유를 설명하려 한다. 최석무에 의하면, '왜'라는 질문을 통해 우리가 잘 알고 있는 텍스트라 하더라도 익숙한 내용을 낯설게 느끼면서 다양한 시각으로 텍스트를 보는 능력을 개발할 수 있다는 것이다.[24]

여성주의적 접근은 교육과정에 내포되어 은연중 전달되는 잠재적 가치를 다시 한번 질문하는 과정을 통해 환기하려는 접근이며, 그 과정에서 발견되는 다양한 경험과 주변적 관점의 중요성을 재확인하는 접근이다. 여성주의적 접근은 성서에 대한 새로운 해석과 통찰을 제시할 수도 있으나 특정 부분에 대한 왜곡이 일어날 수도 있으며, 더 나아가 기독교 전통의 경시로 이어질 수 있는 위험성도 내포하고 있다. 또한 주류적 관점을 비판하면서 주변적 관점을 강조하는 과정에서 교육 내용 전반에 대한 포괄적인 이해에 어려움을 야기할 수 있다는 평가도 받고 있다.

6) 포스트모던적 접근

이 접근은 포스트모던적 관점에서 커리큘럼의 '혼재성(hybridity)'을 강조하는 입장이다. 이 접근은 교육 내용을 학습자들이 완주해야 하는 미리 설정된 선험적인 경주로로 간주하기보다는 개인적인 변용의 과정으로 보고 있으며, 교육평가 역시 고정된 기준이나 이상적 표준에 의해서 수행되기보다는 공동체적이며 상호작용적인 관점에 따라 실시되는 과정이라고 정의하고 있다. 예를 들어, 공과 책에 소개된 대다수의 교육내용은 이미 교육과정의 형태가 고정되어 학습자의 다양한 의견을 받아들여 변형될 가능성은 거의 없다고 볼 수 있다. 그러나 포스트모던적 접근은 각각의 학습자의 선택에 의해 변용 가능한 커리큘럼의 재구성을 강조하고 있다. 이 접근은 전통주의적 관점에 의해 제시된 타일러의 4가지 원리를 비판하면서, 그 대안으로 4R (richness, recursion, relations, rigor)을 통해 다양한 가능성과 해석의 창조, 그리고 고정된 사고가 아닌 각기 다른 존재론적 세계의 충돌과 겹치기를 보여주는 혼재적 사고의 가능성을 격려하는 특징을 보인다. 여기서 4R은 다층적 의미와 다양한 해석, 발견적 능력을 개발하기 위한 순환적인 과정, 변화된 대화와 탐구의 질, 그리고 불확정성과 해석의 융합을 통해 의도적으로 다른 대안, 관계, 연관을 찾으려는 노력을 강조하고 있다.[25]

예를 들어, 역사를 기반으로 하는 전략 시뮬레이션 게임 「삼국지」는 고정된 역사 내용이 아니라 스스로가 경험하고 탐색할 수 있는 열린 형태의 내용을 중심으로 하는 게임이다. 게임의 참여자는 역사 속의 다양한 배경을 선택하여 게임을 진행할 수 있으며, 「삼국지」 속의 인물들을 선택할 수 있다. 게임 참여자는 「삼국지」 역사 속의 인물에 대입되기도 하고 또는 새로운 인물을 창조하기도 한다. 이를 통해 미리 설정된 경주로(course of study)가 아니라 학습자가 스스로 변용하여 새롭게 만들어내는 변형의 결과를 도출해내기도 한다. 포스트모더니즘의 특징 중 하나인 '혼재성'은 과거의 내용과 현재의 내용을 겹치게도 하고 충돌시켜 새롭게 변형된 내용을 만들어낼 수 있다는 것이다.

이 접근은 학습자의 참여에 의해 커리큘럼을 재구성할 수 있으며, 상호작용을 통해 고정된 사고를 넘어설 수 있다는 장점이 있으나, 평가를 위한 기준의 마련이 시급하다는 문제점도 함께 지니고 있다. 예를 들어, 「삼국지」의 경우 참여자는 다양한 역사적 사실을 게임을 통해 탐색해보고 가상 세계를 스스로 창조해보는 혼재적 사고를 경험할 수도 있으나, 동시에 새로운 인물을 창조하고 포함하는 과정에서 역사의 왜곡을 사실로 받아들일 수도 있다는 점에서, 포스트모던적 접근을 비판적 관점에서 검토하고 평가할 필요가 있다. 또한 다양성과 혼재성을 강조함으로써 학습자들이 스스로 경험하고 창조하는 대화적 교육과정을 제안하기는 하지만, 상황에 따라 상대주의적 관점으로 환원될 수 있는 가능성도 있다는 점에서 균형을 잡을 수 있는 교사의 역할이 필수적으로 요청된다.

7) 미학적 접근

미학적 접근은 커리큘럼의 '다중성(multiplicity)'을 강조하는 입장이다. 기술적 통제를 수반하고 있는 기능적 합리성을 비판적으로 성찰하면서, 다중적 시각에서 관습적인 교육내용을 재구성하고자 하는 접근이다. 예를 들어, 문학작품을 교육내용으로 선정할 경우, 한두 가지의 의미만을 강조하고 이를 받아들이게 하기보다는 그 속에 내포된 다중적 의미를 스스로 발견할 수 있도록 돕는 접근인 것이다. 아이즈너(Eliott Eisner)는 예술로서의 교수

(teaching)와 기예로서의 교수(craft of teaching)를 구분하면서, 교수는 모든 가능성을 기반으로 단순한 기술이 아닌 새로운 형태를 창조하는 예술의 형태로 진행될 필요가 있다고 주장하였다. 목적은 항상 분명하고 측정 가능해야 한다는 타일러의 관점을 비판하면서, 아이즈너는 유희를 즐길 수 있는 능력, 탐색할 수 있는 능력, 놀라움과 새로움을 추구하는 능력을 내포한 새로운 합리성의 개념을 제안하였다. 이를 통해 아이즈너는 예술적으로 기반이 된 반성적 교수(artistically grounded reflective teaching)의 개념을 제안하였다.[26] 맥신 그린(Maxine Greene) 역시 개방적 질문을 통해 다중적인 관점을 이끌어내는 예술의 중요성을 다시 한 번 강조하였다. 즉 그린은 커리큘럼이란 학습자로 하여금 세상 속에서 다양한 의미를 찾을 수 있는 기회를 제공하는 수단이 되어야 한다고 주장하였다. 이때 예술은 하나의 신호(pointer)로 기능할 수 있다고 보았다.[27]

이를 통해, 미학적 접근은 지금까지 교사와 학생, 사고와 감정, 다음과 신체, 인지와 정서, 목적과 수단 사이에 내재되어 있는 이분법적 사고를 극복할 수 있는 기회를 제공한다. 또한 이 접근은 인습적 내용에 대한 반성(reflection)과 재형성화(reformulation)를 통해 다중적 시각을 형성할 수 있도록 돕는 교육 내용을 제시하고, 더 나아가 사회에 대한 비판의식을 개발할 수 있는 접근방법이다. 그러나 해석의 다양성이 가져올 수 있는 혼란과 과도한 개방적 태도가 학습자에게 미칠 수 있는 영향에 대해 보다 엄밀한 논의와 평가가 필요하다.[28]

[표 3] 교육과정의 다양한 유형

교육과정의 다양한 접근들	대표적 이론가	강조점	특 징	평 가
전통주의적 접근	• 랄프 타일러 • 캠벨 와이코프	체계성	1. 교육 목적과 목표의 설정 2. 교육 내용의 선정 3. 교육 내용의 조직과 구성 4. 교육과정의 평가	• 순차적 접근 • 실용적 접근 • 교사 참여의 미비
개념-경험주의적 접근	• 조셉 슈밥 • 아이리스 컬리 • 벤자민 블룸	효율성	1. 학습 능력의 강조 2. 학습자의 지적·정서적·행동적 변화 3. 경험론적 방법 4. 학습경험과 학습 결과 사이의 효율적 연결	• 교사의 참여 강조 • 수업과 교육과정을 연계 • 학습자의 내면적 변화에 대한 관심 소홀 • 보편적 학습자
재개념주의적 접근	• 윌리엄 파이너 • 마이클 애플 • 드웨인 휴브너	정당성	1. 비기독교적인 가치관 수정 2. 특정 이데올로기 비판 3. 잠재적 가치의 중요성 강조 4. 인습적 커리큘럼 비판	• 새로운 성서해석의 가능성 • 정당성 식별에 대한 평가 기준의 마련 • 개발과정의 구체성 결여
다문화주의적 접근	• 뱅크스 & 뱅크스 • 아고스티노 포테라 • 슬리터 & 그랜트	다양성	1. 문화적 다원주의 2. 교육 기회의 균등 3. 변형적 관점과 사회적 실천의 관점 4. 다름과 함께 살아가기	• 문화적 차이점 존중 • 정형화된 이미지화의 문제 • 주류 문화에 대한 동화의 문제
여성주의적 접근	• 캐서린 새켄펠트 • 캐롤 헤스	평등성	1. 교육내용의 불평등성에 대한 성찰 2. 성 평등적 내용 제시 3. 크리티컬 리터러시 4. 성서 속의 여성들	• 잠재적 가치에 대한 질문 • 주변적 관점에 대한 강조 • 성서에 대한 새로운 통찰
포스트모던적 접근	• 윌리엄 달 • 로버트 키건	혼재성	1. 교육내용의 다양한 가능성 2. 해석의 창조 3. 개인적 변용의 과정	• 혼재적 사고의 가능성 • 역사적 사실과 가상 세계의 혼돈 가능성
미학적 접근	• 맥신 그린 • 엘리엇 아이즈너	다중성	1. 인습적 내용에 대한 반성 2. 교육내용의 재형성화 과정 3. 기능적 합리성 비판 4. 예술로서의 교수	• 다중적 시각 • 이분법적 사고 극복 • 다양성의 혼란과 과도한 개방성의 문제

3. 기독교 교육과정의 분석과 개발

위에서 서술한 기독교 교육과정에 관한 다양한 이론적 접근을 기반으로 글로벌 시대의 기독교교육 현장과 연계해서 살펴볼 때, 다음의 2가지 항목은 특별히 강조될 필요가 있다. 첫째는 명시적(manifest) 교육과정과 잠재적(hidden) 교육과정을 구분하는 일이다.[29] 여기서 명시적 교육과정이란 명택하게 언어로서 소개된 교육내용이며, 잠재적 교육과정이란 교육과정을 통해 은연중 전수되는 그 교육 내용 속에 감추어져 있는 특정의 가치관을 가리킨다. 예를 들어, 하나님의 말씀에 따라 순종한 사람들이 하나님으로부터 많은 복을 받게 된 내용을 소개할 경우, "하나님의 말씀을 순종한 사람은 많은 복을 받는다"가 곧 명시적 내용이다. 그러나 이 명시적 내용을 소개하는 공과책의 내용이나 예화가 주로 물질적인 축복의 예로서 채워질 경우, 이를 배우는 학생들은 모든 물질적 축복을 하나님의 복으로 오해하거나, 더 나아가 비기독교적인 행동을 정당화하는 실수를 범하는 경우도 있다는 것이다. 특히 인종차별, 지역차별, 성차별을 인정했던 구약시대에 살았던 신앙의 조상에 관해 설명하는 교육 내용은 경우에 따라 평등과 사회정의를 전제로 한 글로벌 사회에서 비판받아야 할 행동 양식을 은연중 지지하게 되는 결과로 이어지는 경우도 있다. 구체적으로 교사의 강의 도중 은연중 전달되는 민족주의, 지역별 배타주의, 인종차별주의 혹은 학벌주의는 분명 비기독교적 가치관이지만 이를 비판하기보다는 당연하게 수용하게 하는 것이 잠재적 교육과정의 힘인 것이다. 이러한 비기독교적 가치관이 은연중 전수되는 예를 찾아 수정하자는 것이 최근 기독교 교육과정을 연구하는 학자들의 주요 관심 중 하나이다.

두 번째는 예전과 성례로서의 교육과정이다. 지금까지 일반적으로 알려진 교육과정은 공과 책이나 교사들의 입을 통해 전수된 지식으로 이해되어 왔으나, 교육환경 그 자체가 곧 교육과정이라는 새로운 인식이 대두되고 있다. 예를 들어, 인간은 하나님 앞에서 겸손해야 한다는 지식을 학습자에게 소개하고 전수함에 있어 두 가지 경우를 들 수 있다. 하나는 교사의 강의를 통해 성서의 내용을 소개하는 경우이며, 다른 하나는 하나님의 위대하심과 그 임재를 느끼게 하는 환경에의 참여이다. 대다수의 사람들은 시끄러운 길거리에 서 있을 때보다는 하나님께서 창조하신 위대한 자연 앞에서 혹은 무한하게 펼쳐져 있는 하늘의 풍경을 바라보면서 자신의 왜소함과 창조주의 위대함을 감지하게 되는데, 바로 이 같은 교육적 환경을 예전(liturgy)을 통해 제공하자는 것이 예전과 성례로서의 교육과정인 것이다.[30]

특히 청소년 교육과의 연계 속에서, 견신례 교육에 대한 관심이 개신교의 영역에서도 새롭게 제기되고 있다. 견신례는 영생을 위한 구속의 성례인 세례와는 구별되는 성례로서, 기독교 신앙을 확인하고 교회의 일원으로 살아가는데 있어 중요한 의미를 부여하는 예전이다. 그러나 대다수의 교회에서 진행되는 견신례(입교 의식)는 청소년기에 한번 지나가는 형식적인 통과의례로 변질되었다는 문제점을 보이고 있다. 전 세계적으로 나타나고 있는 기독교회의 쇠퇴 현상과 더불어 청소년기에 다다른 학습자는 기독교 신앙에 대한 보다 적절한 교육을 필요로 하고 있으며 또한 자아 정체감의 위기현상 속에서 그들을 격려하고 동시에 자극할 수 있는 대안적 신앙의 필요성이 보다 절실하게 요청되고 있다. 21세기에 접어들면서 그 중요성이 재해석되고 있는 견신례 교육은 통과의례로서의 견신례 의식이 지니는 일상화된 신앙의 측면을 극복하려는 시도를 포함하고 있으며, 개인적으로 신앙을 확인함과 동시에 교회의 일원으로서 보다 책임을 지니고 교회의 활동에 참여하기 위하여 공동체 내에서 청소년들을 양육하고 기독교인으로서의 자아정체감을 확인시키려는 교회의 실천으로 정의될 수 있다.[31]

따라서 교사의 입으로부터 학생의 귀로 전달되는 지식 내용(언어적 교육내용) 뿐 아니라, 특정하게 마련된 예배에의 참여 혹은 흰옷을 입고 참여하는 성년식, 본인과 직접 관련되지 않는 장례식에 참여하게 함으로써 미리 죽음을 경험하게 하는 다양한 예전에의 참여 및 신앙을 재확인하는 견신례에 대한 참여(비언어적 교육내용)는 단순히 언어를 통해 전달되는 교회학교 교육보다 경우에 따라 더욱 효과적임을 최근 기독교교육학 연구는 보여주고 있다.[32]

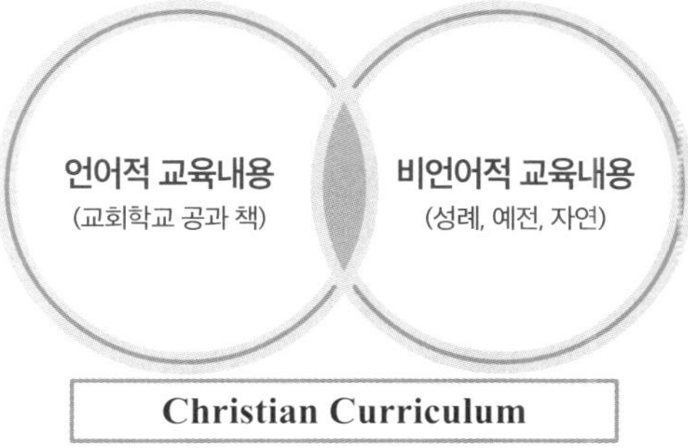

[도형 5] 비언어적 교육과정과 언어적 교육과정의 관계

4. 글로벌 사회의 다문화주의적 기독교 교육과정

위에서 제시한 다양한 기독교 교육과정의 이론 중 다문화주의 담론에 기초한 기독교 교육과정은 21세기 글로벌 사회에서 깊은 관심과 논의가 필요

한 이론이다. 최근 다문화 가족의 증가와 더불어 다문화 교육에 대해 많은 관심이 집중되어 왔다. 학술적인 관심뿐만 아니라 실제적인 문제 해결에 대한 관심도 증가되면서, 다문화 가족에 대한 다양한 연구가 진행되고 있으나 구체적으로 어떻게 다문화 가족에 대한 실제적인 교육이 이루어져야 하는지에 대해서는 아직 설득력 있는 문제 해결방안이 도출되지는 않은 상태라고 볼 수 있다. 실제로, 다문화 가족의 아동들은 자신의 가정이 다문화 가족으로 분류되는 것 자체가 차별이라고 느끼는 경우가 많으며, 다문화라는 용어 자체에 대한 거부감도 지니고 있는 것을 알 수 있다. 다문화 가족에 대한 교과서의 묘사 역시 차별적인 언어로 이루어져 있는 경우가 많으며, 그에 대한 해결방안도 포괄적이며 추상적인 경우가 대부분이다.

1990년대 이래 다문화 현상을 직면한 한국 사회 역시 다문화 정책에 있어 많은 시행착오를 경험하고 있다. 한국 사회의 다문화 교육정책은 다음의 3가지 문제점을 지니고 있다고 평가된다. 첫째, 피상적이고 감상적인 다문화 교육정책, 둘째, 소수 인종만을 대상으로 하는 교육정책, 셋째, 주류 사회에 대한 동화를 목적으로 하는 교육정책이 바로 그것이다. 특히 기독교교육의 현장에서 다문화 교육의 현실은 피터 맥라렌(Peter L. McLaren)이 분류한 보수적 접근[33]과 제임스 뱅크스(James A. Banks)의 공헌 중심적 접근[34]에 아직도 머물러 있다고 볼 수 있다. 즉 주류 문화인 한국 문화에 소수 문화를 그대로 적응시키려는 정치적 입장을 지니고 있으며, 음식이나 음악, 춤과 같은 특정 문화적 요소만을 피상적으로 소개하는 수준에 머물러 있다. 또한 외국인들을 위한 특수 교육을 제공해 온 유럽의 다문화 접근의 기본 입장을 여전히 따르고 있는 현실이다.[35]

다문화 교육에 대한 높은 관심과 더불어 아직은 미흡한 접근방식을 고려해 볼 때, 다문화주의 혹은 다문화적 접근에 대한 인식의 전환이 새롭게 시도될 필요성이 있다고 볼 수 있다. 다양성과 평등의 개념에 기반을 둔 다문화 가족 개념이 실제 교육의 현장에서는 차별의 용어로 활용되고 있다면 다문화주의 혹은 다문화교육에 대한 새로운 인식이 필요할 것으로 여겨진다. 이를 위해서는, 몇 가지 질문이 제기될 수 있을 것이다. 첫째, 과연 다문화교육은 소수 인종과 문화를 소개하고 배려함으로써 소수인종을 위한 교육적 모형을 제공하는 것인가, 아니면 대다수의 사람들을 대상으로 하는 교육인가?[36] 둘째, 학습자로 하여금 기독교적 자아정체감을 형성하면서 동시에 자신의 고유한 문화를 유지할 수 있도록 돕는 기독교교육은 과연 어더한 형태이어야 하는가? 셋째, 성서적이며 신학적인 기반 위에서 현대 사회의 다양한 변화에 적절하게 대응할 수 있는 기독교 교육과정은 과연 어떠한 형터로 제시되어야 하는가?

최근 들어 다문화 시대에 접어든 한국 다문화 기독교 교육과정은 다원주의적 특징을 지닌 글로벌 사회 속에서 다양성의 유지와 차이에 대한 관심 그리고 사회의 모든 면에서 활동적으로 참여하는 권리를 포함하는 다문화적 관점을 기반으로 형성되어야 할 필요가 있다. 이러한 관점은 곧 인종, 문화, 언어, 장애의 차원에서의 교육적 기회균등의 개념으로 이어지며, 이를 통해 교육적 현장 속에서 보다 실제적인 차원에서의 변화를 추구하려는 관점이라고 평가할 수 있다. 특히 다문화 기독교 교육과정은 적어도 다음의 3가지 원칙에 기반을 둔 기독교교육 모형을 제시할 수 있다. 즉 다문화주의 담론의 문제점을 인식하는 차원에서 '평등성', '개방성', '관계성'의 원칙에 기반을 든 다문화 기독교교육의 모형은 일치와 다양성 사이의 이분법적 사고를 넘어서는 교육모형을 제안하고 있다. 타문화에 대한 피상적 이해와 관심을 넘어서서 진정한 의미의 '관계적' 교육을 성취하려 하고, 다문화 사회에 대한 엄밀한 분석과 비판을 통해 '평등적'인 교육을 이루려고 하며, '개방적' 기독교인으로서 문화적 차이와 다양성의 문제를 존중하고 이해해야 한다는 것이다.[37]

그러나 다문화 기독교 교육과정은 먼저 교육과정의 이론 제시를 넘어서서 사회구조적 노력과 변혁이 전제되어야 하며, 소수민족과 문화를 한 가지 양식으로 간주하기보다는 소수민족과 문화 사이의 차이점 등을 실제에 포함하여 배려해야 한다는 점에서 어려움과 한계를 지닌다고 평가될 수 있다.[38] 그럼에도 불구하고, 다문화적 기독교 교육과정은 다음의 3가지 중요한 특징과 시사점을 제공하고 있다. 첫째, 평등성, 개방성, 관계성의 원칙에 기반을 둔 다문화 기독교 교육과정은 글로벌 사회와 다양한 도전에 직면하고 있는 기독교교육의 현장 속에서 다양성과 일치(unity in diversity)를 동시에 고양할 수 있는 새로운 기독교교육의 모형을 제시할 수 있다고 본다. 여기서 다양성이란 단순히 다른 인종만을 지칭하는 것이 아니라, 문화, 언어, 장애, 성별의 차이점도 함께 인식하고 존중하는 형태로 다문화 교육이 진행되어야 한다는 것이다. 그러나 동시에 하나님의 형상을 부여받은 기독교인으로서 일치 또한 이뤄야 하는 중요한 기독교교육적 과제 역시 지니고 있다. 둘째, 다문화 기독교 교육과정 이론은 종교 다원적인 사회 속에서 기독교인의 정체성을 새롭게 재조명하고 재정의하는 데 도움을 줄 수 있는 기독교교육 모형의 가능성을 제안할 수 있다. 타문화에 대한 이해를 통해 자신이 속한 문화와 전통에 대한 성찰을 가능하게 하는 기독교교육(Christian education for Self-reflection)을 제안해야 한다는 것이다. 셋째, 세계화(globalization)의 도전 속에서 다문화 기독교교육은 한국적 상황에 적절한 기독교교육 모형의 제안과 세계 시민의식을 고양할 수 있는 글로벌 교육의 실천 가능성을 통해 새로운 기독교교육 모형을 제시할 수 있다고 본다.

현대 사회는 국가의 지리적·정치적 경계가 희미해지면서 국경을 초월한 트랜스공동체가 발달하고 있으며, 전통적인 국가와 새로운 글로벌 세계 사이의 균형적인 개념 형성이 요청되고 있다. 다문화 교육의 방향도 이러한 시대적 변화와 연계되어 설정되어야 할 필요성이 있다. 따라서 다문화 기독교 교육과정 이론은 사회적 행동의 필요성과 사회 구조의 문제점을 동시에 지적하며 피상적·감상적으로 진행되어 온 다문화 교육의 한계를 넘어서서, 글로벌 교육 공동체의 환경 속에서 현대사회의 다양한 변화에 적절히 더응할 수 있는 3가지 원칙, 즉 '평등성', '개방성', '관계성'에 기반을 둔 기독교 교육과정으로 전환되어야 할 필요가 있는 것이다.[39]

지금까지 서술한 바와 같이, 교육내용의 선정과 조직에 관련된 기독교 교육과정 연구는 다양한 학제간의 연계를 기반으로 하고 있는 학문적 영역으로서, 기독교교육학 연구에 있어서 가장 핵심이 되는 영역이라고 평가될 수 있다. 현재 많은 기독교교육학 학자들에 의해 논의되고는 있지만, 기독교 교육의 현장에서는 전수되어야 할 교사의 지식 및 계획으로만 단순하게 취급되는 현상을 종종 발견할 수 있다. 따라서 보다 다각적이며 총체적인 기독교 교육과정 연구가 요구되며, 동시에 이러한 내용을 어떤 방법으로 가르칠 것인가를 연구하는 기독교 교수-학습과정과의 밀접한 연계가 필요하다고 본다.

제4장 기독교교육 내용의 선정과 조직: 무엇을 WHAT

1 Allan C. Ornstein and Francis P. Hunkins, *Curriculum: Foundations, Principles, and Issues*, 5th edition (Boston: Pearson, 2009), 10-11; Kenneth T. Henson, *Curriculum Planning: Integrating Multiculturalism, Constructivism, and Education Reform*, 4th edition (Long Grove, IN: Waveland Press, 2010); William Pinar et al., *Understanding Curriculum: An Introduction to the Study of Historical and Contemporary Curriculum Discourses* (New York: Peter Lang, 2000); Iris V. Cully, *Planning and Selecting Curriculum for Christian Education* (Valley Forge, PA: Judson Press, 1983); 김현숙, "신학교육의 목적과 커리큘럼 개선," 「기독교교육정보」 제19집 (2009): 7-47; 강희천, 『기독교교육의 비판적 성찰』 (서울: 대한기독교서회, 1999), 49-99.

2 D. Campbell Wyckoff, *Theory and Design of Christian Education Curriculum* (Philadelphia: The Westminster Press, 1961), 56-157; Wyckoff, "Understanding Your Church Curriculum," *Princeton Seminary Bulletin* vol. 63, no. 1 (1970): 77-84.

3 밀턴, 『실락원』, 이창배 옮김 (파주: 범우사, 1989).

4 교육과정 이론가들은 교육과정의 개념을 설명함에 있어, 몇 가지 중요한 개념을 제시하였다. 먼저 계획된 교육과정(intended curriculum)과 운영상의 교육과정(operational curriculum)으로, 계획된 교육과정은 일상적으로 알려져 있는 목적, 내용, 활동, 순서에 있어 계획된 교육과정이며, 운영상의 교육과정은 교실 환경 내에서 교사와 학생 사이에 그리고 학생과 학생 사이에 일어나는 독특한 일체의 사건들을 지칭하는 용어이다. 두 번째로 명백한 교육과정(explicit curriculum)과 암묵적 교육과정(implicit curriculum)이다. 명백한 교육과정은 이미 공개적으로 공고되고 제안된 교육과정으로 계획된 활동, 과정, 경험, 목적 등을 지칭하는 용어이며, 암묵적 교육과정은 잠재적 교육과정(hidden curriculum)과 함께 혼용되어 사용되는 용어로서, 문화적 시스템으로서 학교 교육을 정의하는 학교 전체에 스며들어 있는 기대와 규칙으로서 학교 교육에서 가르쳐지는 학교 내의 구조, 상호작용의 패턴, 암묵적 가치, 시간과 자원의 활용 등이 포함된다. 마지막으로 영 교

육과정(null curriculum)은 교육과정에서 가르쳐지지 않는 간과된(neglected) 혹은 제외된(avoided) 교육과정을 의미한다. 아이즈너는 그의 저서 *The Educational Imagination*에서 학교는 가르치는 것으로 그 결과를 이끌어내는 것 뿐 아니라 가르치지 않는 것으로도 학습결과를 이끌어낸다고 주장하였다. Eisner, *The Educational Imagination*, 45-46; 103.

5 Ralph W. Tyler, "Specific Approaches to Curriculum Development," in *Curriculum Instruction: Alternatives in Education*, edited by Henry A. Giroux, Anthony N. Penna, and William F. Pinar (Berkeley, CA: McCutchan Publishing Co., 1981), 17-30; Robert S. Zais, "Conceptions of Curriculum and the Curriculum Field," in *Curriculum Instruction*, 31-49; 이성호, 『교육과정과 평가』 (서울: 양지원, 1985) 참조.

6 Tyler, "Specific Approaches to Curriculum Development," in *Curriculum Instruction*, 17-30.

7 Ralph W. Tyler, *Basic Principles of Curriculum and Instruction* (Chicago, IN: The University of Chicago Press, 1949); Wyckoff, *Theory and Design of Christian Education Curriculum*, 56-157; 강희천, 『기독교교육의 비판적 성찰』, 54-58 참조.

8 Daniel Tanner and Laurel N. *Tanner, Curriculum Development: Theory into Practice* (New York: Macmillan Publishing Co., 1980), 83-88.

9 Joseph J. Schwab, "The Concept of the Structure of a Discipline," in *Curriculum and Instruction*, 51-61; George Beauchamp, "Basic Components of a Curriculum Theory," in *Curriculum and Instruction*, 68; Mauritz Johnson, Jr., "Definitions and Models in Curriculum Theory," in *Curriculum and Instruction*, 69-85; Tanner and Tanner, *Curriculum Development: Theory into Practice*, 39-50; Eisner, *The Educational Imagination: On the Design and Evaluation of School Programs,* 3rd edition, 1-24; 87-153; 강희천, 『기독교교육의 비판적 성찰』, 58-63 참조.

10 Benjamin S. Bloom, J. Thomas Hastings and George F. Madaus, *Handbook on Formative and Summative Evaluation of Student Learning* (New York: McGraw-

Hill, 1971), 271-273.

11 David R. Krathwohl, Benjamin S. Bloom and Bertraum B. Masia, *Taxanomy of Educational Objectives, Handbook II: Affective Domain* (New York: Mckay, 1964), 176-185.

12 James S. Masters, *The Taxonomy of Educational Objectives Needs a Reformation* (1972, reproduced by ERIC), 7-9; 매스터스에 의하면, 블룸과 그의 동료들은 심리운동적 영역에 대한 아이디어는 있었으나, 실제로 교육목적으로서의 분류작업을 마치지 못했다.

13 Schwab, "The Concept of the Structure of a Discipline," in *Curriculum and Instruction, Alternatives in Education*, edited by Henry A. Giroux, Anthony N. Penna, and William F. Pinar (Berkeley, CA: McCutchan Publishing Com., 1981), 51-61.

14 Eisner, *The Educational Imagination*, 154-170.

15 Dwayne Huebner, "Toward a Political Economy of Curriculum and Human Development," in *Curriculum and Instruction, 124-138;* Michael Apple*, Ideology and Curriculum*, 2nd edition (New York: Routledge, 1990), 82-104; 강희천, "기독교 교육과정에 관한 비판적 성찰," 63-68 참조.

16 Ornstein and Hunkins, *Curriculum: Foundations, Principles, and Issues*, 9-10; David J. Flinders and Stephen J. Thornton, eds., *The Curriculum Studies Reader,* 3rd edition (New York: Routledge, 2009), 139-145.

17 Christine E. Sleeter and Carl A. Grant, *Making Choices for Multicultural Education: Five Approaches to Race, Class, and Gender,* 4th edition (New York: John Wiley & Sons, 2003), 159-164; 김현숙, "다문화주의 담론과 기독교교육," 「한국기독교신학논총」 제86집 (2013): 269-297.

18 James A. Banks, *An Introduction to Multicultural Education* (Boston: Allyn and Bacon, 1999), 1-34; Amy Gutmann, "Introduction," in *Multiculturalism* (Princeton, NJ: Princeton University Press, 1994), 3-24; Charles Taylor, "The Politics of Recognition," in *Multiculturalism* (Princeton, NJ: Princeton University

Press, 1994), 25-73; Hyun-Sook Kim, "Multicultural Religious Education in a Trinitarian Perspective," *Religious Education* vol. 107, no. 3 (May-June 2012): 247-261.

19 제자원, "여선지자 훌다의 예언," 『그랜드종합주석 6: 열왕기상·열왕기하』 (서울: 성서교재주식회사, 1997), 747-749.

20 "Woman as Prophet: Huldah (2 Kings 22)," in *Women's Bible Commentary with Apocrypha*, edited by Carol A. Newsom and Sharon H. Ringe (Louisville, KY: Westminster John Knox Press, 1998), 115.

21 링거렌, 카이저, 헤르쯔버그, 『국제성서주석 13: 아가, 애가, 에스델, 룻기』 박영옥 역 (서울: 한국신학연구소, 1992 [H. Ringgren, O. Kaiser, and H. W. Herzberg, *Das Hohe Lied, Klagelieder, Das Buch Ester, Das Buch Ruth*. Goettingen: Vandenhoeck & Ruprecht, 1962]), 239-246.

22 "The Story of Vashti (Esther 1:1-22)," in *Women's Bible Commentary*, 134.

23 Anne E. Carr, "The New Vision of Feminist Theology," in *Freeing Theology: The Essential of Theology in Feminist Perspective*, edited by Catherine Mowry LaCugna (New York: HarperSanFrancisco, 1993), 5-29; William Pinar et al., *Understanding Curriculum: An Introduction to the Study of Historical and Contemporary Curriculum Discourses*, 358-403; Katherine Doob Sakenfeld, "Feminist Uses of Biblical Materials," in *Feminist Interpretation of the Bible,* edited by Letty M. Russell (Philadelphia: The Westerminster Press, 1985), 55-64; Carol L. Hess, *Caretakers of our Common House: Women's Development in Communities of Faith* (Nashville, TN: Abingdon Press, 1997), 13-54; Nancy Fraser and Linda J. Nicholson, "Social Criticism without Philosophy: An Encounter between Feminism and Postmodernism," in *Feminism and Postmodernism*, edited by Linda J. Nicholson (New York and London: Routledge, 1990), 19-38 참조.

24 최석무, "크리티컬 리터러시를 활용한 백설공주 읽기 교육: 원작과 영화, 패러디 작품을 중심으로," 『영어영문학』 제55권 5호 (2009): 885-906.

25 William Pinar et al., *Understanding Curriculum*, 450-514; William E. Doll, Jr.,

A Post-Modern Perspective on Curriculum (New York: Teachers College Press, 1993), 57-184; David Harvey, *The Condition of Postmodernity: An Enquiry into the Origins of Cultural Change* (Cambridge, MA: Blackwell, 1990), 39-65.

26 Eisner, *The Educational Imagination*, 154-170.

27 Maxine Greene, *Landscapes of Learning* (New York: Teachers College Press, 1986), 168-184.

28 William Pinar et al., *Understanding Curriculum*, 567-605; Greene, *Landscapes of Learning*, 168-184; Elliot W. Eisner, "The Art and Craft of Teaching," in *Contemporary Issues in Curriculu*m, edited by Allan C. Ornstein and Linda S. Behar (Needham Heights, MA: Allyn and Bacon, 1995), 90-99; *The Educational Imagination*, 154-170.

29 Eisner, *The Educational Imagination: On the Design and Evaluation of School Programs* 참조.

30 강희천, "예전과 기독교교육," 『기독교교육의 비판적 성찰』, 115-183.

31 Richard R. Osmer, *Confirmation: Presbyterian Practices in Ecumenical Perspective* (Louisville, KY: Geneva Press, 1996), 33-86; 168-218; 강희천, 『기독교교육의 비판적 성찰』, 115-183; Robert L. Browning and Roy A. Reed, *The Sacraments in Religious Education and Liturgy: An Ecumenical Model* (Birmingham, AL: Religious Education Press, 1985), 119-137; 김현숙, "현대사회의 견신례 교육," 「한국기독교신학논총」 제42집 (2006): 245-269.

32 Edward T. Hall, *The Silent Language* (New York: A Doubleday Anchor Book, 1973), 96.

33 맥라렌은 비판적 인종적 관점에서 4가지 각기 다른 다문화주의적 접근에 대해 서술하고 있다. 그 중 첫 번째 접근은 보수적 혹은 기업적 접근으로서, 주류 집단에 의해 활용되는 권력에 대한 근본적 비판 없이 인종차별주의와 편견을 타파하는 데 필요한 전략만을 제공하려는 접근이다. Peter L. McLaren, "White Terror and Oppositional Agency: Towards a Critical Multiculturalism," in *Multicultural Education, Critical Pedagogy and the Politics of Difference,* edited by Christine

E. Sleeter and Peter L. McLaren (Albany, NJ: State University of New York Press, 1995), 35-45.

34 포괄적이며 개방적인 관점에서 다문화 교육을 주장한 뱅크스는 시민 교육적 관점에서 4가지 유형의 다문화 교육을 제시하였다. 그 중 공헌 중심적 접근(contributions approach)은 소수 문화에서 특출나게 두드러지는 인물을 지배 문화의 영웅과 나란히 배치하여 교육내용에 활용하는 접근이다. James A. Banks, *An Introduction to Multicutural Education*, 30.

35 김현숙, "다문화주의 담론과 기독교교육," 269-297; Kenneth T. Henson, *Curriculum Planning: Integrating Multiculturalism, Constructivism, and Education Reform*, 4th edition (Long Grove, IN: Waveland Press, 2010), 15.

36 James A. Banks, *An Introduction to Multicultural Education*, 5-6; 김현숙, "우리 안의 그들: 다름과 함께 살아가기," 『기독교, 묻고 답하다』 (서울: 청송미디어, 2019), 145-165.

37 Banks, *An Introduction to Multicultural Education*, 30; James A. Banks, "Approaches to Multicultural Curriculum Reform," in *Multicultural Education: Issues and Perspectives*, 3rd edition, edited by James A. Banks and Cherry A. McGee Banks (Boston: Allyn and Bacon, 1997), 232-235; James A. Banks, *Educating Citizens in a Multicultural Society*, 2nd edition (New York: Teachers College Press, 2007), 19-34.

38 Peter L. McLaren, "White Terror and Oppositional Agency: Towards a Critical Multiculturalism," in *Multicultural Education, Critical Pedagogy, and the Politics of Difference*, edited by Christine E. Sleeter and Peter L. McLaren (Albany, NY: State University of New York Press, 1995), 35-45; John U. Ogbu, "Understanding Cultural Diversity and Learning," in *Contemporary Issues in Curriculum*, edited by Allan C. Ornstein and Linda S. Behar (Needham Heights, MA: Allyn and Bacon, 1995), 349-367.

39 김현숙, "다문화주의 담론과 기독교교육," 「한국기독교신학논총」 제86집 (2013): 290-291.

글로벌 시대의 기독교교육

V

기독교 교수-학습과정의 선택: 어떻게 HOW

1. 교수-학습과정의 개념

2. 기독교 교수-학습과정의 유형
   1) 신앙교육을 위한 교수-학습모형
   2) 신학과 연계된 교수-학습모형
   3) 성서와 학습자의 삶을 해석학적으로 연계한 교수-학습모형
   4) 자아 정체감 형성을 지향하는 탈인습적 교수-학습모형

3. 글로벌 사회의 미디어와 교수-학습과정

V

기독교 교수-학습과정의 선택: 어떻게 HOW

1. 교수-학습과정의 개념

일반적으로 교수법이라 지칭되는 교수-학습과정은 특정의 교육 현장에서 이루어지는 교사와 학생 사이의 상호작용을 지칭한다. 과거 일반적으로 사용되었던 교수법이라는 용어 대신 교수-학습과정이라는 용어를 사용하게 된 이유는 교사에 의해 특정의 지식이 일방적으로 주입될 수 있다는 기본전제에 관한 비판으로부터 시작된 것이다. 달리 서술하여, 교회 교육은 교사에 의해 성서적 지식이나 교회 전통이 일방적으로 전달되는 행위가 아니라, 학습자들에게 필요한 교육내용을 가장 효과적으로 소개하는 상호작용적 행위로서 학습자들의 능동적인 학습활동을 강조하는 교육이라고 볼 수 있다.[1] 일반 교육학에서는 학습으로 번역되는 learning과 학교 교육으로 번역되는 schooling을 명확히 구분하고 있다. 먼저 학교 교육은 교육과정에서 부과되는 지식과 기술을 획득할 수 있도록 구성된 강제적 경험을 의미하며 외부로부터 주입되는(outside-in) 경험을 의미한다. 반면 학습은 내부에서 외부로 표출되는(inside-out) 과정으로서 학습자 스스로가 자신을 이해하고 신념과 가치를 형성하며 자신이 거주하는 세계를 이해하는 과정이다. 달리 서술하여, 이는 새로운 지식과 의미를 추구하고 도전적인 경험에 대한 동기를 스스로 도출해내는 과정이라는 것이다.[2]

기독교교육은 위에서 제기한 것처럼 특정의 지식을 주입하는 과정이 아니라 학습자 스스로가 의미를 찾고 자신이 속한 사회의 과제를 스스로 경험하며 극복해 나가도록 돕는 학습 과정을 추구하고 있다. 이 장에서는 학교 교육이 아닌 교회 교육에서 마련될 수 있는 교수-학습과정이란 과연 어떠한 유형이 가장 적절하며 효율적인지를 제시하고자 한다. 이를 위해서는 다양한 교수-학습과정에 대한 구분과 이에 대한 연구가 필요한데, 교수-학습과정 연구는 대체로 두 가지 차원에서 제시되어 왔다. 그 중 하나는 교육내용의 차이에 따라 교수-학습과정의 형태가 다르게 선정되어야 한다는 점이며, 다른 하나는 학습자의 지적 수준이나 참여도의 차이에 따라 그 형태가 다르게 결정되어야 한다는 점이다. 먼저 교육의 내용에 따라 다르게 선정되어야 하는 교수-학습과정의 대표적인 형태로서는 강의법(lecture method), 이야기 방법(narrative method), 사례연구법(case study method) 등이 있으며, 학습자의 수준이나 참여도의 차이에 따라 다르게 선정되어야 하는 형태로서는 토의법(discussion method), 현상학적 방법(phenomenological method), 해석학적 방법(hermeneutical method), 프락시스 방법(*praxis* method) 등이다.

본 저서에서는 기독교교육학의 영역에서 가장 대표적인 교수-학습과정의 유형을 주제 및 기독교교육학자들의 분류에 따라 다음의 4가지, 신앙교육을 위한 교수-학습모형, 신학과 연계된 교수-학습모형, 성서와 학습자의 삶을 해석학적으로 연계한 교수-학습모형, 인습적 단계를 넘어 자아 정체감 형성을 지향하는 탈인습적 교수-학습모형으로 나누어 제시하고자 한다.

2. 기독교 교수-학습과정의 유형

1) 신앙교육을 위한 교수-학습모형

첫 번째 기독교 교수-학습과정의 유형은 아스마에 의해 소개된 신앙교육을 위한 교수-학습모형이다. 그는 먼저 신앙의 개념을 4가지 차원으로 구분하여 설명하고 있다. 곧 신앙을 인지적 차원과 밀접한 관련성을 가진 신념(belief), 신뢰와 연계된 관계(relationship), 행동적인 측면을 강조하는 헌신(commitment) 그리고 인간의 한계성을 인지할 수 있도록 돕는 신비적 차원(mystery)의 신앙이다. 이처럼 각기 구별되는 네 가지 차원의 신앙 형태를 동일하게 강조하고 교육하기 위한 교수-학습과정으로서, 아스마는 각각 강의법, 토의법, 이야기 방법, 그리고 역설적 방법을 제안하고 있는데, 그에 대한 설명은 다음과 같다.[3]

(1) 신념을 위한 교수-학습모형

강의법은 하나님과 기독교에 관한 지식 및 정보를 가장 효과적으로 전달하는 데 관심을 두고 있는 교수-학습모형이다. 그리스 시대부터 지금까지 이어져 온 가장 오래된 교수법인 강의법은 교사가 다수의 학습자에게 특정 주제에 관하여 언어를 통해 지식을 전달하는 방법이라고 정의될 수 있다. 그리스 시대부터 지금까지 가장 오래된 교수법임에도 불구하고, 이 강의법은 현대 사회로 넘어오면서 많은 수의 교육학자들에 의해 주입식 교육으로 비판을 받아왔다. 그러나 강의법은 인지적 차원의 신념을 교수(teaching)하는 데 있어 가장 효과적인 방법으로 평가되며 성서적·신학적으로 기초적인 지식과 정보를 전수하는 데 도움을 줄 수 있는 교수-학습모형으로 평가되고 있다. 아스마는 교수법을 준비하는 구체적인 과정을 다음과 같이 제시하고 있는데, 이는 아이디어의 개요(idea outline), 발제 개요(presentation outline), 본론인 강의 내용(body of the lecture), 주기적 요약(periodic summaries) 그리고 결론(conclusion)의 순으로 이어지는 단계이다. 또한 강의 계획과 강의 연습, 강의 도중의 피드백과 예화에 대한 소개를 통해, 강의 계획부터 강의 실행 그리고 강의의 결론까지의 전 단계를 실례를 들어 설명하고 있다.[4]

이 교수-학습모형은 일정 시간 안에 많은 양의 정보를 전달할 수 있다는 점에서 효율적인 강점을 지니고 있으며 가장 익숙하고 편안한 교수법이라는 특징을 지니고 있다. 그러나 교사의 능력에 따라 그 효과의 차이가 생겨날 수 있는 개연성이 있으며 학습자를 수동적인 위치에 처하게 한다는 비판을 받고 있다. 또한 학습자가 지니고 있는 다양한 능력, 지식, 경험 등이 학습 과정에서 충분히 고려되지 않고 있다는 평가를 받으며, 학습자들을 비 참여적으로 만들 수 있는 '교수 중심적 교수법'이라는 비판을 받기도 한다.

(2) 신뢰적 관계를 위한 교수-학습모형

토의법이란 신뢰적 형태의 신앙을 형성하는 데 있어 가장 효과적으로 활용될 수 있는 교수-학습과정으로서, 하나님과 인간 사이의 신뢰적 관계 및 학습자들 사이의 신뢰적 관계를 형성하는 데 초점을 두고 있는 교수법이라 지칭할 수 있다. 아스마는 토의를 진행하는 방법을 학습하는 데 관심을 두고 있으며, 토의의 과정을 통해 학습자들이 지식의 수동적 수용자에서 벗어나 학습공동체의 적극적인 참여자로 전환될 수 있다고 보았다. 여기서 가장 중요한 교사의 역할은 진정한 대화가 이루어질 수 있도록 촉진하기 위해 학습자들에게 좋은 질문을 하는 것이다. 아스마는 4가지 질문 유형을 사실적 질문, 분석적 질문, 생산적 질문, 평가적 질문으로 제시하면서, 네 가지 질문의 적절한 사용을 통해 토의를 이끌어가는 구체적인 단계를 제시하였다. 또한 토의의 유형을 집중적 토의(focused discussion), 개방적 토의(open-ended discussion), 혼합된 토의(mixed discussion)로 분류하고, 각각의 특징에 따라 토의법에 필요한 요소와 특징을 제시하였다. 토의법이 진행되는 과정을 보드게임(board game)으로 비유하면서, 아스마는 토의에 적합한 교육환경과 필요한 준비를 모두 갖춘다 하더라도 좋은 토의(good discussion)가 항상 이루어지기는 어렵다는 점을 지적하였다. 이 교수-학습모형을 활용하는 교사는 자신이 할 수 있는 것과 할 수 없는 것의 한계를 인정해야 하며 교수법의 성공과 실패에 대한 모든 책임을 질 필요는 없다는 것이다.[5]

그럼에도 불구하고 이 교수-학습모형에 대한 평가는 충분히 이루어져야 한다. 토의법은 정보를 장기적으로 기억하고 높은 수준의 사고를 형성한다는 점에서 강의법보다 더 효과적이라고 평가되며, 학습자들의 자율성을 증진하고 보다 능동적으로 학습에 참여하도록 돕는 데 도움을 준다는 시사점을 지니고 있다. 그러나 시간적인 측면에서 비경제적이며 과정에 대한 통제가 어렵기 때문에, 교수목표의 달성이 성취되지 않는다면 피상적이고 단절된 의견교환으로 변질될 수 있는 위험성도 지니고 있다. 또한 토의법은 강의법과의 비교를 통해 볼 때 주입식 교수법이 아니라 스스로 기독교 신앙의 의미를 발견하도록 돕는 교수-학습과정으로 평가되기는 하나, 앞서 제시한 바와 같이 성공적인 토의과정으로 이어지는 교수자의 경험이 적어서 자주 사용되지 않는다는 문제점도 지니고 있다.

(3) 헌신을 위한 교수-학습모형

이야기 방법은 신앙의 세 번째 형태인 헌신을 격려하고 촉진하는 교수-학습과정으로서, 학습자 자신의 이야기와 성서에 기록된 기독교의 이야기를 연계시켜 기독교인의 삶을 재해석하며 기독교적 실천을 수행할 수 있도록 도와주는 형태이다. 달리 서술하여, 삶의 구체적인 변화와 헌신을 이끌어내기 위해, 이 모형은 먼저 자신의 삶의 이야기를 성찰하도록 도우며, 이를 기독교의 이야기의 관점에서 비추어 재해석하고, 이를 통해 삶의 변화를 이끌어내도록 초청하고 격려한다는 것이다. 여기서 두 가지 중요한 개념이 소개된다. 먼저 정체성(identity)은 시간의 변화에도 불구하고 변하지 않는 한 개인의 자질(quality)을 지칭하고, 다른 하나는 한 개인이 삶의 의미를 이해하는데 도움을 주는 이야기(narrative)로 개인 정체성의 형성과 연계된 부분이다. 아스마는 이야기의 재해석을 통해 헌신을 위한 교수-학습모형을 제시하고 있는데, 이 모형은 3단계로 구성되어 있다. 첫 번째 단계는 무엇을 가르칠 것인가를 결정하는 것이다. 이 단계는 헌신에 관련해서 갈등하고 있는 학습자의 필요와 관심을 먼저 찾는 과정이며, 성서의 이야기에 비추어 학습자의 진정한 필요가 무엇인지를 살펴보는 단계이다. 두 번째 단계는 교수의 패턴을 결정해야 하는데, 여기서 교수의 패턴은 헌신의 5가지의 양상, 즉 기억하기(remembering), 성찰하기(reflecting), 대면하기(confronting), 나누기(sharing), 결정하기(deciding)를 포함한다. 세 번째 단계는 각각의 교수 패

턴을 구성할 수 있도록 학습활동을 개발하고 계획하는 것이다.[6]

이 교수-학습모형은 먼저 자신의 과거 삶을 반추하고 이를 토대로 현재 삶의 모습을 평가하며, 더 나아가 앞으로 나아갈 미래 모습을 결정하고 헌신하도록 돕는 교수-학습과정이다. 이야기 방법은 자신의 이야기와 성서의 이야기를 서로 연계시켜 학습자의 비판적 성찰과 헌신을 이끌어내는 교수-학습과정이며, 인간에 대한 총체적인 이해의 폭과 깊이를 제공한다. 그러나 학습자들 간의 신뢰 관계 그리고 교사의 경청이 기본적으로 전제가 되어야 하며, 삶의 문제와 연계된 성서의 내용을 적절하게 제시하지 못할 경우 또 다른 형태의 교화(doctrination)가 될 수 있는 위험성도 지니고 있다.

(4) 신비를 위한 교수-학습모형

역설적 방법(paradox method)은 신앙의 네 번째 형태인 초월적 차원의 신비적 신앙을 소개하고 이를 이해할 수 있도록 격려하는 교수-학습과정으로서, 기독교교육 학습자들로 하여금 인간의 유한성을 인식하고 초월적인 하나님과의 관계를 추구하도록 도와주는 구체적인 교수-학습모형이다. 여기서 신비는 인간의 지식과 이해를 넘어서는 것을 의미하는데, 신학적인 관점에서 볼 때 인간의 지식으로는 하나님을 온전히 이해할 수 없다는 것을 인식하는 것과 연계된 개념이다. 또한 역설(paradox)이라는 용어는 변증법적 의미를 지닌 개념으로서, 한계를 인식한 인간이 그 유한성 때문에 자신의 상태를 포기하는 것이 아니라 오히려 역설적으로 유한하기 때문에 무한하신 하나님을 추구하게 된다는 키에르케고르(Søren Kierkegaard)를 포함한 실존주의자들의 주장처럼 자신의 한계를 인식하게 하는 데 도움을 주는 개념이다.[7] 아스마는 다양한 역설 방법을 소개함으로써, 학습자들로 하여금 신앙의 부분으로서 한계를 받아들일 수 있는 상황을 제공하고, 학습자들이 새로운 준거의 틀을 발견하고 하나님 이해 혹은 기독교인의 삶의 부분에 대한 이해를 재구성하도록 초대한다. 예수가 사용하였던 다양한 비유는, 아스마에 의하면, 인간의 일상적인 삶에서 일어나는 것을 선택하여 복잡한 신학적 사고를 단순화시키고 학습자들로 하여금 사물을 보는 일상적인 방식에 문제를 제기함으로써, 우리가 지닌 하나님에 대한 이해의 한계를 깨닫도록 돕는다는 것이다.[8]

이 교수-학습모형은 다양한 관점에 접함으로써 자신의 한계를 인식하게 하며, 더 나아가 자신의 한계를 인식하는 것을 넘어서서 새로운 관점을 형성할 수 있도록 돕는 교수-학습과정이다. 그러나 교육적 의도와 실제적 효과 사이의 간격이 생겨날 수 있는데, 이는 교육을 위한 목적으로 사용되었으나 학습자의 혼란을 야기할 수 있는 위험성도 내포하고 있다고 평가된다.

2) 신학과 연계된 교수-학습모형

보스턴 대학의 기독교교육학 교수인 메리 엘리자베스 무어(Mary Elizabeth Moore)는 기독교교육의 교수-학습모형으로서 5가지 다양한 교육 방법을 제시하였는데, 이는 현상학적 방법(phenomenological method)에 기반을 둔 성육적인 가르침, 사례연구법(case study method)로부터 형성된 산파적 가르침, 이야기 방법(narrative method)에 근거한 관계적 가르침, 게슈탈트 방법(gestalt method)을 활용하는 통합적 가르침, 의식화 방법(conscientizing method)을 통해 제시된 해방적 가르침이다. 무어의 접근은 화이트헤드(Alfred North Whitehead)와 하트숀(Charles Hartshorne)의 과정 철학, 캅(John B. Cobb), 멜란드(Bernard Meland)와 오그덴(Schubert

Ogden)으로 대표되는 과정 신학이 제시하는 전제를 기반으로 형성되었다. 무어는 과정 신학의 기본적인 신학적 전제와 함께 5가지 교육 방법을 상호적으로 연계하여 과정 신학에 의해 재형성된 교육 방법(educational method) 그리고 각각의 교육 방법과의 비판적 연계를 통해 재형성되는 과정 신학을 제안하였다. 과정 신학과 다양한 교육 방법과의 연계는 과정 신학이 지닌 중요한 시사점을 강화하여 새로운 신학적 방향을 제시할 수 있으며, 과정 신학을 통해 제시되는 다양한 제안을 통해 교육 방법의 개선을 제안할 수 있다는 것이다.[9] 본 저서는 이 중 앞서 소개한 이야기 방법을 제외한 4가지 교수-학습모형을 제시하고자 한다.

(1) 성육적인 가르침(incarnational teaching)

먼저 현상학적 방법은 후설(Edmund Husserl)과 하이데거(Martin Heidegger)를 비롯한 현상학자들에 의해 기술되고 발전된 철학적 관점에서 유래된 교육 방법으로서, 무어는 현상학적 방법을 신학 그리고 기독교교육학과 연계시켜 성육적인 교수-학습모형으로 제시하고 있다. 여기서 현상학이란 경험된 현상을 보다 구체적으로 접근하는 것을 목적으로 삼고 있으며, 검증되지 않은 가정을 배제하면서 가능한 한 현상을 있는 그대로 기술하려는 특징을 지닌다. 자아나 사고에 초점을 맞춰 온 관념적 사색주의나 현상을 객관적으로만 연구한다는 과학적 환원주의를 모두 비판하면서, 현상학은 지각이 가능한 것과 지각하는 주체의 내적인 경험 모두에 관심을 지닌 학문적 접근이다. 학문적 방법론으로는 '판단중지' 또는 '괄호 묶기'라 불리는 수행과정을 통해, 현상학적 방법은 인간의 여러 경험을 있는 그대로 관찰하고 묘사하면서 자신의 판단(지식, 이론, 원리 등에 근거한)을 보류하고, 더 나아가 현상 자체로 돌아가고자 하는 특징을 지닌다. 반면 과정 신학이 제시하는 전제는 하나님이 세상 속에, 곧 존재하는 모든 것들 속에 성육한다는 것이다. 이 전제에 근거한 다른 두 가지 명제는 실제가 하나님을 계시한다는 것이고 또한 모든 것이 의미의 그물 속에서 서로 연결되어 있다는 것이다. 과정 신학의 주요 전제와 현상학의 학문적 특성 및 방법론이 서로 상호 연계되면서, 즉 차이점과 유사점이 서로 연계되면서 무어는 개방적이며, 상호주관적이고, 돌봄에 기반을 두고 있는 성육적인 가르침(incarnational teaching)을 제안하였다.[10]

하나님 경험과 자연계에 개방적인 태도(과정 신학)를 지니면서 동시에 인간 실존의 주체성을 탐구하는 방법(현상학적 방법)에 기반을 두는 성육적인 가르침이란 학생에 대한 편견과 가정(assumption)을 가능한 한 배제하면서 학습자의 주도성, 통찰력, 책임성을 강조하고 그 가능성의 계발에 관심을 두고 있는 교육 방법이다.[11] 현상학과 과정 신학이 상호 연계된 성육적인 가르침은 비 지시적 교육을 중시하며 돌봄에 기반을 둔 교육환경을 제공하고, 교사와 학생 사이의 분리를 극복하며 관계적 관점을 제시한다. 그러나 이 가르침은 있는 그대로의 현상과 학습자 이해를 기반으로 하기 때문에 충고를 제공(advice-giving) 하거나 학생을 지도하는 과정이 간과될 수 있는 개연성을 지니고 있다. 또한 성육적인 가르침은 각각의 학습자에게 진행되는 개별화된 교육을 강조하는 과정 속에서 공동체 교육에 대한 관심이 축소되는 현실적 문제를 야기할 수도 있다.

(2) 산파적 가르침(midwife teaching)

사례연구법은 문제가 있는 실제상황을 사례로 선정하여 학습자들로 하여금 사례 상황을 간접적으로 경험해 보게 함으로써, 사례를 분석하고(reflect) 해석하며(interpret), 결정을 내리고(decide), 결과적으로 결과에 대한 판단(judgment)을 할 수 있게 도와주는 교수-학습모형이다. 사례연구법은 의학 혹은 법학과 같은 전문교육의 현장에서 그리고 도덕교육의 현장에서 많이 활용되어온 방법이다. 여기서 사례는 일반화된 원칙을 도출하기 위하여 특정 현상으로부터 얻어진 데이터를 모아 자료 군을 만들기 위해 사용되었다. 사례연구법은 적어도 5가지의 목적을 지닌 것으로 서술되고 있는데, 이는 인간의 생리학적 행동을 조사하고, 특정 영역의 연구에 원칙들이 어떻게 적용되는지를 보여주며, 특정 개인이나 집단을 평가하고, 학습자로 하여금 결정을 내릴 수 있는 기회를 제공하며, 사례에 포함된 개인과 자신을 동일시함으로써 삶에 대한 통찰력을 얻을 수 있도록 돕는 것이다. 또한 과정 신학은 사례와 관련된 다음의 3가지 형이상학적인 개념을 제시하고 있다. 즉 사례는 삶의 한 단면으로 인지되어야 하고, 우리는 서로 연계 되어 있는 삶의 그물망에서 살고 있으며, 모든 과정의 각 단위는 경험, 즐거움 그리고 가치를 지니고 있다는 것이다.[12]

과정 신학과 사례연구법의 상호 연계를 기반으로, 산파적 가르침은 타인의 활동을 간접적인 방법을 통해 경험함으로써 학습자의 적극적인 참여를 유도하고 종합적인 문제 해결 능력과 의사결정 능력을 향상시키는 데 관심을 두고 있는 교수-학습모형이다.[13] 산파적인 가르침은 이론과 실천 사이의 간극을 극복하고, 학습자들로 하여금 식별하며 결정을 내릴 수 있는 역량을 개발하게 하며, 복잡한 삶의 모습을 인지할 수 있도록 도와준다. 그러나 이 산파적 가르침이 이루어지는 데 있어 오랜 시간과 노력이 필요하며 특정 사례를 일반화 하는 과정에도 어려움이 있다고 볼 수 있다. 또한 사례가 학생의 경험과 너무 동떨어져 있거나 너무 밀접해도 사례 사용의 효과를 얻기가 어렵다는 활용 상의 문제가 제기되기도 한다.

(3) 통합적인 가르침(integrative teaching)

형태심리학의 영향을 받아 형성된 게슈탈트 방법은 유기체가 감각기관을 통해 환경을 어떻게 인식하고 지각 표상을 어떻게 형성하게 되는지를 이해하고, 이를 학습 과정에 활용하려는 교수-학습모형이다. 부분보다는 전체에 관심을 기울이며 고립된 사건보다는 유형을 강조하는 게슈탈트 방법은 인간이란 감각을 해석하고 사건에 의미를 부여하는 능동적인 존재라고 정의하면서, 학습은 환경으로부터 오는 자극을 해석하고 문제를 해결하기 위해 경험을 재조직하는 것이라고 규정하였다. 무어에 의하면, 학습이란 실지적 환경을 재구조화하는 과정에서 생겨나며, 각기 다른 정보를 통합적으로 인지하는 과정 속에서 교육이 이루어진다는 것이다. 게슈탈트 방법과 연계되는 과정 신학의 개념은 합생, 하나님의 양극성, 그리고 새로움(novelty)이다. 여기서 합생은 화이트헤드의 "다자는 일자가 되고, 일자에 의해 증가된다"는 개념으로, 모든 실재의 근본적인 과정은 다자가 일자가 되는 합생의 과정이라고 보며 이 개념이 통합을 추구하는 게슈탈트 방법과 연계된다고 본다. 또한 하나님의 양극성의 개념은 세계를 인도하는 하나님과 세계에 의해 영향을 받는 하나님이라는 두 측면에 대한 이해이고, 하나님이 실재 과정의 일부라는 특징이 하나님과 세상 사이의 관계를 가능하게 하며 세상과 통합된 모습을 보여준다는 것이다. 마지막으로 새로움이란 증대를 목적으로 하는 새로움의 기관(organ)인 하나님으로부터 유래하는 것으로, 하나님의 최초 목적에 반응하여 과정적 사태 속으로 들어오고, 하나님의 목적에 대한 주체의 독특한 반응과 과거의 상속을 통하여 구현되며, 이 구현된 새로움은 다시 하나님의 삶 속으로 되돌아가서 새로움 속에서의 창조적인 증진에 기여한다는 것이다. 이는 게슈탈트 방법과 양립되는 지점으로서, 학습자들은 그들의 지각에 적용이 가능한 요소들을 조직하기 위해서 새로운 통찰을 가지게 된다는 것을 보여준다.[14]

이 같은 과정 신학과 게슈탈트 방법의 양립을 통해, 통합적인 가르침은 학습자들로 하여금 많은 것을 경험할 수 있게 하고, 다양한 경험을 통해 단순한 조화가 아닌 전체를 형성하는 통합을 추구하며, 전체 속에서도 세부적인 복합성을 유지하도록 돕는 교육 방법이다. 이러한 통합적인 가르침은 학습자의 자율성을 존중하며, 인지·정서·행동의 통합적인 관점에서 다양성을 존중하면서도 정체성을 유지하도록 돕는 교육 방법이라고 평가된다. 그러나 구체적인 학습모형을 제시하기가 어려우며 학습에 대한 철저한 분석과 이해가 부족하다는 평가가 제기될 수 있다.

(4) 해방적인 가르침(liberational teaching)

의식화 방법은 브라질의 교육학자인 프레이리(Paulo Freire)에 의해 고안된 문제제기식 교육(problem posing method)에 기반을 두고 있는 교수-학습모형으로서, 학습자 자신의 현재 상황에 대한 사회적 인식을 토대로 현재 상황을 극복할 수 있도록 도움을 주는 교육 방법(educational method)이라고 정의될 수 있다.[15] 프레이리는 학습을 통해 궁극적으로 비판적 의식을 형성하도록 돕는 것이 바로 의식화라고 정의하였다. 의식화 방법은 적어도 다음의 기본 가정을 지니고 있는데, 이는 교육을 통해 현재 사회가 영속되거나 혹은 변혁을 가져온다는 것이며, 인간화는 인간의 소명이며, 억압된 자의 과제는 자신과 억압자를 동시에 해방시키는 것이다. 따라서 교육은 인간화를 목적으로 억압된 자들을 위한 교육을 진행해야 한다는 것이다. 프레이리에 의해 제시된 의식화 방법은 다음의 4가지 단계를 거쳐 진행된다고 기술된다. 곧 1) 주변 환경과 세계에 관한 주관적 이해(name), 2) 그 주관적 이해의 과정 중 획득하게 되는 본래적 의미의 식별(discern), 3) 자신을 둘러싼 주변 환경 및 세계와 사회 구조 속에 내재한 문제의 제기(define the problem), 그리고 4) 그 문제의 해결을 위해 고려할 수 있는 행동적 차원의 전략 형성과정(formulate strategies)이 바로 그것이다. 무어에 의하면, 과정 신학적 관점에서 모든 인간은 자유로운 존재이며 자기 결정권을 지닌 존재이나 동시에 자신이 속한 문화에 의해 영향을 받는 존재이다. 또한 과정 신학에 의하면, 신은 정의를 창조하신 분이시지만 정의의 형성에 있어 인간의 참여는 필수적이며 인간의 정의를 위한 열정은 하나님의 피조물을 위한 목적으로부터 유래한다고 보았다.[16]

과정 신학과 의식화 방법의 상호 연계를 기반으로 한 해방적인 가르침은 학습자들로 하여금 주변 세계를 인식하고 이에 참여하게 하며, 사회 구조 속에서 사회적 존재로서 타인과 공조하여 더 나은 미래를 향해 결단하도록 돕는 교수-학습모형이다.[17] 이 해방적 가르침은 실천(*praxis*)의 개념을 통해 이론과 실천의 유기적 관계를 이끌어내며 대화식 교육을 통해 주체와 객체가 함께 교육하는 인간 회복의 교육이라는 평가를 받고 있다. 그러나 이 모형은 인간에 대한 지나친 낙관적인 견해를 지니며, 억압자와 억압당하는 자라는 이분법적 논리에 경도된다는 평가를 받고 있다. 또한 억압의 개념이 모호하여 자아실현이나 인간화의 실현 정도에 대한 구체적인 기준을 제시하지 못한다는 비판도 제기될 수 있다.

3) 성서와 학습자의 삶을 해석학적으로 연계한 교수-학습모형

세 번째 유형의 교수-학습모형은 성서의 내용과 학습자의 삶을 해석학적으로 상호 연계한 것으로서, 그룸에 의해 제시된 공유적 실천의 종교교육과 루이스(Laura B. Lewis), 크램(Ronald H. Cram) 그리고 마이클 리에 의해 제시된 다문화 기독교교육의 교수-학습모형으로 대표될 수 있다.

(1) 공유적 실천의 교수-학습모형

보스턴 컬리지(Boston College)의 종교교육학 교수인 그룸은 1980년 공유적 실천의 종교교육 방법(shared *praxis* approach)을 제시하면서, 특히 교육 현장에서 성인을 대상으로 활용될 수 있는 구체적인 교수-학습모형을 제안하였다. 그것은 부활 후 엠마오 도상에 나타나신 (누가복음 24장 13-35절) 예수님의 모습을 교육학적 관점에서 재해석한 것이다. 그룸은 이 부분에 대한 교육을 5단계로 분류하면서, 공유적 실천의 종교교육 방법은 부활 후의 예수가 자신의 부활을 깨닫지 못하고 알아보지 못하는 두 사람에게 곧바로 자신의 부활을 알려주신 것이 아니라, 거의 온종일 그들 곁에 머물고 이야기하시면서, 그들 스스로가 예수의 부활을 깨달아 알 수 있도록 교육하신 예수의 교수-학습모형을 보여주고 있다. 각각의 단계를 살펴보면 다음과 같다.[18]

[표 4] 공유적 실천의 교수-학습모형

I 단계: 현재의 행동에 관한 명명

예수께서 이르시되 너희가 길 가면서 서로 주고받고 하는 이야기가 무엇이냐 하시니 두 사람이 슬픈 빛을 띠고 머물러 서더라. 그 한사람인 글로바라 하는 자가 대답하여 가로되 당신은 예루살렘에 체류하면서 요즘 거기서 된 일을 혼자만 알지 못하느냐. (눅 24: 17-18, 개역개정판)

교사들은 학생들로 하여금 특정 토론의 주제에 관한 현재의 행동에 대해 스스로 표현할 수 있도록 초청한다. 특히 개인적, 관계적, 사회적 차원에서 무엇을 하고 있는가에 대해 육체적·감정적·인지적·영적으로 분명하게 표현해 보도록 격려한다. 그룹에 의하면, 제일 먼저 이야기를 시작하는 질문은 *theoria*가 아닌 그 그룹의 특징을 표현할 수 있는 *praxis*이어야 한다는 것이다. 예수님은 제자들에게 먼저 다가가 현재 경험한 상황을 어떻게 규정하고 있는지를 묻는 것(naming)으로 그의 교수-학습모형을 시작한다는 것이다.[19]

II 단계: 참여자의 이야기(story)와 비전(vision)

이르시대 무슨 일이냐 이르되 나사렛 예수의 일이니 그는 하나님과 모든 백성 앞에서 말과 일에 능하신 선지자이거늘... 또 우리와 함께 한 자 중에 두어 사람이 무덤에 가 과연 여자들이 말한 바와 같음을 보았으나 예수는 보지 못하였느니라 하거늘 (눅 24: 18-24, 개역개정판)

두 번째 단계는 제기된 특정 주제와 연관하여 자신이 왜 이런 행동을 하고 있으며 그와 연계된 비전이 무엇인지를 생각하도록 돕는 비판적 성찰의 단계이다. 이 단계는 표면적으로 나타난 현상을 깊이 성찰하고 그 원인이 무엇인지를 살펴봄으로써 현재 행동의 근원을 찾으려는 노력이다. 그룹에 의하면, 이 단계에서는 먼저 학습자들이 자신을 설명하고 표현할 수 있도록 격려하며(story), 더 나아가 있을법한 결론 혹은 자신이 바라는 결론이 무엇인지를 이야기하도록(vision) 초청한다. 성서에서 예수님은 제자들이 경험한 일들을 설명하고, 그들이 그에 대한 성찰을 할 수 있도록 돕는다. 이때 제자들은 예루살렘에서 생겨난 자신의 경험에 대해 설명하고 이를 성찰함으로써 그 결과를 이해하게 된다.[20]

III 단계: 기독교 공동체의 이야기(Story)와 비전(Vision)

이르시되 미련하고 선지자들이 말한 모든 것을 마음에 더디 믿는 자들이여 그리스도가 이런 고난을 받고 자기의 영광에 들어가야 할 것이 아니냐 하시고 이에 모세와 모든 선지자의 글로 시작하여 모든 성경에 쓴 바 자기에 관한 것을 자세히 설명하시니라 (눅 24: 25-27, 개역개정판)

이 단계는 학습자들로 하여금 특정 주제와 연계된 기독교 공동체의 이야기와 그 이야기가 나타내는 비전을 직면할 수 있도록 기회를 제공하는 단계이다. 그룸에 의하면, 여기서 활용되는 이야기와 비전은 기독교 공동체의 신앙 전통을 대변하는 은유적 표현이다. 이 단계에서 교사는 단순히 기독교 전통을 전달하는 종결적 방식(closure way)이 아니라, 학습자들이 자신의 이야기와 비전을 연결하여 성찰하고 질문과 씨름하며 제시된 내용을 개인적인 차원에서 직면할 수 있도록 돕는 노출된 형식(disclosure way)을 활용한다. 예수님은 제자들에게 앞서 제자들이 경험한 상황을 이해할 수 있도록 성서에 나타난 기독교 공동체의 전통과 비전을 설명하고 있다.[21]

IV 단계: 기독교 공동체의 이야기와 학생들의 이야기 사이의 변증법적 해석

저희가 가는 마을에 가까이 가매 예수는 더 가려 하는 것 같이 하시니 저희가 강권하여... 이에 저희와 함께 유하러 들어가시니라... 떼어 저희에게 주시니 그들의 눈이 밝아져 그인줄 알아보더니... 우리 속에서 마음이 뜨겁지 아니하더냐 하고 (눅 24: 28-32, 개역개정판)

이 단계는 앞서 제시한 1, 2단계와 3단계를 연계시킴으로써 *theoria*와 *praxis*를 변증법적으로 통합하려는 단계이다. 예를 들어 공동체의 이야기는 나의 이야기와 어떤 관련을 가지고 있는가 혹은 우리의 이야기는 공동체의 이야기에 대해 어떤 관련을 맺고 있는가에 대해 질문하는 단계이다. 그룸에 의하면, 교사의 역할은 기독교 전통의 전수를 통해 신앙의 경험이 확대되며 신앙의 경험으로부터 기독교 전통이 수정될 수 있는 변증법적 통합이 이루어지도록 격려해야 한다는 것이다. 예수님은 성서의 내용을 전달함으로써 제자들이 예수님을 인지하고 예수님의 부활을 확인할 수 있도록 함께 머물며 떡을 떼는 모습을 보여주고 있다. 이때 학습자는 자신의 경험과 성서의 내용을 연계함으로써 마음이 뜨거워지며 이해 지평이 넓어지는 변증법적 경험을 하게 된다는 것이다.[22]

V 단계: 기독교의 비전과 학생들의 비전 사이의 변증법적 해석

곧 그 때로 일어나 예루살렘에 돌아가 보니 열한 제자 및 그들과 함께 한 자들이 모여 있어... 자기들에게 알려지신 것을 말하더라. (눅 24: 33-35, 개역개정판)

이 단계는 하나님 왕국의 비전을 통해 자신의 비전을 비판적으로 성찰하고 미래 헝동을 결단하는 단계이다. 즉 앞서 경험한 변증법적 통합의 경험에 비추어 신앙적 결단 즉 기독교적 실천(Christian *praxis*)을 결정하도록 돕는 마지막 단계이다. 그룸에 의하면, 교사의 임무는 현재 위치를 넘어서서 자신이 전혀 경험하지 못한 장소로 학습자들을 인도하는 것이며, 교사는 신앙의 여정에서 순례자로서 함께 여행하면서 이들을 이끄는 지도적 학습자(leading learner)이다. 예수님을 인지하고 예수님의 부활을 깨닫게 된 제자들은 엠마오로 가던 개인적 여정을 멈추고 돌아서서 예루살렘으로 돌아가는 신앙적 결단을 하게 된다. 이 결단은 공동체의 비전에 비추어 개인적 비전을 성찰하는 과정에서 도출된 새로운 여정을 위한 실천적 결단이다.[23]

그룸에 의해 제시된 공유적 실천의 교수-학습모형은 성서적 내용을 학습자들의 삶과 연결시킴으로써 학습자들로 하여금 자신의 삶을 되돌아보고 현재를 이해하며 앞으로 나아가야 할 미래에 대한 결단을 가능하게 하는 교수-학습과정이다. 대문자 S로 표현되는 성서의 이야기와 소문자 s인 학습자 자신의 이야기를 변증법적으로 해석하고 이에 따라 비전을 제시함으로써, 이 교수-학습모형은 인식과 실천이 서로 연계되는 기독교교육이라고 평가되기도 한다. 그러나 이 교수-학습모형은 학습자와 교사 간의 상호 신뢰적 관계가 필수적으로 요청되며, 교육이 진행되는 과정 속에서 교사의 전문성이 전제가 되어야 하는 교수법이다. 또한 학습자의 삶과 경험에서 시작하며 변증법적인 이해를 강조하는 방법이기는 하나, 여전히 성서(S)와 학습자(s)의 이야기를 위계적인 차원에서 이해하고 있다는 평가를 받고 있다.

(2) 다문화 교수-학습모형

성서의 내용과 교회 전통을 해석학적으로 연계한 두 번째 교수-학습모형은 루이스, 크램 그리고 마이클 리에 의해 제시된 것으로서, 사도행전(10:1-11:18)에 서술된 베드로와 고넬료 사이에 이루어진 서로 다른 문화 사이의 만남을 근거로 제안된 교수-학습모형이다. 이 세 학자는 사도행전에 묘사된 상호의존적인 문화 사이의 만남에서 나타난 6가지 특징을 슬리터와 그랜트의 5가지 접근과 연계시켜 보다 구체적인 교육 모형을 제시하였다. 특히 이들은 유대 기독교인인 베드로와 경건한 이방인인 고넬료 사이의 만남과 대면을 근거로 그 당시 초대교회와 교회 지도자들에게 유대인과 이방인이 나누는 삶의 모습을 통해 하나님의 비전을 제시함으로써 다문화 기독교교육의 교수-학습모형을 제안하고 있다.[24]

[표 5] 다문화적 교수-학습모형

I 단계: 불완전한 개인적 전망(incomplete personal vision)의 단계

가이사랴에 고넬료라 하는 사람이 있으니... 하루는 제 구 시쯤 되어 환상 중에 밝히 보매 하나님의 사자가 들어와 이르되 고넬료야 하니 고넬료가 주목하여 보고 두려워 이르되 주여 무슨 일이니이까. 천사가 이르되 네 기도와 구제가 하나님 앞에 상달되어 기억하신 바가 되었으니 네가 지금 사람들을 욥바에 보내어 베드로라 하는 시몬을 청하라... 베드로가 기도하려고 지붕에 올라가니... 황홀한 중에 하늘이 열리며 한 그릇이 내려오는 것을 보니 큰 보자기 같고 네 귀를 매어 땅에 드리웠더라. 그 안에는 땅에 있는 각종 네 발 가진 짐승과 기는 것과 공중에 나는 것들이 있더라. 또 소리가 있으되 베드로야 일어나 잡아 먹어라 하거늘 베드로가 이르되 주여 그럴 수 없나이다 속되고 깨끗하지 아니한 것을 내가 결코 먹지 아니하였나이다 한대 또 두 번째 소리가 있으되 하나님께서 깨끗하게 하신 것을 네가 속되다 하지 말라 하더라. 이런 일이 세 번 있은 후 그 그릇이 곧 하늘로 올려져 가니라. (행 10:1-16, 개역개정판)

각기 다른 지리적, 문화적, 종교적 간격을 지닌 고넬료와 베드로가 개인적인 기도 가운데 이해할 수 없는 하나님의 계시를 받는 경험을 하는 단계이다. 환상 중에 고넬료는 베드로라 하는 시몬을 데려오라는 하나님의 말씀을 들었고, 반면 베드로는 부정한 동물을 잡아먹으라는 명령을 받았으나 이를 거부하자 "하나님께서 깨끗하게 하신 것을 속되다고 하지 말라"는 말씀을 세 번 듣게 된다. 베드로와 고넬료가 본 환상의 내용은 각기 다르며 그 자체로는 불완전한 상태라는 것이다. 즉 하나님이 주신 각각의 환상을 완전하게 이해하려면 두 환상이 서로 연계되어야 한다는 것이다.[25]

II 단계: 문화적 타자에 대한 개방적 태도 (openness to the cultural other)의 단계

베드로가 본 바 환상이 무슨 뜻인지 속으로 의아해 하더니 마침 고넬료가 보낸 사람들이 시몬의 집을 찾아 문 밖에 서서 불러 묻되 베드로라 하는 시몬이 여기 유숙하느냐 하거늘 베드로가 그 환상에 대하여 생각할 때에 성령께서 그에게 말씀하시되 두 사람이 너를 찾으니 일어나 내려가 의심하지 말고 함께 가라. 내가 그들을 보내었느니라 하시니... 베드로가 불러 들여 유숙하게 하니라. 이튿날 일어나 그들과 함께 갈새... 고넬료가 그의 친척과 가까운 친구들을 모아 기다리더니 (행 10:17-24, 개역개정판)

하나님의 의도를 이해하기 위해 문화적 경계를 넘어 다문화적 만남을 시도하는 단계이다. 이 단계에서는 이방인과 종교적 법을 넘어서 문화적 타자에 대한 개방적 태도(openness to cultural other)를 습득하게 되는 특징을 보인다. 자신이 속해 있는 자리로부터 벗어나 베드로와 고넬료는 하나님의 명령에 순종하고 만남을 시도하게 된다. 고넬료는 자신의 환상을 두 하인과 병사에게 설명하고, 이들을 베드로에게 보내 자신이 본 환상에 대해 고민하고 있는 베드로에게 고넬료의 환상 이야기를 전하게 한다. 베드로는 고넬료의 초청과 자신의 환상 사이의 관련성을 명확히 이해하지는 못하지만 성령의 부르심에 응답하고, 이방인 하인과 로마 병사를 자신의 집에 묵게 하면서 고넬료의 환대에 부응하는 개방적 모습을 보인다. 그 다음날 베드로는 고넬료의 집으로 향하며, 고넬료는 가족, 친구와 함께 모여 베드로의 도착을 기다리게 된다.[26]

III 단계: 직접적인 대면만남(face-to-face encounters)이 일어나는 단계

마침 베드로가 들어올 때에 고넬료가 맞아 발 앞에 엎드리어 절하니 베드로가 일으켜 이르되 일어서라 나도 사람이라 하고 더불어 말하며 들어가 여러 사람이 모인 것을 보고 (행 10:25-27, 개역개정판)

하나님 앞에서 이방인과 유대인이 비언어적 행위와 언어적 단어를 통해 공통의 인간성을 형성하며, 더 나아가 새로운 공통의 관점, 태도, 그리고 행동을 형성하는 대면 만남을 경험하게 되는 단계이다. 최초의 대면은 비언어적인 형태로 진행되었으나 강렬한 것이었다. 즉 로마의 통치 아래에 있는 유대인에게 로마군대의 백부장인 고넬료가 발 앞에 엎드려서 절을 하는데, 이는 그 당시의 문화의 규범에 어긋나는 행위로 볼 수 있다는 것이다. 베드로는 "나도 역시 사람입니다"라고 이야기 하며 고넬료를 일으켜 세운다. 이때 그는 하나님 앞에서는 이방인이 결코 부정하거나 속된 존재가 아니며 자신도 고넬료보다 더 나은 사람이 아님을 인식하게 된다는 것이다.[27]

IV 단계: 다면적 관점(multiple perspectives)이 형성되는 단계

이르되 유대인으로서 이방인과 교제하며 가까이 하는 것이 위법인 줄은 너희도 알거니와 하나님께서 내게 지시하사 아무도 속되다 하거나 깨끗하지 않다 하지 말라 하시기로 부름을 사양하지 아니하고 왔노라. 묻노니 무슨 일로 나를 불렀느냐. 고넬료가 이르되 내가 나흘 전 이맘때까지 내 집에서 제 구 시 기도를 하는데 갑자기 한 사람이 빛난 옷을 입고 내 앞에 서서 말하되 고넬료야 하나님이 네 기도를 들으시고 네 구제를 기억하셨으니 사람을 욥바에 보내어 베드로라 하는 시몬을 청하라. 그가 바닷가 무두장이 시몬의 집에 유숙하느니라 하시기로 내가 곧 당신에게 사람을 보내었는데 오셨으니 잘하였나이다. 이제 우리는 주께서 당신에게 명하신 모든 것을 듣고자 하여 다 하나님 앞에 있나이다. 베드로가 입을 열어 말하되 내가 참으로 하나님은 사람의 외모를 보지 아니하시고, 각 나라 중 하나님을 경외하며 의를 행하는 사람은 다 받으시는 줄 깨달았도다. 만유의 주 되신 예수 그리스도로 말미암아 화평의 복음을 전하사... 그를 믿는 사람들이 다 그의 이름을 힘입어 죄사함을 받는다 하였느니라. (행 10:28-43, 개역개정판)

이는 다문화 기독교교육의 역동성을 보여주는 과정으로, 각기 다른 문화적 경험으로 도출되는 개인의 관점이 서로 만나 새로운 공유적 관점을 형성하게 되는 특징을 지닌다. 왜 자신을 불렀는지에 대한 베드로의 질문에 대해, 고넬료는 자신의 환상을 설명하면서, "지금 우리는 주님께서 당신에게 지시하신 모든 말씀을 들으려고, 다 같이 하나님 앞에 모여 있습니다"라고 이 모임의 목적을 제시하게 된다. 이러한 백부장의 요청은 예수님에 관한 복음을 전해달라는 초대였으며, 이에 대해 베드로는 고넬료의 집에 모인 사람들에게 다음의 3가지 신학적 관점을 설교하게 된다. 즉 (1) 하나님은 사람을 차별하거나 가리지 아니하시는 분이시며, (2) 하나님을 두려워하며 의를 행하는 사람은 누구든지 간에 하나님께서 받아주시며, 그리고 (3) 예수 그리스도는 만민의 주님이라는 것이다. 달리 서술하여, 복음은 유대 문화 안에서만 통용되는 배타적인 메시지가 아니며, 모두에게 전해져야 하는 포용적인 메시지라는 것이다. 베드로가 그의 설교를 통해 예수님을 매개로 이루어지는 하나님의 구속의 역사를 전하는 동안, 성령이 모든 사람에게 임하시며 고넬료와 다른 이방인들은 세례를 받게 된다. 고넬료와의 다문화적 만남을 통해, 베드로는 이방인을 위한 하나님의 의도를 명확히 이해하게 되며, 마찬가지로 이방인들은 예수님과 복음에 대한 베드로의 설명을 통해 하나님의 구속의 역사를 이해하게 된다는 것이다.[28]

V 단계: 갈등과 공적 토론 (conflict and public discussion of differences)의 단계

유대에 있는 사도들과 형제들이 이방인들도 하나님의 말씀을 받았다 함을 들었더니, 베드로가 예루살렘에 올라갔을 때에 할례자들이 비난하여 이르되 네가 무할례자의 집에 들어가 함께 먹었다 하니, 베드로가 그들에게 이 일을 차례로 설명하여 이르되 내가 욥바 시에서 기도할 때에 황홀한 중에 환상을 보니 큰 보자기 같은 그릇이 네 귀에 매어 하늘로부터 내리어 내 앞에까지 드리워지거늘 이것을 주목하여 보니 땅에 네 발 가진 것과 들짐승과 기는 것과 공중에 나는 것들이 보이더라... 마침 세 사람이 내가 유숙한 집 앞에 서 있으니 가이사랴에서 내게로 보낸 사람이라. 성령이 내게 명하사 아무 의심 말고 함께 가라 하시매 이 여섯 형제도 나와 함께 가서 그 사람의 집에 들어가니, 그가 우리에게 말하기를 천사가 내 집에 서서 말하되 네가 사람을 욥바에 보내어 베드로라 하는 시몬을 청하라... 내가 주의 말씀에 요한은 물로 세례를 베풀었으나 너희는 성령으로 세례를 받으리라 하신 것이 생각났노라. 그런즉 하나님이 우리가 주 예수 그리스도를 믿을 때에 주신 것과 같은 선물을 그들에게도 주셨으니 내가 누구이기에 하나님을 능히 막겠느냐 하더라. 그들이 이 말을 듣고 잠잠하여 하나님께 영광을 돌려 이르되 그러면 하나님께서 이방인에게도 생명 얻는 회개를 주셨도다 하니라. (행 11:1-18, 개역개정판)

다문화 내용을 강조하는 교육은 학습자들이 차이에 근거한 다양한 문제들을 논의하게 될 때 일정한 형태의 갈등에 직면하게 되는 특징을 지니지만, 이러한 갈등은 공동체로 하여금 생각하고 토론하도록 돕는 교육적 환경을 제공하게 된다. 루이스, 크램, 그리고 마이클 리에 의하면, 갈등의 과정을 통해 다면적 관점을 이해하고 받아들이는 것은 기독교 공동체의 미래 전망을 보다 확장하는 결과로 이어진다는 것이다. 유대인들이 베드로를 비난했을 때, 베드로는 자신의 경험적인 설명을 제공하면서 다문화적 대면을 통해 마음을 바꾸게 된 과정에 대해 설명한다. 중재자로서 베드로는 갈등을 새롭게 해석하는 데 도움을 주기 위해, 최근의 사건과 예수 그리스도를 통한 하나님의 약속을 함께 연계시키면서 과거 하나님의 역사와 현재 진행되고 있는 하나님의 역사 사이의 연속성을 설명하였다. 즉 "하나님께서는 우리가 주 예수 그리스도를 믿을 때에 우리에게 주신 것과 같은 선물을 그들에게 주셨는데 내가 누구이기에 감히 하나님을 거역할 수 있겠습니까?"라고 설명하였다. 다문화 교육이 진정한 변혁적 기능을 수행하려면 단순히 베드로와 고넬료 사이의 개인적 이해 수준에 머물러서는 안된다고 주장한다. 또한 욥바에 머무는 적은 수의 유대 기독교인과 가이사랴에 있는 이방인 사이의 고립적인 공동 합의에 머물러서도 안된다는 것이다. 이 새로운 형태의 교류는 예루살렘 교회의 중심 속에서 갈등과 공적인 영역에서의 토론을 통해 조절되어야 한다는 것이다. 물론 이방인을 인정하고 받아들이는 것에 대해서는 사도행전 15장에 다시 한번 논의되고 있으며 이 다문화적 사건으로 종결되지는 않지만, 갈등을 단순히 봉합하거나 간과하지 않고 공적인 영역에서 다룸으로서 전체 교회가 많은 것을 배우게 되는 다문화 교육 사건이 된다는 것이다.[29]

VI 단계: 상호적 환대(reciprocal hospitality)의 단계

베드로가 이 말을 할 때에 성령이 말씀 듣는 모든 사람에게 내려오시니 베드로와 함께 온 할례 받은 신자들이 이방인들에게도 성령 부어 주심으로 말미암아 놀라니... 베드로가 이르되 이 사람들이 우리와 같이 성령을 받았으니 누가 능히 물로 세례 베풂을 금하리요 하고, 명하여 예수 그리스도의 이름으로 세례를 베풀라 하니라. 그들이 베드로에게 며칠 더 머물기를 청하니라. (행 10:44-48, 개역개정판)

서로 다른 문화 사이의 환대와 밥상 교제(table fellowship)는 처음에는 도전과 갈등의 요소로 작용하나 점차 다문화 기독교교육의 중요한 한 부분을 차지한다는 것이 중요한 특징이다. 서로의 집에 머물 수 있도록 돕는 행위와 밥상 교제로 나타나는 상호적 환대는 성서 이야기를 통해 지속적으로 나타나는데, 고넬료의 집에서의 마지막 장면에서 가장 강조되고 있다. 세례를 받은 직후, 새롭게 기독교인이 된 그들은 베드로와 유대 기독교인들을 초청하여 며칠 더 머물기를 요청한다. 욥바에서 유대교의 정결한 음식을 기다리면서 기도하던 베드로는 이제 새롭게 세례를 받은 이방인 기독교인들과 함께 떡을 떼는 모습으로 다문화적 사건을 경험하면서 많은 변화를 보여준다.[30]

루이스, 크램, 그리고 마이클 리에 의해 제시된 다문화 기독교 교수-학습 모형은 성서에 기록된 다문화적 만남을 통해 기독교교육의 현장에서 실시될 수 있는 6가지의 중요한 특징을 제시하고 있다. 이 교수-학습모형은 앞서 이론적 접근이 제시한 다문화 기독교교육의 과정을 성서의 내용과 연계하여 그 특징을 잘 반영하고 있다. 구체적으로 서술하면, 이 모형은 이방인과 유대인의 종교적 법을 넘어설 뿐 아니라 문화적 경계를 넘어서 만남을 추구하고, 자신의 불완전한 환상을 만남을 통해 보완하며 이를 상호적 환대로 이끌어내며, 더 나아가 공적인 영역에서의 토론과 더불어 다면적 관점을 형성하는 과정을 통해 다문화 기독교교육의 중요한 특징을 잘 나타내어 보여주고 있다고 평가될 수 있다. 그러나 기독교공동체 안으로만 제한된 공적 논의와 토의, 이방인을 기독교공동체로 인정하고 받아들이는 것에만 관심을 두고 있는 동화적 관점, 그리고 사회적 행동이나 변혁의 문제를 전혀 다루지 못한 문제 등이 그 한계점으로 제기될 수 있다. 즉 이 모형은 기독교회의 영역을 넘어서서 글로벌 사회 속에서 사회의 변혁을 이끌어내며 보다 상호적인 문화의 교류를 격려하지 못한다는 제한점을 지니고 있다는 것이다.[31]

4) 자아 정체감 형성을 지향하는 탈인습적 교수-학습모형

마지막으로 제시될 교수-학습모형은 인습적 교수 방법과 구별되는 탈인습적 교수-학습모형이다. 여기서 탈인습적 교수-학습모형은 첫째, 학습자의 구체적인 변화(발달) 과정을 충분히 이해하는 맥락에서 글로벌 사회가 요구하는 탈인습적 인지·정서·행동 상의 특성을 획득할 수 있도록 돕는 교수-학습과정이다. 둘째, 탈인습적 교수-학습모형은 대화에 관한 전통적인 인식 형태를 거부하고 보다 개방적인 상호관련성과 평등성을 전제로 하는 대화의 모형을 중시하는 특징을 지닌다. 구체적으로 탈인습적 형태의 대화는 교육에 참여한 학습자들로 하여금 상호 간의 공유된 이해를 획득하도록 격려하며, 비판적 성찰이라는 새로운 관점의 취득을 통해 그들 자신의 개별적 관점과 사회의 공동체적 전제를 재인식하고 상호주관적 학습에 참여하도록 돕는 대화이다. 이러한 탈인습적 교수-학습모형은 글로벌 사회의 기독교교육 참여자들에게 도움이 되는 다음의 3가지 형태를 그 구체적인 교수-학습모형으로 제시하고, 더불어 공유적 권위를 활용하는 교수-학습모형을 제안하고 있다.

(1) 수행적 이해를 돕는 교수-학습모형 (teaching for understanding model)

이 모형은 1980년대 후반 하버드 대학의 가드너에 의해 제시된 다중지능이론과 듀이의 실용주의 철학을 토대로 하고 있으며, 학습자들의 수행적 이해를 돕기 위해 창의적으로 고안된 교수-학습모형이다. 여기서 수행적 이해라는 용어는 학습자들이 교육을 통해 알게 된 지식을 보다 융통성 있게 인식하고 그에 따라 행동하게 하는 총체적 능력을 지칭한다. '수행적 이해를 돕는 교수-학습모형'은 교사에 의해 전달된 지식을 학습자들이 단순히 수용하는 과정이 아니라, 학습자에게 전달된 지식이나 정보가 인지적 차원을 넘어서 그들의 삶의 영역까지 확대되어 파악됨으로써, 그 결과 학습자들이 파악한 교육내용에 따라 행동적 차원의 실천으로 이어지도록 영향을 주는 교육 모형이다.

이 모형은 다음의 네 가지 질문에 그 기반을 두고 있다. 곧 ① 어떠한 주제 혹은 학습 내용이 학습자들에게 수행적 이해를 증진시킬만한 가치를 지니는가? ② 학습 내용 중 과연 어느 특정의 주제가 학습자들의 수행적 이해를 증진시키는가? ③ 구체적으로 수행적 이해 능력을 촉진하기 위해서는 어떠한 방법이 사용되어야 하는가? ④ 학습자에 의해 획득된 수행적 이해 능력을 교사들은 어떻게 파악하고 평가할 수 있는가? 라는 질문이 그것이다. 이러한 질문을 기반으로, 이 교수-학습모형은 교육의 현장에서 전수되는 교육내용(contents)과 학습자들의 일상생활(삶의 활동)을 구체적으로 그리고 효율적으로 연계시키는 데 그 주요 목적을 둔 교육 모형이다. 또한 학습자의 이해 능력을 궁극적으로 학습자의 행동적 실천 능력으로 전환시키기 위해 학습자들의 다중지능을 충분히 분석하고 그 차이와 다양성을 존중하는 맥락에서 고안된 교수-학습모형이라고 평가할 수 있다.[32]

이 모형은 교사를 통해 일방적으로 전수된 지식이나 정보를 단순히 저장하는 행위로서의 교육이 아니라, 그 지식(정보)을 학습자의 삶과 연계시켜 실천적으로 해석하게 함으로써, 그에 따라 행동으로 실천하는 데 도움을 주는 탈인습적 형태의 대화 모형으로 평가될 수 있으며, 탈인습적 대화에 참여하는 모든 학습자들로 하여금 각기 다른 형태의 모습을 동등하게 인정받는 새로운 인식의 전환을 일으킬 수 있는 환경을 창출한다는 긍정적인 평가를 받기도 한다. 그러나 이 교수-학습모형은 거시적 차원에서 사회 구조를 재구성하게 하는 학습자의 능력을 고양시키지 못한다는 지적과 더불어 학교 안에서의 개혁 혹은 교실 안에서의 개선이라는 미시적 차원의 변화만을 이끌어낼 수 있다는 비판을 받기도 한다.[33]

(2) 관계적 교수-학습모형(connected teaching model)

1980년대 중반 벨렝키를 위시한 여성 심리학자들(Belenky, Clinchy, Goldberger, Tarule)의 연구에 의해 고안된 '관계적 교수-학습모형'은 지식 추구자로서의 학습자, 동료 학습자 간의 관계 그리고 학습주제에 대한 학습자 자신의 개인적 연관성을 중시하면서, 대화와 합의를 통해 획득할 수 있는 지식의 생성을 그 목적으로 한다. 학습 내용과 학습자를 충분히 연계시키지 못하는 분리적 교수(separate teaching) 형태와는 분명히 구분되는 관계적 교수-학습모형은 학습자들 사이의 갈등 혹은 교육내용에 대한 회의를 긍정적으로 극복할 수 있는 교사와 학습자 및 학습자와 동료 학습자 사이의 의미 있는 대화와 합의를 통해 획득할 수 있는 지식의 생성을 그 주요 목적으로 한다. 다르게 표현하여, 인습적인 교수-학습모형과는 달리, 학습자로 하여금 객관적인 지식을 무조건 수용하거나 그 가치 체제에 자신을 동화시키는 것이 아니라, 학습자 자신의 창의적인 생각을 자유롭게 표현하게 하며, 그 결과 주관적이며 암묵적인 지식을 보다 명백하게 표현할 수 있도록 도와주는 교수-학습 형태인 것이다.

여기서 관계적(connected) 모형이라는 표현은 타인에 의해 일방적으로 주어지는 객관적 교육이 아니라, 자신과의 관련성 아래 선택되고 재해석되는 상호주관적인 교육 형태를 지칭한다. 예를 들어, 교육내용에 관한 학습자들의 다양한 견해와 그들의 진솔한 목소리를 존중하며, 더 나아가 명령과 복종이 아닌 교사와 학습자 사이의 협동에 기반을 둔 진실한 대화를 전제로 하는 교수-학습형태가 바로 이 모형에 속한다.[34]

관계적 교수-학습모형은 지금까지 경시되어왔던 학습자 그리고 교육의 현장에서 소외되어왔던 주변적 학습자의 목소리를 이해하는 데 도움을 주며, 인습적이며 권위적인 형태의 교수-학습과정을 비판적으로 성찰함으로써 그 결과 교사와 학습자 사이의 대화적 관계 및 협동적 참여를 지향하고 관계성의 원리를 실천하는 데에도 도움을 준다. 그러나 돌봄을 기반으로 하는 모형은 경쟁적이며 비판적인 사회적 현실을 직면하는 데 있어 적절한 도움을 제공하지 못한다는 비판을 받기도 한다.[35]

(3) 프락시스 교수-학습모형(*praxis* model)

이 모형은 프레이리의 이론을 근거로 하여 주로 인습적 교육내용과 사회구조에 관한 비판적 성찰을 성인교육의 주요 목적으로 삼는 탈인습적 형태의 교육 모형이다. 사회적 불평등과 억압의 문제를 비판적으로 인식한 프레이리는 교수와 학습자 사이에서 진행되는 인습적인 형태의 교육을 지양하는 대신, 학습자의 의식을 증진하고 사회의 변형을 위해 노력하도록 격려하는 대안적 형태의 교육모형을 제시하였다. 곧 프레이리는 인습적 교육 모형을 은행 저축식 교육(banking education)이라 비판하면서, 지식을 축적하는 데 주요 관심을 모아온 이 형태의 교수-학습모형은 학습자의 사고와 행동을 통제하고 단지 사회에의 적응에만 그들의 관심을 지니게 함으로써, 결과적으로 각 개인의 창조적인 능력을 저해하는 부작용을 이끌어낸다고 보았다. 이러한 비판을 토대로, 프레이리는 협동적 문제 제기를 강조하는 프락시스

교육을 제안했는데, 이는 교육 참여자 사이의 대화의 과정을 통해 그들이 속해 있는 사회적 상황에 대한 명료한 인식으로부터 시작하여 더 나아가 그 사회 자체를 변형하게 하는 결과를 이끌어내는 학습자의 구체적인 행동 변화를 목적으로 하는 모형인 것이다. 이러한 프락시스 교수-학습모형은 1970년대 이후 기독교교육의 교수-학습 구성 형태에도 영향을 끼쳤으며, 특히 그룸에 의해 구체적으로 활용되었다. 프레이리의 4단계 프락시스 모형을 토대로, 그룸은 기독교교육의 해석학적 접근을 위한 5단계 공유적 프락시스 접근을 제시하였다.[36]

프레이리와 그룸에 의해 제시된 프락시스 교수-학습모형은 각 개인의 창조적·비판적 성찰을 격려하고 다양한 개인적 경험을 존중하고 그 경험을 교육의 내용에 포함시켜 활용하도록 제시하였으며, 각 개인의 주관적 경험과 전통적으로 전수되어온 신앙공동체의 경험을 변증법적으로 연계시켜 보다 나은 기독교 신앙공동체의 인식 형태와 실천적 모형을 추구하게 한다는 점에서 긍정적인 평가를 받고 있다. 그러나 이 프락시스 교수-학습모형은 그 참여자들이 본래적으로 지니고 있는 내재적 성향과 성별(gender) 및 그를 둘러싸고 있는 외재적 환경에 의해 특정의 가치나 이데올로기를 가치중립적인 판단기준으로 전제하고 있다는 면에 있어 부정적인 평가를 받기도 하며, 또한 상실해서는 안 될 기독교적 전통의 가치를 간과하거나 경우에 따라 평가절하하게 하는 개연성을 지니고 있어 그 활용의 한계를 지니기도 한다.[37]

(4) 공유적 권위의 교수-학습모형(shared authority model)

교수-학습과정에서 권위의 문제는 교사와 학습자 간의 관계를 결정짓는 중요한 요소이며 동시에 교수-학습과정의 성공과 실패를 좌우하는 중요한 요소이다. 권위와 복종에 내재된 딜레마는 최근에 이르러서 제기된 문제가 아니라 인간의 오랜 역사와 함께 논의되어온 문제 중 하나라고 볼 수 있으며, 동시에 권위에 대한 복종의 문제는 현대 사회뿐 아니라 교육 현장에서도 계속적으로 관심의 초점이 되는 문제이다.[38]

미국 예일대학교의 심리학 교수인 스탠리 밀그램(Stanley Milgram)은 복종의 행위를 연구하기 위해 1960년대 초반, 실험을 고안하였는데 이는 권위와 복종에 내재된 딜레마에 대한 매우 흥미로운 연구 결과를 이끌어낸 실험으로 평가된다. 밀그램에 의하면, 실험의 계획은 매우 단순하게 고안되었다. 실험에 동의한 참가자는 심리학 실험실에서 그의 양심에 반하는 일련의 행위를 수행하도록 요구되는데, 이 실험의 주요 목적은 참여자들이 실험 책임자의 권위적 지시에 어느 정도까지 복종하는가를 알아보려는 것이었다. 즉 이 실험은 도덕적 명령과 분명히 상치되는 권위자의 요구에 '언제' 그리고 '어떻게' 참여자들이 거부하는가를 알아보려는 것이었다.[39]

밀그램에 의해 실시된 이 같은 연구는 심리학의 영역에서 가장 논쟁적인 연구 중 하나로 평가되고 있다. 즉 윤리적인 문제를 야기함과 동시에 실제 삶의 문제에 제기하는 시사점으로 인해 많은 학자들의 관심의 대상이 되어왔다. 먼저 권위에 대한 연구는 참여자들이 지니는 성격적인 특성의 차이에도 불구하고 정상적인 상황이라면 절대로 하지 않을 것으로 여기는 행동을 실행하도록 이끌어내는 환경의 중요성을 제기하고 있다. 또한 밀그램의 실험 연구는 도덕성의 근본적 원칙에 위배되는 행동을 하도록 요구될 때 나타나는 도덕적 원칙(사고)과 도덕적 행동 사이의 간극을 보여준다. 일반적으로 이성적인 사람은 도덕적으로 옳은 것이 무엇인지만 안다면 올바른 행동을 할 것이라는 생각을 우리는 전통적으로 지니고 있다. 대다수의 도덕 철학자들은 이 같은 전통적인 가정을 확인하고 있으며, 명시적으로 이를 확증하기 위해 노력해 왔다. 그러나 그들의 연구에 의하면, 많은 수의 사람들이 자신의 가치관을 행동으로 실현하는 데 어려움을 겪고 있으며, 자신이 하는 행동과 권위에 대해 동의하지 않으면서도 실험에 계속적으로 참여한다는 것이다. 뿐만 아니라 밀그램의 실험은 미국 중산층 시민과 6개국 일반 시민들의 약 65%가 유대인 학살에 참여하는 것과 유사한 역할을 할 수 있다는 것을 우리에게 가르쳐 주고 있다.

위에서 서술한 바와 같이, 권위와 복종에 내재된 딜레마는 인간의 역사와 함께 진행된 오래된 문제이면서 동시에 현대 사회에서도 계속적으로 논의되는 딜레마인 것이다. 비록 최근 들어 권위의 문제가 공정하지 못하고 비민주적인 것으로 가치 절하되기는 하지만, 권위란 동시에 인간의 행위를 형성하는 데 도움을 주며 사회의 일원을 만드는 사회화의 기반을 제시하고, 더 나아가 공동의 목적을 성취하는 데 있어 필수적인 요소 중 하나이다. 따라서 권위의 문제는 보다 신중하게 다루어져야 하며, 사회와 교실 내에서 작용하는 권위의 기능을 간과해서는 안 된다는 것이다.

그렇다면 기독교교육의 현장에서 교사가 학습자의 무조건적인 복종을 유도하지 않는 방식으로 권위를 활용할 수 있는 교육적 환경을 어떻게 제공할 수 있는가? 그것은 교사가 그들의 권위를 학습자와 함께 공유하는 기독교교육의 대안적 교수-학습모형을 제공함으로써 가능하다고 본다. 여기서 '공유적 권위'라는 개념은 교사와 학습자가 모든 측면에서 동등한 권위를 지녀야 한다는 것을 의미하기보다는, 전통적인 교실 상황에서 나타나는 권위의 실천과는 달리 좀 더 많은 권위와 책임이 학습자에게 부여되며, 교사와 학습자 사이의 관계가 새로운 권위 개념에 기초하여 재정의되는 것을 의미

한다.[40]

공유적 권위의 교수-학습모형은 전통적인 권위주의적 교육 모형(authoritarian model of education)과는 대비되는 모형이다. 여기서 권위주의적 교수-학습모형은 경쟁과 규율을 필요로 하는 제로섬 게임에 기반을 드고 있으며 승리하는 것을 그 목적으로 삼는 모형이다. 달리 서술하여, 이 모형은 학습자들 위에 군림하며 권력의 축적을 통해 형성된 권위를 기반으로 하는 교육모형이다. 정보전달 과정을 통해 교사는 서구 중심적인 커리큘럼에 기반을 둔 보편적 지식을 전달하는 정보전달자의 역할을 담당하며, 학습자는 수동적인 역할을 부여받는다. 이 권위주의적 교육모형은 교사와 학습자 그리고 학습자와 학습자 사이의 간극을 만들어내며, 위계적인 관계를 재생산하게 된다.[41]

반면 공유적 권위에 기반을 둔 교수-학습모형은 교사와 학습자 사이의 공유적 이해(shared understanding)를 기반으로 하는 교육모형으로서, 교사는 학습자들과 함께 교육내용과 형식에 대해 논의하는 과정을 공유하며, 학습자들에게 명령하거나 위협하기보다는 상호적 이해에 도달하려는 데 더 많은 관심을 기울인다. 이 교수-학습모형의 교사는 권위적 인물이 아닌 조정자 혹은 촉진자의 역할을 담당하며, 학습자는 학습에 있어서 보다 많은 권위와 책임을 지니도록 요청받는다. 즉 직접적인 권력을 이용해서 학습자들의 동의를 이끌어내기보다는, 미래에 대한 비전을 공유함으로써 학습자의 헌신을 이끌어내는 공유적 권위를 활용하며, 교수-학습과정에서 교사와 학습자 사이의 상호관계를 강조하는 특징을 지닌다는 것이다. 이 모형은 학습자들로 하여금 수업 내용에 적합한 자신의 경험을 교수-학습과정 속에서 활용할 수 있도록 격려한다. 공유적 교육모형은 관계성, 평등성, 개방성의 의

사소통적 원칙의 기반 위에서 권력과 권위를 공유하는 이상적인 교육환경을 제공하며, 더 나아가 학습자들은 상호적인 탐구의 과정 속에서 리더십을 발휘할 수 있는 기회를 제공받는다.

물론 교사가 지니는 가장 중요한 역할 중 하나는 전통적으로 권위를 행사하고 교수-학습과정을 통제하는 것이다. 특히 기독교교육의 현장에서, 전통적으로 내려온 성서의 권위와 성서적 권위를 위임받은 교사의 역할은 매우 중요하고 필수적이라고 볼 수 있다. 그러나 공유적 권위에 기반을 둔 교육모형의 교사는 학습자로 하여금 학습활동에 적극적으로 참여하도록 격려하는 것과 배운 것을 실천할 수 있도록 격려하는 역할을 담당해야 하며, 교사와 학습자 사이의 공유적 권위 혹은 상호적 권위를 제기할 수 있는 새로운 역할을 추구해야 한다는 것이다. 따라서 공유적 권위에 기반을 둔 기독교 교수-학습모형은 학습자로 하여금 교사의 명령에 무조건적으로 복종하도록 가르치는 것이 아니라, 교사와 함께 학습활동에 보다 상호적으로 참여함으로써 권위를 공유하도록 격려하는 모형인 것이다. 이러한 과정을 통해, 학습자는 저자인 교사의 지식을 그대로 수용하는 청자의 역할을 넘어서, 교사와 함께 교육의 공동 저자(co-authors)로서의 역할을 담당해야 한다는 것이다.[42]

기독교교육의 현장에서 활용될 수 있는 교수-학습과정은 다양한 유형과 고려해야 할 여러 특징을 지니고 있지만, 최근에 이르러 기독교교육학자에 의해 제시되는 교수-학습과정은 무엇보다 '학습자의 자발적인 참여'를 촉진하고 격려하는 특징을 지닌다. 달리 서술하여, 교사의 일방적인 주도나 지식 전수보다는 학습자들이 스스로 그 교육내용에 관심을 갖도록 촉진하며, 그 교육내용에 대한 주체적인 해석을 격려하는 교수-학습모형이 요청된다는 점이다. 특히 교회 교육의 대상이 중·고등부에서 끝나는 것이 아니라 노년기의 신앙인까지도 기독교교육의 대상으로 포함되는 시대적 변화에 따라, 글로벌 사회의 기독교교육의 형태는 흰 종이에 그림을 그려주는 형태의 주입식 교육이 아니라, 이미 삶의 경험과 신앙생활을 통해 여러 가지 색깔로 채색된 각자의 머리에 그려져 있는 성서적 지식과 삶의 경험을 의미 있게 연결하도록 촉진하고 격려하는 교수-학습과정이 요청된다는 점이다. 바로 이점에 있어, 이제 한국 교회 교육도 먼저 연령의 차이에 따라 교수-학습모형을 구분하여 사용해야 하며, 특히 청년부 이후의 교회 교육에서는 예수님께서 직접 우리에게 보여주신 '실천적 교수-학습과정' 또는 학습자 중심 교수-학

[표 6] 기독교 교수-학습과정의 유형

주요 개념	대표 학자	유 형
신 앙	리처드 아스마	• 신념(belief)을 위한 교수-학습모형: 강의법
		• 신뢰적 관계(trust)를 위한 교수-학습모형: 토의법
		• 헌신(commitment)을 위한 교수-학습모형: 이야기 방법
		• 신비(mystery)를 위한 교수-학습모형: 역설적 방법
신 학	메리 엘리자베스 무어	• 성육적인 가르침(incarnational teaching): 현상학적 방법
		• 산파적 가르침(midwife teaching): 사례연구법
		• 통합적인 가르침(integrative teaching): 게슈탈트 방법
		• 해방적인 가르침(liberational teaching): 의식화 방법
성서와 삶	토마스 그룸	• 공유적 실천(shared *praxis*)의 교수-학습모형
	로라 루이스 로날드 크램 제임스 마이클 리	• 다문화(multicultural) 교수-학습모형
탈인습성	김현숙	• 수행적 이해(teaching for understanding)를 돕는 교수-학습모형
		• 관계적(connected) 교수-학습모형
		• 프락시스(*praxis*) 교수-학습모형
		• 공유적 권위(shared authority)의 교수-학습모형

습과정을 고려하여, 이를 교육적으로 실천해야 할 새로운 사명이 각 교회의 목회자와 교회 교육의 책임자들에게 있음을 강력하게 시사하고 있다.

3. 글로벌 사회의 미디어와 교수-학습과정

기독교 교수-학습과정의 다양한 유형 분류 외에도 글로벌 사회의 미디어와 관련된 교수-학습과정에 관해 논의할 필요가 있다. 20세기 후반부터, 인간과 인간 사이의 커뮤니케이션 형태는 면대면 수업을 포함하여 다양한 디지털 매체를 활용하는 특징을 보이고 있다. 잘 알려진 바와 같이, 컴퓨터의 보편적인 보급과 활용의 결과로 이제 국가 간의 거리는 더 이상 존재하지 않는 지구촌(global village)으로 변화하고 있으며, 4차 산업혁명의 도래로 야기된 정보와 커뮤니케이션 기술(Information and Communication Technology)의 변화와 더불어 이 시대의 청소년들은 아주 어린 시절부터 멀티미디어(multi-media)의 활용과 온라인 강의(online lecture)에의 참여, 소셜 네트워크(social network), 그리고 메타버스(meta-verse) 등의 활용을 통해, 전통적인 교수-학습과정으로부터 벗어난 새로운 교수-학습과정을 경험하고 있다.[43]

이러한 시대적 변화와 커뮤니케이션의 매체 변화를 경시하는 맥락에서 제공되는 기독교교육은 그 효율성에 있어 상대적으로 빈약함이 노출되고 있다. 물론 이러한 의사소통 매체의 변화는 흥미와 오락을 지나치게 유발하는 성향과 비기독교적 내용으로 채워지는 선정성 등에 있어 분명히 많은 문제점을 동반하고 있으나, 그렇다고 해서 최근 진행되고 있는 인터넷의 발달과 그 사회적 영향을 부정적으로 평가하는 태도는 결코 바람직하지 않다는 것이다. 500년 전 대다수의 기독교인들이 문맹인 시절, 성서가 점차 자국어로 번역되자 문맹으로부터 벗어나 성서의 내용을 직접 접하게 된 신앙인들에 의해 일어난 역사적 사건이 바로 개신교의 기원인 종교개혁을 이끌어낸 것처럼, 오늘날의 기독교인들은 4차 산업혁명이라 불리우는 새로운 커뮤니케이션 매체의 변화 및 인공지능의 발달을 부정적으로만 볼 것이 아니라 이를 적극적으로 활용하여 선교와 기독교교육의 효과를 높여야 할 필요성이 최근 학자들에 의해 제시되고 있다는 것이다.

구체적인 예를 들어, 게임은 전통적으로 교사나 학부모에 의해 학업과 발달에 부정적으로 인식되어 왔으나, 복잡한 이야기 구조를 따라가고 사회적 관계망을 분석하는 과정 속에서 온라인 게임이 청소년들에게 성인과 같은 높은 차원의 인식을 하도록 격려하는 긍정적 기능을 지니고 있다는 것이 최근 연구결과이다. 스티브 존슨(Steve Johnson)에 의하면, 게임과 같은 가상 세계를 통해 다층적이고 상호 연계된 정보를 활용하는 방법을 배우게 된 학습자들은 위험과 실패의 과정을 경험하면서 보다 정교한 사고를 하는 학습자가 될 수 있으며, 관심 있는 분야에서 확신과 동기화된 모습을 지닌 지적인 사상가로 변화될 수 있는 가능성이 존재한다는 것이다. 또한 존슨은 게임의 4가지 사이클인 조사하기(probe), 가설 정하기(hypothesize), 재조사하기(reprobe), 재고하기(rethink)를 통해 청소년들이 과학적 방법의 기본 절차를 배울 수 있다고 주장하면서, 게임의 긍정적 기능을 강조하였다.[44]

두뇌가 작동하는 규칙을 12가지로 소개한 존 메디나(John Medina)는 그의 저서 *Brain Rules*를 통해 시각이 어느 다른 감각보다 우선한다는 연구를 토대로 시각적 자료의 중요성을 제시하고 있다. 그의 연구에 의하면, 학습자들에게 새로운 정보가 제시될 때 이미지 없이 말로만 전달되었을 때에는 72시간이 지난 후 학습자들의 10% 정도만 기억했으나 이미지와 함께 제시된 학습자들의 경우 65%가 새로운 정보를 기억할 수 있었다는 것이다. 그 이유로 메디나는 그림에 담긴 정보는 말이나 글자로 전달된 정보보다 이해하는 데 힘이 덜 들기 때문이라고 보았다.[45] 이는 교육에 있어 시각적 자료의 중요성을 조명하고 있으며, 더 나아가 움직이는 영상매체의 활용에 있어 중요한 시사점을 제공하고 있다. 기독교교육의 영역에서도, 영상매체를 기반으로 하는 토의와 사례연구를 통해 학습자 스스로가 자신의 선택을 도출해내는 교수-학습과정이 더욱 효과적임을 최근의 교수-학습과정 연구는 분명하게 보여 주고 있다.[46]

결론적으로 4차 산업혁명과 인공지능의 발달과 더불어 디지털 언어가 점차 주류를 이루고 디지털 네이티브(digital native)가 학습자의 대부분을 구성하는 사회적 변화를 직시하면서,[47] 글로벌 시대의 기독교 교수-학습모형은 보다 긍정적이고 적극적인 입장에서 매체의 변화 그리고 새로운 사회적 관계의 형성을 고려해야 하며, 새로운 디지털 세대의 특성을 인식하고 그들의 언어를 배려하는 형태로 변화되어야 한다.

제5장 기독교 교수-학습과정의 선택: 어떻게 HOW

1 Knud Illeris ed., *Contemporary Theories of Learning: Learning Theorists in their Own Words* (New York: Routledge, 2009); Margaret Morganroth Gullette ed., *The Art and Craft of Teaching* (Cambridge, MA: Harvard University Press, 1982), vii-9.

2 Jeffrey A. Kottler, Stanley J. Zehm and Ellen Kottler, *On Being a Teacher: The Human Dimension*, 3rd edition (Thousand Oaks, CA: Corwin Press, 2005), 24-27.

3 Richard R. Osmer, *Teaching For Faith* (Louisville, KY: Westminster/John Knox Press, 1992), 13-38.

4 Osmer, *Teaching For Faith*, 39-67; Heather Dubrow and James Wilkinson, "The Theory and Practice of Lectures," in *The Art and Craft of Teaching*, edited by Margaret Morganroth Gullette (Cambridge, MA: Harvard University Press, 1982), 25-37.

5 Osmer, *Teaching For Faith*, 68-105; Marlene D. LeFever, *Creative Teaching Methods: Be An Effective Christian Teacher* (Elgin, IL: David C. Cook Publishing Co., 1985), 223-238.

6 Osmer, *Teaching For Faith*, 106-148; Mary Elizabeth Mullino Moore, *Teaching From the Heart: Theology and Educational Method* (Minneapolis: Fortress Press, 1991), 131-162.

7 Søren Kierkegaard, *The Sickness unto Death: A Christian Psychological Exposition for Upbuilding and Awakening* (Princeton, NJ: Princeton University Press, 1980); *The Concept of Anxiety: A Simple Psychologically Orienting Deliberation on the Dogmatic Issue of Hereditary Sin*, edited and translated with introduction and notes by Reidar Thomte in collaboration with Albert B. Anderson (Princeton, NJ: Princeton University Press, 1980) 참조.

8 Osmer, *Teaching For Faith*, 149-191; LeFever, *Creative Teaching Methods: Be An Effective Christian Teacher*, 11-23.

9 Moore, *Teaching from the Heart*, 1-25.

10 Reinhardt Grossman, *Phenomenology and Existentialism: An Introduction* (London: Routledge & Kegan Paul, 1984), 77-198; Moore, *Teaching from the Heart*, 91-130.

11 Ibid.

12 Moore, *Teaching from the Heart*, 27-58; LeFever, *Creative Teaching Methods*, 239-259.

13 Moore, *Teaching from the Heart*, 27-58.

14 Ibid., 98-99.

15 Paulo Freire, *Education for Critical Consciousness* (New York: Seabury Press, 1973) 참조.

16 Moore, *Teaching From the Heart,* 163-195; Paulo Freire, *Education for Critical Consciousness* (New York: Seabury Press, 1973).

17 Moore, *Teaching from the Heart,* 163-195.

18 Thomas H. Groome, *Christian Religious Education: Sharing our Story and Vision* (New York: HarperSanFrancisco, 1980), 207-232.

19 Ibid., 208-211.

20 Ibid., 211-214.

21 Ibid., 214-217.

22 Ibid., 217-220.

23 Ibid., 220-223.

24 Laura B. Lewis, Ronald H. Cram, and James Michael Lee, "Curriculum and Multicultural Religious Education," in *Multicultural Religious Education*, edited by Barbara Wilkerson (Birmingham, AL: Religious Education Press, 1997), 323-389; Carl A. Grant and Christine E. Sleeter, "Race, Class, Gender, and Disability in the Classroom," in *Multicultural Education Issues and Perspectives*, 3rd edition, edited by Banks and Banks (Boston: Allyn and Bacon, 1997), 61-83; 그랜트와 슬리터의 5가지 접근은 다음과 같다: (1) 문화적 타자를 위한 교육 프로그램, (2) 인간 관계적 접근, (3) 단일 집단 연구, (4) 다문화 교육 접근, (5) 사회 재구성을 위

한 다문화적 교육. Carl A. Grant and Christine E. Sleeter, *Turning on Learning. Five Approaches for Multicultural Teaching Plans for Race, Class, Gender, and Disability*, 5th edition (Hoboken, NJ: John Wiley & Sons, 2009); Hyun-Sook Kim, "Multicultural Religious Education in a Trinitarian Perspective," 256-257 참조.

25 Lewis, Cram, and Lee, "Curriculum and Multicultural Religious Education," in *Multicultural Religious Education*, 331; 김현숙, "다문화주의 담론과 기독교교육," 286.

26 Lewis, Cram, and Lee, "Curriculum and Multicultural Religious Education," in *Multicultural Religious Education*, 331-332; 김현숙, "다문화주의 담론과 기독교교육," 286-287.

27 Lewis, Cram, and Lee, "Curriculum and Multicultural Religious Education," in *Multicultural Religious Education 332-333*; 김현숙, "다문화주의 담론과 기독교교육," 286-287.

28 Lewis, Cram, and Lee, "Curriculum and Multicultural Religious Education," in *Multicultural Religious Education*, 333-335; 김현숙, "다문화주의 담론과 기독교교육," 287.

29 Lewis, Cram, and Lee, "Curriculum and Multicultural Religious Education," in *Multicultural Religious Education*, 335-337; 김현숙, "다문화주의 담론과 기독교교육," 287-288.

30 Lewis, Cram, and Lee, "Curriculum and Multicultural Religious Education," in *Multicultural Religious Education*, 337-338; 김현숙, "다문화주의 담론과 기독교교육," 288.

31 김현숙, "다문화주의 담론과 기독교교육," 289.

32 Howard Gardner, *Multiple Intelligences: The Theory in Practice* (New York: BasicBooks, 1993), 3-48; Martha Stone Wiske, "What is Teaching for Understanding," in *Teaching for Understanding: Linking Research With Practice*, edited by Martha Stone Wiske (San Francisco, CA: Jossey-Bass Publishers, 1998), 61-86.

33 김현숙, 『탈인습성과 기독교교육』, 158-161.

34 Belenky and Others, *Women's Ways of Knowing*, 214-229.

35 Victoria Steinitz and Sandra Kanter, "Becoming Outspoken: Beyond Connected Education," *Women's Studies Quarterly* vol.19 (Spring/Summer 1991): 149-152; 김현숙, 『탈인습성과 기독교교육』, 161-163.

36 Paulo Freire, *Education for Critical Consciousness* (New York: Seabury Press, 1973); *Pedagogy of the Oppressed*, translated by Myra Bergman Ramos (New York: Herder & Herder, 1970); *Pedagogy in Process: The Letters to Guinea-Bissau*, translated by Carman St. John Hunter (New York: The Seabury Press, 1978); Groome, *Christian Religious Education*, 175-177.

37 김현숙, 『탈인습성과 기독교교육』, 163-165.

38 Hyun-Sook Kim, "Becoming Co-authors: Toward Sharing Authority in Religious Education," *Religious Education* vol. 104, no. 5 (November 2009): 479-491; Stanley Milgram, *Obedience to Authority: An Experimental View* (New York: Harper & Row, Publishers, 1969).

39 Stanley Milgram, *Obedience to Authority*, 13-16; "Behavioral Study of Obedience," *Journal of Abnormal and Social Psychology* vol. 67, no. 4 (1963): 371-378; Philip. G. Zimbardo, "Pathology of Imprisonment," in *Readings in Social Psychology: Contemporary Perspectives*, edited by D. Krebs (New York: Harper & Row, 1982), 249-251; *Psychology and Life*, 13th edition (New York: HarperCollinsPublishers, 1992), 588; Hyun-Sook Kim, "Becoming Co-authors: Toward Sharing Authority in Religious Education," *Religious Education*, 479-491.

40 K. P. Mortimer and T. R. McConnell, *Sharing Authority Effectively: Participation, Interaction, and Discretion* (San Francisco: Jossey-Bass, 1978), 8.

41 Letty M. Russell, *Church in the Round: Feminist Interpretation of Church* (Louisville, KY: John Knox Press, 1993), 56.

42 김현숙, "공유적 권위와 기독교교육," 「기독교교육정보」 제17집 (2007): 193-214.

43 C. T. Kurien, "Globalization: An Economist's Perspective," in *Public Theology for the 21st Century: Essays in Honour of Duncan B. Forrester*, edited by William E. Storrar and Andrew R. Morton, forworded by Raymond Plant (London: T&T Clark, 2004), 195-212; Doug Lemov and Erica Woolway, "Remote Teaching and the New Normal," in *Teaching in the Online Classroom: Surviving and Thriving in the New Normal*, edited by Doug Lemov and the Teach like a Champion Team (Hoboken, NJ: Jossey-Bass, 2020), 1-14.

44 Steve Johnson, *Everything Bad is Good For You: How Today's Popular Culture is Actually Making Us Smarter* (New York: Riverhead Books, 2005; 2006), 42-45; Ian Jukes, Ted McCain, and Lee Crockett, *Understanding the Digital Generation: Teaching and Learning in the New Digital Landscape* (Canada: 21st Century Fluency Project, 2010), 21-22.

45 John Medina, *Brain Rules: 12 Principles for Surviving and Thriving at Work, Home and School* (Seattle, WA: Pear Press, 2008), 234; 238-239; Jukes, McCain and Crockett, *Understanding Digital Generation*, 23-24.

46 Ronald A. *Sarno, Using Media in Religious Education* (Birmingham, AL: Religious Education Press, 1987), 169-182; Jukes, McCain, and Crockett, *Understanding the Digital Generation*, 21-22; 27.

47 Don Tapscott, *Grown Up Digital: How the Net Generation is Changing Your World*, 121-123.

글로벌 시대의 기독교교육

VI

기독교교육의 학습자와 교사: 누가 WHO

1. 기독교교육의 학습자
   1) 신학적 학습자 이해
   2) 심리학적 학습자 이해
   3) 사회심리학적 학습자 이해
   4) 신학과 철학의 통합적 학습자 이해: 탈인습적 이해

2. 기독교교육의 교사
   1) 교사의 자질
   2) 교사의 기능

3. 글로벌 사회의 학습자와 교사: 디지털 세대

VI
기독교교육의 학습자와 교사: 누가 WHO

1. 기독교교육의 학습자

학습자에 관한 연구는 주로 심리학을 포함한 사회과학적 접근에 의해 제시된 이론들이 주류를 이루고 있다. 전통적으로 기독교교육학은 비기독교적 가치를 인정하는 사회과학적 연구에 비판적인 입장을 취해왔기 때문에, 기독교교육학과 사회과학을 연결시켜 인간 삶의 구체적인 모습을 기술하려는 노력을 상대적으로 간과해 왔다. 이런 관점에서 기독교교육학자들은 신학과 사회과학을 동등한 입장에 놓고 그 둘을 연계시키기보다는 인간 삶의 실재적 모습과 사회 현상을 이해하기 위한 보조적인 수단으로서 사회과학적 지식을 선별적으로 사용해 왔다.

그러나 인간과 사회에 대한 구체적인 이해가 마련되지 않는 한 학습자들을 어떠한 방법으로 그리고 어떠한 절차를 통해 변화시켜야 하는지를 계획하기란 상당히 힘든 일이라고 볼 수 있다. 최근의 기독교교육학 연구는 보조적인 수단이 아니라 동등한 입장에서 다양한 학문 간의 대화를 인정하고 이를 비판적으로 연계시키는 맥락에서 진행되고 있는 것이 특징이다. 구체적으로 연령의 변화에 따라 인간들이 어떻게 변화되어 가는지를 살펴보는 발달심리학(구조-발달심리학), 어린 시절 부모와의 관계에서 특이하게 형성되는 인간 심리를 규명하려는 역동심리학 및 대상관계이론, 그리고 그들이 거주하는 사회의 영향에 의해 인간들이 자신의 인간관, 세계관, 자아 정체감을 어떻게 형성해 가는지를 규명하려는 심리학의 다양한 연구 결과 등이 기독교교육의 학습자 이해를 위한 중요한 자료로서 활용되고 있다.[1] 이러한 심리학적·사회학적 연구들이 신학적·철학적 관점과 연계되면서 기독교교육의 고유한 특징을 지닌 학습자 이해가 도출되고 있으며, 다양한 관점에서 학습자의 특성에 대한 연구가 진행되고 있다.

학습자에 대한 다양한 학문적 입장은 다음의 4가지 유형으로 구분될 수 있는데, 신학적 학습자 이해, 심리학적 학습자 이해, 사회심리학적 학습자 이해, 신학과 철학의 통합적 학습자 이해로 구분될 수 있다.

1) 신학적 학습자 이해

기독교교육학에서 제시되는 신학적 학습자 이해는 다양한 기독교교육학자들에 의해 제시되고 있으나, 크게 다음의 3가지로 설명할 수 있다. 즉 하나님의 이미지를 부여받은 학습자와 죄인으로서의 학습자, 그리고 위의 두 가지 관점을 통합적·역설적으로 해석한 학습자 이해가 있다. ① 먼저 하나님의 이미지를 부여 받은 가능성 있는 존재로서 설명하는 이 관점은 자유주의 신학과 진보주의 교육 철학자들에 의해 제시된 이해로서, 학습자들은 내재적으로 이미 가능성을 지니고 있기 때문에, 교육을 통해 그 가능성을 실현할 수 있는 존재라고 본다. 버지스에 의하면, 이 관점은 신학적 개념으로서의 원죄보다는 학습자의 종교적 역량을 있는 그대로 인식하고 하나님의 민주주의(democracy of God)에 참여하도록 돕는 학습자 이해를 강조한다. 특히 살아있는 유기체로서의 학습자는 자신의 잠재적 능력을 종교적·사회적으로 계발할 수 있는 전인적 존재(functioning whole)라는 것이다. 신학적 형이상학의 관점에서 초자연적인 관점과 자연적 관점을 연계시켜 3가지의 종교교육의 유형을 제시한 이안 녹스(Ian Knox) 역시 자연적 관점 내에 존재하는 초자연적인 관점(the supernatural within the natural)을 제안하고 학습자의 가능성을 강조하는 학습자 이해를 제시하였다.[2] 이 관점은 학습자를 진화의 결과로 인식하고, 관찰과 통제된 실험을 통해 학습자로 하여금 내재된 가능성을 성취할 수 있도록 돕는 과학적인 종교교육의 역할을 강조하고 있다. 그러나 이 관점은 인간이 지니는 원죄의 개념을 간과함으로써 학습자를 지나치게 긍정적으로 인식했다는 비판을 받고 있다. 또한 사회적·문화적 차원의 구원, 즉 이상적 사회를 재구성하는 과정에 대한 참여를 종교적 구원 개념으로 간주한 것은 종교교육의 특수성을 약화하고 종교교육을 사회교육의 범위로 지나치게 확장했다는 평가를 받기도 한다.

② 반면 죄인으로서 학습자를 이해하는 관점은 인간의 죄에 대한 보다 실제적인 인식을 토대로 죄로부터 돌이키는 회심의 중요성을 강조하는 관점이다. 주로 전통적인 교육이론에서 강조하는 이 학습자 이해는 하나님의 구원 메시지를 수용하는 인간의 특징을 부각하는 유형이라고 구분할 수 있다. 학습자는 하나님의 이미지로 만들어진 창조물이지만 죄로 인해 왜곡된 존재이므로, 초자연적인 갱생의 필요성을 지닌 존재라고 정의된다. 이때 종교교육의 역할은 기독교 메시지의 전달을 통해 학습자가 지니고 있는 초자연적인 질서를 인식하고 회복하도록 도와야 한다는 것이다. 이러한 학습자 이해는 신학적인 관점에서 학습자들을 이해하고 초자연적 질서의 중요성을

강조한다는 점에서 앞서 제시한 진보적 관점을 보완할 수 있으며, 학습자를 내적·외적으로 변화시킬 수 있는 성령의 역사하심을 강조함으로써 교사의 기능을 보완할 수 있는 가능성도 지니고 있다.[3] 그러나 학습자를 권위적인 구원의 메시지를 수납하는 존재로 이해함으로써, 학습자의 잠재적 능력이나 가능성을 인식하기보다는 수동적 존재로 간주하는 제한점도 지니고 있다고 평가될 수 있다.

③ 마지막으로 통합적·역설적 관점의 학습자는 위의 두 가지 관점을 통합적으로 이해하면서 동시에 그 관계에 내재해 있는 역설적 특징을 포착하여 학습자를 이해하려는 관점이다. 이 관점에 의하면, 학습자는 다음의 3가지 특징을 지니고 있다. 먼저 하나님의 자녀이며 동시에 죄인으로서의 학습자 이해는 인간 그 자체에 대한 이해로서 역설적 측면을 포함하고 있다. 두 번째 특징은 개인이면서 동시에 학습자로서의 인간 이해이다. 이는 종교 교육과정(religious educational process)이 한 개인으로서의 성장과 발달에 밀접한 관련을 맺고 있으며, 학습자들을 단순히 조작 가능한 대상으로 간주하는 것이 아니라 잠재적으로 성장하며, 지적이며, 자유롭고 책임 있는 한 개인으로 인식한다는 것이다. 세 번째 특징은 식견이 있으면서 책임 있는 기독교인으로서의 학습자 이해이다. 기독교교육은 타인에게 해를 끼치지 않는 선한 기독교인을 양성하는 데 머무는 것이 아니라, 하나님의 사랑을 실현하는 타인에 대한 봉사에 적극적으로 참여할 수 있는 성숙한 기독교인의 양성을 목적으로 삼아야 한다는 것이다.[4] 신정통주의 신학에 근거한 이 학습자 이해는 하나님과 인간의 관계를 근거로 하여, 역설적이면서도 통합적인 관점을 제시하였다. 또한 초월적 하나님과의 만남(encounter)을 통한 변화에 관심을 두는 학습자 이해를 제시함으로써, 실존적 교육의 가능성을 제안한

다. 이 이해는 앞서 제시한 죄인으로서의 학습자 이해보다는 보다 포괄적인 학습자 이해를 제시하고 있으나, 인간의 역량을 계발하는 데 있어 요청되는 과학적이며 이론적 관점을 간과한다는 문제점도 지니고 있다.

2) 심리학적 학습자 이해

여기에서 제시하는 심리학적 이해는 구조주의적 관점의 학습자 이해, 정신분석학적 관점에 기반을 둔 학습자 이해, 분석심리학적 관점의 학습자 이해, 구성-발달주의적 관점의 학습자 이해로 구분된다.

① 구조주의적 관점의 학습자 이해

여기서 구조주의적 관점은 블라디미르 프로프(Vladimir Propp)의 *Morphology of the Folktale*에서 제시된 구조론적 문학 연구에서 유래된 것이다. 프로프는 민담에 나타난 등장인물의 속성에 대한 연구를 통해 민담에 등장하는 인물이 수행하는 기능의 법칙을 공리화하였다. 그에 의하면, 민담 속에 등장하는 인물의 수는 많지만 그 인물이 수행하는 기능은 제한되어 있다는 것이다. 그는 100편의 러시아 민담 연구를 통해 다음의 4가지 원칙을 제시하였다. ㉠ 인물의 기능은 민담의 기본적인 구성 부분이며, ㉡ 민담의 연구를 통해 확인된 기능의 수는 한정되어 있다. ㉢ 민담 구성 요소는 31가지 구체적인 기능으로 구성되어 있으며 그 기능은 순서에 따라 제시된다. ㉣ 이 기능의 순서는 항상 같으며 모든 민담은 구조적인 관점에서 볼 때 단일 유형에 속한다는 것이다.[5] 프로프에 의하면, 민담에는 일정 수의 주된 등장인물(적대자, 증여자, 조력자, 공주와 임금, 파견자, 주인공, 가짜 주인공)이 있는데, 여기서 민담 구성은 기능, 결합 요소, 동기화, 등장인물의 출현방식, 인물의 속성 및 부속 요소로 이루어져 있으며, 민담은 하나의 통일체로서의 특징을 지닌다는 것이다. 여러 가지의 변형적 모습을 지닌 민담을 연구함에 있어, 구조주의적 관점은 부차적인 요소들을 제거하고 이야기의 본래 형태를 추출함으로써 근원적인 민담의 의미를 확인하는 데 도움을 주며, 이는 제의나 신화에 대한 연구 뿐 아니라 신화에 등장하는 인물들의 속성과 그 의미를 이해하는 데 도움을 준다.[6]

구조주의적 관점은 단순히 성서에서 나타나는 기독교 전승의 주제나 개념, 인물의 속성 및 기능 그리고 의미들을 확인하는 데 도움을 줄 뿐 아니라, 기독교교육의 현장 속에서 학습자들의 삶의 이야기 속에서 나타나는 다양한 주제(theme), 모티프(motif), 그리고 등장인물의 기능 등을 총체적으로 이해하고 그 안에 내포되어 있는 의미를 해석할 수 있는 이론적 틀을 제공하고 있다. 예를 들어, 파울러의 저서 *Stages of Faith: The Psychology of Human Development and the Quest for Meaning*에 나오는 메리의 삶의 이야기를 구조주의적 관점에서 분석한다면 그녀가 의미를 추구하는 삶의 여정에 대한 흥미로운 해석이 가능하다. 즉 메리의 삶에는 다양한 등장인물이 나오는데 이들은 조력자의 역할(남동생 Ron)이나 적대자의 형태로 나타나고, 메리는 삶의 여정 속에서 다양한 마법의 도구(magical agent)를 획득하거나 새롭게 변화되는 모습을 보이면서, 종국에는 주변 사람들로부터 인정받는 모습으로 변화되고 신앙에 있어서도 진정한 평안을 얻게 되는 모습을 보여주고 있다.[7]

구조주의적 관점에서 제시되는 학습자는 삶의 여정 속에서 의미를 추구하는 존재로서, 다양한 인물들과 만나고 헤어지는 삶의 여정 속에서 신앙의 변화를 경험하는 존재이다. 신앙의 성숙은 프로프의 구조주의적 관점에서 제시된 바와 같이, 혼자서 도달하는 것이 아니라 다양한 만남과 조력 그리고 갈등과 새로운 출발, 그리고 과제의 완성을 통해 이루어진다는 것이다. 그 중 조력자의 역할은 단순히 민담에 나오는 마술사와 같은 존재가 아니라 삶 속에서 교사의 역할을 담당하는 사람에게서도 발견되며, 기독교교육의 교사는 학습자에게 이와 같은 역할과 기능을 수행해야 한다는 것을 시사하고 있다.

② 정신분석학적 관점의 학습자 이해

정신분석학적 관점은 부모와의 초기 경험이 광범위하게 학습자의 발달에 영향을 미치며, 인간의 발달을 진정으로 이해하려면 행동의 상징적 의미와 마음의 심층적 내면 작용을 분석해야 한다고 보는 관점이다. 이 관점은 지그문트 프로이트(Sigmund Freud)의 이론에서 출발하였으나, 후에 에릭 에릭슨(Erik H. Erikson)에 의해 8단계로 확장되었다. 병리학적인 측면 그리고 무의식적인 영역에 관심을 가졌던 프로이트와는 달리 에릭슨은 인간의 건강과 긍정적 측면 그리고 의식(consciousness)과 의미(meaning)에 초점을 맞추어 그의 이론을 제시하였다. 에릭슨은 인간발달의 심리사회학적 측면을 강조하면서 인간의 8가지 시기(eight ages of man)를 제시하였다: 즉 기본적 신뢰 대 기본적 불신의 시기, 자율성 대 수치심과 의심의 시기, 주도성 대 죄의식의 시기, 근면성 대 열등감의 시기, 정체감 대 역할 혼란의 시기, 친밀감 대 고립의 시기, 생성감 대 정체의 시기, 자아 통합 대 절망의 시기가 그것이다. 에릭슨은 사회 환경과의 상호작용 속에서 발달되어 가는 한 개인의 사회적 역할 정체감과 과제 수행을 강조하면서, 한 개인이 신체적 변화와 사회적 요구에 직면하면서 각 단계마다 새로운 적응 과제를 부여받게 된다고 보았다. 이 관점을 통해 에릭슨은 심리학적 요소와 사회학적 요소 사이의 상호작용, 그리고 신경증(neurosis)과 창의성(creativity) 사이의 상호연결성을 강조하면서, 심리사회학적 발달 과정 속에서 구현되는 종교의 기능과 부모 역할의 중요성을 시사하였다.[8]

특히 에릭슨은 개인적·사회적 삶에 있어 종교와 신앙이 지니는 역할에 대해 많은 관심을 기울였다. 그의 저서 *Young Man Luther*는 종교개혁을 달성한 루터가 청소년기에 경험한 정체성 혼란과 형성의 문제를 다르었다. 에릭슨에 의하면, 루터가 경험했던 지상의 아버지와의 문제가 후에 하나님과의 관계로 이어지면서 신학적인 문제로 대두된다. 루터는 양면적인 감정을 지녔던 지상의 아버지와의 문제를 해결하려 하였고 그의 갈증을 풀어주고 힘과 지혜를 제공해주는 하나님을 찾으려는 노력을 기울였지만, 그 노력이 쉽게 해결되지는 않았다는 것이다. *Young Man Luther*에 의하면, 수도원에서 만난 사제가 루터에게 하나님은 너를 싫어하지 않는다고 언급하면서, 하나님을 싫어하는 자는 바로 루터 자신이라고 지적하는 장면이 나오는데, 이는 어린 시절부터 어려움을 겪은 아버지와의 문제가 천상의 아버지인 하나님과의 문제로 연결될 수 있다는 것을 잘 보여준다.[9] 수도원에서의 유예기간(moratorium)은 루터에게 있어서 파괴적인 힘과 건설적인 힘, 그리고 퇴행적 대안과 건설적 대안 사이에서 투쟁하였던 예비적 기간이었다. 후에 루터는 아버지 같은 후원자와의 만남을 통해, 점차 신앙적 갈등을 해결함과 동시에 내면적 자유를 획득하게 된다. 더 나아가 에릭슨에 의하면, 루터는 하나님을 심판자로 규정했던 하나님 개념에서 양육적인 하나님 개념으로 변화하는 경험을 통해 기독교 역사상 의미 있는 한 발자국을 내딛게 된다는 것이다.[10] 루터에 대한 이 같은 분석은 신학적 관점에서 비판을 받기도 했으나, 루터의 삶을 단순히 신학자로만 간주하는 것이 아니라, 내면의 갈등, 부모와의 갈등, 부패한 종교와의 갈등을 해결하고 자신의 자리를 확고히 세운(Here I stand) 한 인간으로서 보았다는 점에서 의미 있는 시도라 할 수 있다.

정신분석학적 관점에서 제시하는 학습자 이해는 먼저 사회적 환경과의 상호적 관련성 속에서 과제에 직면하며 이를 해결하려고 노력하는 존재이다. 이 과정에서 부모와의 관계는 아주 중요한 역할을 담당하는데, 이는 루터의 경우처럼 단순히 부모와의 갈등에서 끝나는 것이 아니라 학습자의 신학적·신앙적 문제로 발전될 수 있기 때문이다. 달리 서술하여, 한 개인이 기독교적 자아 정체감을 형성하는 데 있어 부모의 역할은 양면적인 행태, 즉 억압적인 하나님 개념 혹은 양육적인 하나님 개념의 형성과 같이 양면적인 행태로 작용할 수 있다는 것이다.[11] 특히 과거와 미래 사이에 서 있는 청소년은 정체성 형성의 과정 속에서 아버지 혹은 어머니와 같은 자애로운 후원자(fatherly or motherly sponsor)의 존재가 필요하며, 따라서 기독교교육의 교사는 이 역할을 담당하여 청소년이 다음 단계로 이행하는 데 도움을 줄 수 있는 역할을 수행해야 한다는 중요한 교육적 시사점을 제공해 준다.

③ 분석심리학적 관점의 학습자 이해

분석심리학적 관점은 인간의 본성을 가능한 한 넓은 맥락에서 보려는 관점으로서, 정신적 경험이 지니는 종교적 측면에 관심을 두고 심리학적 안녕을 위해서는 건강한 영혼이 필요하다는 것을 주장하는 관점이다. 이 관점의 대표적 학자인 칼 융(Carl G. Jung)에 의하면, 인간의 정신은 의식적 차원과 무의식적 차원으로 구성되어 있는데, 그중 무의식적 차원은 개인적 무의식과 집단적 무의식으로 나누어진다. 여기서 집단적 무의식은 한 개인이 통제할 수 없는 차원으로, 자신이 의식에서 한번도 경험해 보지 못한 일들이 원형(archetype)의 모습으로 나타난다. 원형의 종류는 다양하지만, 특히 다음의 4가지 즉 페르조나(*perzona*), 그림자(shadow), 아니마(*anima*)/아니무스(*animus*), 자아(self)가 대표적으로, 과거 선조들이 경험했던 사건들이 투사되어 나오는 것이다. 여기서 집단 무의식에 속한 원형 중 하나인 자아(self)는 의식과 개인 무의식, 의식과 집단 무의식 사이의 갈등을 조정하고, 아니마와 아니무스, 페르조나와 그림자 사이의 불균형도 조화롭게 통일시키는 기능을 수행한다. 융에 의하면, 바로 이 같은 자아의 기능을 통해 인간은 신을 접할 수 있는 가능성을 지니게 되며, 삶의 의미에 대한 관심도 바로 자아의 활동에 의해 가능하다는 것이다. 따라서 원형으로서의 자아의 기능을 회복하는 것이 바로 개성화(individuation) 과정으로 가는 길이며, 성숙과 발달로 향하게 하는 원천이라고 보았다.[12]

분석심리학적 관점에서 볼 때, 종교는 인간의 개성화 과정에 중요한 역할을 담당해 왔다. 합리성만을 강조해 온 인류의 역사는 신의 세계를 거부하고 원형을 파괴해 왔는데, 이러한 파괴를 극복하기 위해서 인간 본래의 모습을 기억하는 행위가 필요하다는 것이다. 즉 융은 예배의 행위를 '기억'의 축제로 보면서 상실한 태초의 완전성을 기억해내는 것이 종고의식의 본질이라고 주장하였다. 현대인들은 신화를 상실한 사람들로서 이를 회복해야 할 필요성이 있다는 것이다. 그에 의하면, 종교는 의식과 무의식 사이의 균열과 갈등으로 정신질환을 겪고 있는 사람들의 치료에 구체적인 도움을 줄 수 있으며, 삶의 무의미성 혹은 허무와 같은 현대 사회의 정신적 문제의 해결에도 중요한 기능을 담당하고 있다는 것이다. 뿐만 아니라, 종교적 제의는 상징을 통해서 무의식을 의식에 통합시키고 하나님과 인간을 통합시키게 하는 기능을 수행함으로써, 삶의 의미를 발견하게 하는 정신 치유적 구원을 이끌어

낸다는 것이다.[13]

분석심리학에서 제시한 학습자 이해는 자아 안에 내재해 있는 모든 가능성을 의식의 차원에서 실현해 가는 개성화(individuation)의 과정을 추구하는 존재이다. 즉 종교적 경험을 통해 학습자들은 인간의 초기 과정부터 잠재력으로 존재했던 전인적 인격을 형성하면서 의식의 차원을 점차 확대해 가고, 더 나아가 결과적으로 성숙과 발달을 경험할 수 있다는 것이다. 종교를 인간 욕망의 투사이며 환상이라고 보았던 프로이트와는 달리, 개성화 이론을 통해 융은 인간 심리뿐 아니라 종교 심리의 특성을 이해하는 데 도움을 주었으며, 상징을 통해 종교적 심리를 경험하고 보다 성숙한 발달을 이룰 수 있는 개인의 가능성을 제안하였다.[14] 이 학습자 이해는 학습자들이 상징과 의례를 통해 종교적 경험을 체험할 수 있도록 돕는 교육적 환경의 중요성을 상기시킨다. 즉 이는 ego 중심적 심리와 self 중심적 심리 사이의 화해인 개성화 과정을 통해 종교적 경험의 기회를 제공할 수 있다는 교육적 시사점을 제공해준다.

④ 구성-발달주의적 관점의 학습자 이해

구성-발달주의적 관점은 인간의 의미형성 활동이 전개되고 발전되는 과정을 자아(self) 발달의 주요 과정으로 보는 이론이다. 이 관점이 지니는 정신분석학과의 공통점은 발달주의와 구성주의를 기반으로 삼고 있다는 것이지만, 차이점은 분화(객체)와 통합(관계)의 문제가 일생 전체를 걸쳐 진행되는 진화의 과정으로 본다는 점이다. 즉 자아-대상 관계는 일생을 거쳐 발생되며 이 관계는 자신을 세상으로부터 질적으로 분리함으로써, 정교한 대상 관계를 만들어낸다는 것이다. 이 관점의 대표적 이론가인 로버트 키건

(Robert Kegan)에 의하면, 의미형성의 활동 과정은 통합적인 형태로 진행될 뿐만 아니라, 자아를 구성하는 사고와 감정, 그리고 주체와 객체를 위한 환경도 동시에 제공한다. 달리 서술하여, 의미형성의 전개 과정은 분화(객체) 과정과 통합(관계) 과정 모두를 포함한다는 것이다. 여기서 주체와 객체 사이의 관계란 일생을 통해 자신을 둘러싸고 있는 세계로부터 자아를 구분하고 구별하는 작업을 의미하며, 자신을 둘러싸고 있는 세계와의 정교한 관계 형성을 통해 세계를 객체로 상정하는 과정이라고 기술할 수 있다.[15]

키건은 일생을 거쳐 형성되는 개인의 경험을 다섯 가지 의식구조(order of consciousness)로 구분하였다. 그는 개인에게 내재된 정신구조(mental structure)를 발견하려 했으며, 이러한 정신구조가 역사적으로, 문화적으로 그리고 개인의 일생을 통해 어떠한 변천 과정을 보이는지를 살펴보려 했다.[16] 다섯 가지 의식구조는 충동에 근거한 제1 의식구조의 단계, 영속적 범주를 획득한 제2 의식구조의 단계, 상호성에 근거한 전통주의적 제3 의식구조의 단계, 체제와 통제적 자아에 기반을 둔 근대주의적 제4 의식구조의 단계, 체제 상호 간의 관계에 기반을 둔 포스트모더니즘의 제5 의식구조의 단계로 구분할 수 있다. 그는 역사적으로 진화된 사회의 변화와 개인의 일생을 계통 발생학적으로 연결하여, 내재적 판단자로서의 개인과 근대주의를 그리고 복합적이고 다면적인 자아와 포스트모던 사회의 특징을 연계하여 제시하였다.

그에 의해 제시된 구성-발달주의적 관점은 성숙한 인간을 형성하는 데 필수적인 조건을 2가지로 제시하고 있다. 첫 번째 조건은 가족 종교로부터 벗어남(leaving family religion)으로, 여기서 가족 종교란 특정 가족이 소유한 교파적 의미의 종교가 아니라, 가족 혹은 전통에 의해 전수된 근본 체계를 지칭한다. 키건에 의하면, 가족 종교의 규제와 통제로부터 벗어난다는 것은 가족, 전통, 종교와의 새로운 관계 형성을 의미한다. 두 번째 조건은 교육과 상담의 필요성이다. 전통적인 단계인 3단계로부터 자아 통제적이며 타인과의 차이를 인정하는 보다 성숙한 단계로의 전환과정은 교육과 상담을 통해 각 개인이 지니고 있는 인식 형태를 재구성함으로써 가능하며, 새로운 단계로의 전환을 격려하는 교육적 환경의 마련이 중요하다는 것이다.[17]

구성-발달주의적 관점에서 본 학습자 이해는 다양한 형태의 정신 능력을 포괄하는 변화와 더불어 지속적으로 성장하는 단계(vast evolutionary expanse)에 속한 존재이다. 특히 성인의 특성을 재조명했던 키건은 성인 이해에 관련해서 다음의 몇 가지를 지적하였다. 성년기는 발달의 마지막 부분인 안정의 시기가 아니라 사회의 도전과 더불어 혼돈과 실망감을 지속적으로 느끼는 시기이며, 대다수의 성인들은 그들의 삶의 목표와 현재적 위기 사이의 갈등과 괴리로 인해 개인적·심리적 차원의 심각한 고통을 경험할 뿐만 아니라, 사회가 요구하는 이상적인 성인의 모습에 부응하지 못하는 실제적인 자신의 모습 간의 간격으로 인해 심각한 혼란을 느끼고 있다는 것이다. 따라서 현대 사회의 도전과 그에 대한 학습자의 개인적 대처 능력 사이에서 야기되는 갈등과 괴리를 극복하는 데 실제적으로 도움을 주는 교육환경의 조성이 필수적이며, 이 학습자 이해는 사회와의 관련성 속에서 학습자가 경험하는 인식 형태를 재구성할 수 있는 교육과 상담이 필요하다는 것을 제안하고 있다.[18]

3) 사회심리학적 학습자 이해

사회심리학적 이해는 먼저 남성과 여성 학습자의 특성을 기반으로 학습자를 이해하려는 관점, 인종과 문화의 차이 및 사회적·경제적인 계층에 따라 구분되는 학습자를 이해하려는 관점, 그리고 세대 사이의 문화적 경험의 격차에 따른 세대 간 학습자 이해가 포함된다.

① 남성과 여성 학습자 이해

먼저 학습자로서의 여성에 대한 연구도 다양한 학문 분야에서 대두되고 있다. 남성과의 상대적 비교에 있어 그 차이가 드러나는 여성의 인지·정서·행동적 차원의 특징을 구별하고, 그 차이점을 긍정적으로 고려하는 맥락에서 기독교교육의 목표, 커리큘럼, 교수-학습과정 등을 재구성해야 한다는 주장이 제시되면서 학습자로서의 여성의 고유한 특성에 대한 연구가 제시되고 있다. 벨렝키 연구진은 저서 *Women's Ways of Knowing: The Development of Self, Voice and Mind*에서 다양한 배경의 여성 135명을 표본 대상으로 삼고 자아의 개념 형성과 실재의 인식 방법에 있어 여성들이 지니는 내재적 특성을 밝혀보려 하였다.

이 연구에 의하면, 여성들의 인식 형태는 남성에 비해 타인을 대상화하는 독립적인 시각에서가 아니라, 타인과의 긴밀한 관계성을 유지하는 맥락에서 발달되며, 다음의 5단계의 발달과정-즉 침묵의 단계, 수용적 지식의 단계, 주관적 지식의 단계, 절차적 지식의 단계, 통합적 지식의 단계를 통해 순차적으로 진행된다고 보았다. 이 연구는 과연 그 같은 인식 형태의 변화가 남성이 아닌 여성들로부터만 발견되는 현상인지, 그리고 5단계의 변화과정은 문화적 차이에 관계 없이 모든 여성들로부터 보편적으로 발견되는지에 관한 폭넓은 검증의 과정을 거치지 않았다는 이유로 비판을 받기도 한다. 그러나 벨렝키 연구진의 연구를 통해 얻을 수 있는 중요한 교육적 시사점은 한마디로 다양한 목소리를 발견하고 존중하는 것이라고 서술될 수 있다. 여기서 다양한 목소리란 상징적인 표현으로서, 먼저 '다양한'이란 성의 차이점만을 서술하는 것을 넘어서 인종, 문화, 계층 등에서의 차이 등을 인정하고 존중하는 표현이다. 또한 목소리란 단순히 입에서 나오는 소리가 아니라, 다양한 환경에서 겪게 되는 경험, 서로 구별되는 삶의 현장에서 표현되는 신앙고백 그리고 각자의 삶을 평가하고 계획하는 가치관 등을 의미하는 단어이다.[19] 최근 연구는 이 같은 다양한 목소리를 학습자 연구에 포함하여 학습자들의 다양한 학습 형태를 규명하고 이를 기반으로 보다 효과적인 교육 방법을 제시하려는 형태로 진행되고 있다.

② 인종과 문화 및 계층의 문화적 차이에 기반을 둔 학습자 이해

인종과 문화의 차이 및 사회적·경제적 계층에 따라 구분되는 학습자 이해는 학습과 문화 및 경제적 측면 사이의 관련성을 중심으로 다양하게 연구되고 있다. 존 오그부(John U. Ogbu)는 문화적 다양성과 학습과의 연관성 연구를 통해, 같은 소수민족이라 할지라도 주류 문화와의 관련성에 따라 각기 다른 학업 성과를 보인다는 것을 지적하였다. 그는 소수민족 집단의 유형을 3가지로 구분하였는데, 자치 소수민족 집단, 이민을 통한 자원 입국자 집단, 그리고 타의에 의해 강제로 이주한 사람들의 집단은 주류 사회와의 관계에 따라 각기 다른 학업 성과를 보인다는 연구 결과를 도출하였다. 그에 의하면, 주류 집단과의 긍정적 관계를 지니는 소수민족의 학습자들은 부정적 관계를 지니는 학습자들보다 학업 성과에 있어 긍정적 결과를 이끌어 낸다

는 것이다. 예를 들어, 일본에 사는 재일 한국인은 미국(본토와 하와이)에 사는 재미 한국인보다 상대적으로 낮은 학업 성과를 보이고 있는데, 이는 재일 한국인들이 주류 문화와의 관계 속에서 부정적인 반응을 경험하는 경우가 빈번하다는 것과 밀접한 관련을 지닌다는 것이다.[20] 따라서 학습자 이해는 주류 문화와 소수 문화 사이의 이분법적 구분뿐 아니라 소수 문화 내에서의 차이점까지를 고려하는 형태로 이루어져야 하며, 주류 문화와의 관계 속에서 나타나는 학습자의 성취와 발달의 정도를 다각적인 차원에서 인지해야 한다는 것을 시사하고 있다.

또한 사회는 전통적으로 교육의 목적을 설정할 때 경제적으로 국가 발전을 도모하며 사회적·경제적으로 앞서 나갈 수 있는 인간을 형성한다고 하는 도구적인 관점으로 교육을 구상해 왔으며 제도를 형성해 왔다. 산업 사회 및 글로벌 사회의 도래와 더불어, 학습자에 대한 이해는 학습자의 학업 성취와 학업 후에 이룰 경제적 성취가 학습자들을 구분하고 분류하는 중요한 기준으로 선택되어 연구되었다. 에릭슨(David P. Ericson)과 엘레트 주니어(Frederic S. Ellett, Jr.)는 학습의 동기 유형에 따라 학습자들에 대한 이해를 다음의 5가지 유형, 즉 학자적 학습자(scholar), 전문적 학습자(professional), 학자-전문적 학습자(scholar-professional), 지위 유지 및 경제적 풍요를 추구하는 학습자(the status and wealth seeker), 무관심하고 적대적인 학습자(indifferent/hostile)로 구분하였다. 이 이해는 지식과 이해에 대한 내재적 동기, 지식의 유용성에 대한 외재적 동기, 그리고 사회·경제적 이득과 연계된 외재적 동기를 중심으로 학습자들을 구분하면서, 학습자의 내재적 및 외재적 동기의 중요성을 강조하고 있다. 이 중 네 번째 유형의 학습자는 현재의 교육 시스템에서 아주 빈번하게 발견되는 유형으로서, 신자유주의적 글로벌 사회의 도래와 함께 필요한 자격을 취득하기 위해 도구적으로 활용되고 있는 교육의 문제와 연계되어 있으며, 다섯 번째 유형의 학습자는 교육이 지닌 가치와 사회적·경제적 이익을 거부하는 유형으로, 이 또한 사회적 문제로 이어지는 문제점을 지니고 있다.[21] 이 유형의 이해는 학습자들이 사회의 경제적 발전과 더불어 지니게 되는 내재적 동기와 외재적 동기를 면밀히 살펴보고 학습자들의 사회·경제적 이득과 연계된 행동유형을 연구해야 할 필요성을 시사하고 있다.

이 같은 학습자에 대한 연구는 인종과 문화의 차이 및 사회적·경제적인 계층이 학습자 이해에 미치는 중요한 시사점을 제시하고 있다. 학습자들은 연령과 젠더의 차이뿐 아니라, 학습자들을 둘러싸고 있는 문화 및 사회·경제적 환경에 보다 밀접하게 영향을 받게 되며, 이는 다문화 사회와 신자유주의 글로벌 사회의 출현과 더불어 더욱 심화되고 있다. 학습자 이해에 있어 경제적 동기 및 주류 문화와의 관련성을 고려하여 더욱 세분화되고 다각적인 이해를 제공할 필요가 있다.

③ 세대 사이의 문화적 경험의 격차에 따른 학습자 이해

세대 간 차이에 대한 논의는 전통적으로 교육에 있어서 중요한 문제이며, 후속 세대에 대한 이해 역시 교육의 현장에서 필수적으로 논의되어야 할 부분이다. 세대 사회학의 관점에서 세대의 개념과 세대 간 갈등에 관한 문제들이 다양하게 다뤄지고 있지만, 이 저서에서는 교육과 연계된 교육학적 세대를 중심으로 다루려고 한다. 전상진에 의하면, 교육학적 세대는 2가지 관점에서 논의되고 있다. 전통적인 교육학적 세대 개념은 연령 서열과 교육적 세대 간의 일치성을 기반으로 교육하는 연장자와 교육받는 연소자의 관계를 중

심으로 하는 개념이다. 지식을 형성하고 문화를 창조하며 전통을 보존·전수하는 교육의 과정이 연장자 세대에 의해 진행되며, 연소자 세대는 연장자의 도움으로 부족함을 채우고 사회를 존속할 수 있게 된다는 것이다. 그러나 연장자가 수행했던 지식과 문화의 창조 그리고 전달의 역할이 점차 약화되고, 문화 창조와 전수가 연장자 세대가 아닌 동시대의 현재적 세대에 의해 진행되는 비중이 점차 늘어나면서 전통적 세대 개념에 대한 비판과 재정의가 요구되었다. 더 나아가서 연령 서열과 교육적 세대 관계가 역전되는 상황도 충분히 가능해지면서, 연령에 관계없이 지식 형성과 문화 창조의 위치에 따라 세대를 구분하는 새로운 교육적 세대 개념이 제기되고 있다는 것이다.[22]

이러한 세대 개념에 대한 논의는 학습자 이해에 중요한 시사점을 제공해주고 있다. 성서와 전통의 전수라고 하는 기독교교육의 주요한 교육목적을 설정하고 실시하는 과정에서, 연장자 세대와 연소자 세대의 관계를 정의하는 것은 필요하다. 전통적으로 연장자는 지식을 전달하고 연소자는 지식을 이어받는다는 면에서 세대 사이의 명확한 구분과 경계가 분명했다. 그러나 글로벌 사회가 진행되면서 전통적인 의미의 세대 구분을 통한 세대 관계는 점차 사회 전반에서 재조정되고 있다. 따라서 연령 만을 기반으로 하는 학습자 이해를 재정의해야 할 필요성이 있다. 즉 교사와 학습자 사이의 관계는 전수하고 이어받는 위계적 관계로만 이해될 것이 아니라, 지식의 형성과 문화 창출을 함께 이루어가는 지식의 형성자 그리고 문화의 창조자로 이해될 필요가 있다는 것이다. 평생 교육의 개념이 대두되면서, 학습자의 범위도 점차 성인을 포함한 전 연령으로 확대되고 있는 것을 고려할 때, 교사와 학습자 사이의 위계적인 관계를 넘어 세대 간의 차이를 극복할 수 있는 새로운 학습자 이해가 요구된다.

4) 신학과 철학의 통합적 학습자 이해: 탈인습적 이해

마지막으로 탈인습적 이해는 콜버그와 하버마스에 의해 제시된 용어인 탈인습적 단계와 몰트만의 삼위일체 신학의 하나님 공동체와의 비판적 상관관계에 의해 도출된 탈인습성(postconventionality) 개념을 토대로 저자에 의해 제시된 관계성, 평등성, 개방성에 근거한 학습자 이해이다. 탈인습적 이해는 후기 현대 사회와 글로벌 사회 속에서 새롭게 제기되고 있는 학습자 이해이다. 탈인습성의 개념을 토대로 각각 관계적 학습자, 평등적 학습자, 개방적 학습자를 살펴보면 다음과 같다.

먼저 탈인습성이란 일반적으로 인간의 발달과정에 있어 인습적인 단계를 넘어선 성숙의 단계를 지칭한다. 콜버그(Lawrence Kohlberg)에 의하면, 탈인습성이란 자율적·도덕적 원칙을 지니는 형태를 의미하며, 권위를 지닌 특정 집단이나 개인들의 통제로부터 벗어나 개인적이면서 자율적인 도덕적 타당성과 그 적용을 내포하는 원칙을 지니는 상태를 지칭한다. 이 개념은 길리건(Carol Gilligan)과 벨렝키를 위시한 4명의 여성 심리학자들에 의해 자율성과 상호관계성을 모두 포함한 새로운 탈인습성의 개념으로 발전하였다. 후에 하버마스는 특정 삶의 모습과 괴리된 도덕적 판단의 형태를 보이고 있는 콜버그의 관점에서 벗어나 관계성의 중요성을 다시 한번 강조하였다. 철학적 관점에서 하버마스에 의해 제시된 탈인습성은 먼저 상호주관적인 절차적 담론의 과정을 강조한다는 점에서 상호주관성과 개방성을 기반으로 하고 있다.

신학적 관점에서, 위르겐 몰트만(Jürgen Moltmann)은 삼위일체론에 관한 카파도키아인의 논의로부터 많은 영향을 받아 신적 공동체(divine community)라는 새로운 개념을 제시했다. 여기서 신적 공동체란 성부·성자·성령의 공동체를 의미하는 것으로서, 그들 사이에는 공유적 내재(mutual indwelling)와 상호호혜적 교류(reciprocal interpenetration)라는 특징을 지닌 공동체적 일치성을 함유한다고 기술된다. 이러한 공동체적 일치성을 가리키는 용어로서는 그리스어인 페리코레시스(*perichoresis*)가 사용되는데 이는 삼위의 신 각 개체 사이에서 상호적 관계를 맺고 있는 독특한 방식을 지칭하는 용어이다. 즉 페리코레시스란 삼위의 각각은 그 자신만의 고유한 특징을 유지하면서도 삼위 중 다른 둘에 의해 영향을 받고 또한 영향을 주는 신적 공동체란 것이다. 이 같은 삼위일체론과 그에 관한 최근의 논의를 통해 인습적 신관과 구별되는 관계성·평등성·개방성을 특징으로 하는 탈인습적 신관을 추론할 수 있다. 달리 서술하여, 삼위일체에 관한 탈인습적 이해는 인습적 형태의 기독교적 인간관에 지대한 영향을 주며, 다양한 형태의 개성을 지니면서도 이와 동시에 공통적인 목적을 함께 지향하는 인간공동체의 바람직한 형태를 규정하는 데 도움이 된다는 것이다.[23]

하버마스에 의해 제시된 탈인습적 단계와 몰트만에 의해 제시된 삼위일체론의 비판적 연계를 통해 탈인습적 학습자의 개념이 도출될 수 있으며, 탈인습적 학습자란 관계성, 평등성, 개방성의 개념을 기반으로 다음과 같이 정의된다.

① 관계적 학습자 이해

먼저 관계적 학습자(relational learners)는 자신과 타인 사이의 상호주관적 관계들로부터 형성되는 학습자 이해로서, 고립된 분화 과정 혹은 타인과의 분리 상태에서 형성되기보다는 타인과의 지속적인 상호주관적 관계를 통해 점진적으로 형성되는 학습자를 의미한다. 하나님에 대한 경험과 교회공동체에 관한 이해를 선행 조건으로 삼고 있는 관계적 학습자란 세상 및 인간과 밀접한 관련성을 지니는 하나님에 대한 설명을 통해, 그리고 각 개인의 한계성을 인정하고 공동체 속에서의 상호참여적 삶으로써 그 한계를 극복하려는 인간에 대한 서술을 통해 발견할 수 있는 학습자로서의 특징을 지칭한다.

급변하는 사회적 변화와 개인주의화된 사회 속에서 살고 있는 기독교인들에게 요청되는 형태는 관계적 특징이라 할 수 있는데, 이는 타인과의 상호주관적인 관계를 통해 기독교인으로서의 일관성과 지속성을 유지할 수 있는 인격 체제(personality system)의 확립에 도움을 주는 필요요건이다. 요약하여, 관계적 학습자 이해란 자신과 타인 사이의 상호주관적(intersubjective) 관계들로부터 형성되는 학습자로서, 고립된 분화(differentiation) 과정 혹은 타인과의 분리(separation) 상태에서 형성되기보다는 타인과의 지속적인 상호주관적 관계를 통해 자신의 한계를 넘어서며, 더 나아가 참여적 삶 속에서 타인과 공유하는 공통적 요소를 발견할 수 있는 학습자를 의미한다.

② 평등적 학습자 이해

평등적 학습자(equal learners)는 21세기의 사회에서 살고 있는 이들에게 요청되는 다양한 역할들을 분석하고, 그 다양한 역할들 사이의 균형과 통합을 위하여 특정의 기능을 스스로 통제하며 평등한 관계를 형성할 수 있는 주체적인 형태의 학습자 이해를 의미한다. 몰트만은 그의 삼위일체론의 논의에서 평등성의 개념을 다음의 두 가지로 설명하고 있다. 즉 인간사회에서 발견되는 불평등의 반대 개념인 평등성 그리고 신적 공동체에서 노출되고 있는 삼위의 하나님 사이의 평등성이라는 개념이 그것이다. 또한 평등성이란 구조적인 분화를 통한 다양한 체제의 공존으로부터 발생 되는 다양한 사회의 요구에 대응할 수 있는 자아의 능력을 지칭한다.

이 관점에서 강조되는 평등적 학습자란 각 인간의 개별성을 존중하면서도 이와 동시에 타인과의 공유적 삶을 평등하게 유지하는 자아를 그리고 타인을 억누르거나 굴복시키려 하기보다는 서로를 존중해야 할 당위성을 스스로 인정하는 유형의 학습자이다. 교회의 기능이 점차 공적인 영역으로부터 좁혀져 사적인 영역으로 제한되는 21세기의 사회 속에서 평등적 학습자는 다양한 형태의 자아개념에 관한 폭넓은 이해 그리고 서로 상반되는 자아개념을 존중하면서도 이에 대해 비판적으로 성찰할 수 있는 학습자 이해를 포함하고 있다.

③ 개방적 학습자 이해

마지막으로 개방적 학습자(learners with open mind)는 비교적 평등하고 개방적인 대화를 통해 자신의 관점과 타인의 관점을 비교하고 성찰할 수 있는 학습자를 지칭한다. 이 유형의 학습자는 다양한 이데올로기 사이의 분티와 적대 현상, 그리고 다양한 문화 사이의 파생되는 편협적인 갈등 현상을 넘어서서, 대화의 과정을 통해 자신과 타인 사이의 개방적인 관계를 형성함으로써, 그 결과 적대 현상과 갈등 현상을 극복할 뿐 아니라 더 나아가 그 들 사이의 변증법적 통합까지를 기대할 수 있는 수준의 인식 능력을 지닌 학습자 이해를 포함한다. 특히 모든 인간은 개방적 성례전(open communion)을 통해 신적 공동체에 참여하도록 요청받고 있다는 새로운 명제를 제시한 몰트만은 인간을 향하신 하나님의 사랑이라는 하나님의 개방성을 예시하였다. 또한 개방적 학습자는 자신과 타인 사이의 상호주관성을 인정하는 사회생활에서의 대화를 그 필요조건으로 삼아야 함을 암시하고 있다.

이렇게 볼 때, 개방적 학습자는 기독교교육의 참여자인 모든 인간에게 필수적으로 요청되는 하나님과 인간 사이, 인간과 인간 사이 그리고 인간과 자연 사이의 개방적 대화 및 그에 대한 성찰의 필요성을 강조하는 맥락에서 구성된 개념이며, 이러한 개방성의 개념은 특히 다원화되고 세계화된 사회 속에서 필수적으로 요청되는 기본 요소라 볼 수 있다.[24]

이 같은 관계적, 평등적, 개방적인 특징을 지닌 탈인습적 학습자는 먼저 그들 자신의 신앙과 생각을 동등한 입장에서 제시할 수 있으며, 또한 타인에 의해 제시된 관점을 자신의 관점으로 바꾸어 생각해 볼 수 있는 능력을 지니고, 뿐만 아니라 자신의 견해와 다른 입장에서 제시된 여러 가지 주장에 대해 개방적인 태도를 취할 수 있는 성숙한 인간이라고 정의할 수 있다.

위에서 제시한 다양한 형태의 학습자 이해를 표로 제시하면 다음과 같다.

[표 7] 학습자 이해

<table>
<tr><th>신학적
학습자 이해</th><th>심리학적
학습자 이해</th><th>사회심리학적
학습자 이해</th><th>신학과 철학의
통합적 학습자 이해:
탈인습적 이해</th></tr>
<tr><td>• 하나님의 이미지를 부여받은 학습자</td><td>• 구조주의적 관점의 학습자
• 정신분석학적 관점의 학습자</td><td>• 남성과 여성 학습자</td><td>• 관계적 학습자</td></tr>
<tr><td>• 죄인으로서의 학습자</td><td>• 분석심리학적 관점의 학습자</td><td>• 인종과 문화의 차이 및 계층의 문화적 차이에 기반을 둔 학습자</td><td>• 평등적 학습자</td></tr>
<tr><td>• 통합적·역설적 관점의 학습자</td><td>• 구성-발달주의적 관점의 학습자</td><td>• 세대 사이의 문화적 격차에 따른 학습자</td><td>• 개방적 학습자</td></tr>
</table>

기독교교육은 근본적으로 성숙한 신앙인의 형성을 그 목적으로 하고 있으나, 성숙한 신앙인에 대한 이해가 특정한 일부 관점으로만 형성될 경우 교리적이며 독단적인 학습자 이해로 이어질 수 있다. 따라서 학습자에 대한 신학적, 심리학적, 사회심리학적 및 신학과 철학의 통합적 이해를 기반으로 하는 기독교교육은 다음의 몇 가지 과제를 전제로 하여 진행될 필요가 있다. 곧 각 개인이 속해 있는 전통과 문화 속에 내포된 가치와 규범을 비판할 수 있는 학습자, 이러한 비판적 성찰을 기반으로 21세기 글로벌 사회에 필요한 도덕적 규범을 새로운 형태로 재구성할 수 있는 학습자, 자신의 관점과 구별되는 타인의 관점을 존중하고 이해하려고 노력하는 학습자, 그리고 기독교적 전통을 단순히 수용하고 전수하는 데 머무는 것이 아니라 시대적 변화에 적절히 대응할 수 있도록 적절히 변형할 수 있는 능동적 창조적 학습자를 상정하고 이를 교육하는 데 많은 관심을 기울일 필요가 있다는 것이다.

2. 기독교교육의 교사

기독교교육의 교사가 마땅히 지녀야 할 신앙 상태나 자격에 관해서는 이미 널리 알려져 있으나, 기독교교육의 교사는 과연 어떠한 지식과 정보를 지니고 있어야 하며, 그에 의해서 수행되어야 할 기능은 과연 어떠한 것인지를 살펴보려는 연구는 20세기 중반부터 보다 엄밀하게 진행되었다. 일반적으로 기독교교육의 교사는 성서의 내용을 체계적으로 소개하고 전달하는 역할을 지닌다고 알려져 왔다. 그러나 교사는 단지 전통적 역할 및 기능뿐 아니라 21세기에 요청되는 다양한 기능을 수행해야 하며, 전등적인 형태의 교사상이 아닌 글로벌 사회에 필요한 새로운 교사가 필요하다는 시대적 과제가 대두되고 있다.

1) 교사의 자질

교사에 관해 논의할 때 가장 많이 제기되는 것은 교사의 자질 문제이다. 그러나 일반적인 학교 교육과는 달리, 기독교교육은 교회의 상황에 맞춰 교사 수급이 이루어지기 때문에 특별히 교사의 자질을 논의한다는 것은 쉽지 않은 문제이다. 그럼에도 불구하고, 최근 글로벌 사회는 교육 현장에서 필요로 하는 새로운 형태의 교육 리더십을 요청하고 있으며, 교사에 대한 최근의 연구를 통해 많은 학자들이 다양한 유형의 교사상을 제시하고 있는 현실이다.

코틀러(Jeffrey A. Kottler), 젬(Stanley J. Zehm)과 코틀러(Ellen Kottler)는 이상적인 교사의 자질로 6가지 유형을 제시하고 있다.[25] 그들에 의하면, 이상적인 교사는 먼저 카리스마를 지닌 인물로서, 교과 내용을 제시하는 과정 가운데 자신의 개성(personality)을 나타낼 수 있는 교사이다. 여기서 카리스마란 교사가 실행하고 있는 과업에 있어 학습자가 흥미를 가질 수 있도록 돕는 것으로 교사의 열정이 전달될 수 있도록 하는 능력이다. 두 번째 자질은 연민(compassion)으로서 공식적으로 전달되는 학습 내용을 넘어서 교사가 학습자들에게 제공하는 지원과 돌봄의 자질이며, 학습자들로 하여금 자존감을 형성하도록 돕는 교사의 특질이다. 세 번째는 평등주의적 자질(egalitarianism)로서 학습자들이 도덕적 사고를 형성하는 데 도움이 되는 공평함을 드러내는 것이다. 교수과정은 내재적으로 도덕적 행위라는 특징을 지니고 있으므로, 학습자들이 타인을 존중하고 공평한 태도로 서로를 대할 수 있는가를 배우는 과정이 바로 이 교사의 자질과 밀접한 관련이 있다는 것이다. 네 번째로 다양한 학생들과 함께 일할 수 있는 능력도 교사의 자질에 포함되는데, 특수한 요구(special needs)를 지닌 학습자들을 위해 교육과정을 수정하고 적절히 변용시키는 것과 상황에 따라 각기 다른 전략과 평가를 실시할 수 있는 능력도 바로 다양한 학생들과 함께 일하는 데 필요한 교사의 자질에 포함된다. 다섯 번째 자질은 젠더와 관련된 문제이다. AAUW(American Association of University Women)에 의해 진행된 1990년대의 연구는 여학생과 남학생이 교사에 의해 각기 다른 취급을 받고 있다는 것을 밝혀냈다. 즉 남학생들은 교사로부터 더 많은 관심을 받고 있는데, 여기서 관심은 더 많은 비판, 칭찬, 그리고 피드백이다.[26] 교사는 이러한 젠더의 문제에 대해 보다 세심한 관심을 기울이고 교육 현장 속에서 자신의 편견과 선입견을 성찰해 보며 다양한 성향의 젠더에 대해 민감성을 지녀야 한다는 것이다. 마지막으로 교사가 지녀야 할 여섯 번째 자질은 유머 감각이다. 교사의 직무는 학습자를 가르치는 것뿐 아니라 그들로 하여금 학습에 관심을 갖도록 돕는 것이라고 볼 때, 유머 감각은 교사의 직무를 수행함에 있어 도움을 주는 중요한 자질이라고 평가된다. 위에서 제시한 교사의 자질 외에도 교육 현장에서 요구되는 몇 가지 특징이 더 제시되고 있는데, 코틀러, 젬과 코틀러는 영리함, 창조성, 정직 그리고 감정적 안정감(emotional stability), 인내, 도전 의식, 새로움(novelty), 그리고 학생에 대한 관심 등을 들고 있다.[27]

펜스터마허(Gary D. Fenstermacher)와 솔티스(Jonas F. Soltis)에 의하면, 교사는 크게 3가지의 자질을 지니고 있다고 보았다. 그 중 첫 번째는 복잡한 교실의 과정을 전문적으로 다루면서 학습자로 하여금 가능한 기술과 기법을 사용할 수 있도록 하며 이를 통해 성공적 결과를 이끌어내는 경영인(executive)으로서의 교사, 둘째는 학습자의 경험에 관심을 두며 자기실현을 할 수 있도록 돕는 촉진자(facilitator)로서의 교사, 셋째는 학습자의 마음을 자유롭게 하며 도덕적으로 성숙하고, 전인적 인간으로 성장할 수 있도록 보조하는 해방자(liberationist)로서의 교사이다.[28]

교사가 된다는 것은 슈퍼맨이 되는 것은 아니다. 타인을 가르치는 직무는 결코 쉬운 것이 아니며, 위에서 제시한 것처럼 다양한 자질과 성품을 끊임없는 노력을 통해 성취해야 하는 것이 교사의 길이라고 볼 수 있다. 기독교교육의 현장은 학교 교육에서 요구되는 일반적 자질 외에도 하나님에 대한 지식과 영성 등 보다 복합적인 자질을 요구한다고 볼 수 있다. 비에스타(Gert Biesta)와 해남(Patricia Hannam)은 그들의 논문 "Religious Education and the Return of the Teacher"에서 교조주의적인 교사(teacher-indoctrinator)와 촉진적인 교사(teacher-facilitator) 사이의 이분법적인 이해로부터 벗어나 학습자들의 존재론적 가능성을 열어주고 사회 속에서의 종교적인 존재로서 새롭게 살아가도록 돕는 교사 그 자체로의 귀환을 강조하고 있다.[29] 또한 로버트 파즈미노(Robert W. Pazmino)에 의하면, 삶에 대한 가장 궁극적인 질문은 타인과의 관계 그리고 하나님과의 관계를 통해 보여진다는 것이다. 즉 하나님의 계시는 교육의 출발점이 된다는 것을 의미한다.[30] 일반 교육의 현장에서 교사가 된다는 것이 삶의 방식(a way of life)이라면[31] 기독교교육의 교사가 된다는 것은 삶과 삶 이외의 삶을 모두 통합하는 방식을 통해 끊임없이 하나님께로 나아가는 과정을 필요로 한다.

2) 교사의 기능

신자유주의의 영향과 더불어 글로벌 사회로 진입하면서 사회는 경제적 이익을 추구하려는 것이 학습자의 목표이며 이를 지원하고 돕는 것이 교사의 기능인 것으로 인식하는 도구적 관점이 더 강조되고 있다. 이에 따라 학교는 공장의 기능을 수행하고 교사는 관료적이며 합리적 기능을 수행해야 한다는 현대 사회의 압력은 점차 강해지고 있다. 즉 교사는 변화의 대변자로서 학습자를 변형시키려는 도덕적 역할을 수행하는 존재라기보다는, 교육과정에 따라 지식을 전수하고 상부로부터 내려온 규칙과 절차에 복종하며 이를 학습자들에게 강요하는 기능적 인간(technician)이기를 강요받고 있다는 것이다.[32] 반면 와이머(Maryellen Weimer)는 그의 저서 *Learner-centered Teaching*에서 교사의 가장 주요한 기능은 학습자들의 학습 노력을 촉진시키고 지원하는 것이라고 보았다. 그는 학습자 중심의 교수를 통해 심오하고 지속적인 학습을 촉진할 수 있도록 학습자로 하여금 참여하게 하는 것이 교사의 주요 역할이며 기능이라고 주장하면서, 가이드, 원예사, 코치, 마에스트로(maestro), 산파와 같은 촉진자로서의 역할과 기능을 지닌 교사상을 제시하였다.[33]

또한 라인스(Timothy Arthur Lines)는 그의 저서 *Functional Images of the Religious Educator*에서 여러 가지 기능 중 어느 하나만을 선택하는 것이 아니라 교사가 지녀야 할 기능을 다음의 10가지로 서술하고 있다. 그 기능을 잠시 나열하면, 기독교교육의 교사는 ① 부모, ② 훈련지도자(코치), ③ 과학자, ④ 비판가, ⑤ 작가(story teller), ⑥ 예술가, ⑦ 미래에 대한 전망을 제시하는 예언자(visionary), ⑧ 개혁자(revolutionary), ⑨ 상담치료자, ⑩ 목회자의 기능을 수행해야 만이 바람직한 기독교교육의 결과를 이끌어낼 수 있다고 지적하고 있다. 이 10가지 중 상당 부분은 이미 잘 알려져 있으나, 그 중 몇 가지는 우리로 하여금 기독교교육의 교사가 준비해야 할 항목에 관한 새로운 시사점을 보여준다고 볼 수 있다.[34]

그 중 하나는 이른바 과학자라고 부르는 기능이다. 여기서 과학자란 자연 현상을 연구하는 사람이 아니라, 학습자들의 행동을 지속적으로 관찰하면서 그들에게 어떠한 환경을 새롭게 제공해야 만이 변화가 생겨날 수 있을지 그 원인과 결과를 분석하려는 기능을 지닌 사람이다.[35] 예를 들어, 앞서 서술한 바와 같이 신앙(faith)은 단순히 무엇을 믿는 것이 아니라, 하나님과 그리스도에 관한 지적인 신념(belief), 신뢰적 관계(trust), 행동적 실천(action), 그리고 역설적 신비(mystery)라는 네 가지 부분 요소가 함께 갖추어지게 될 때야 비로소 얻게 되는 결과이다. 이러한 신앙개념을 새롭게 인식한 교사들은, 그 중 어느 한 부분만을 강조하는 입장에서가 아니라 이 4가지 차원 모두를 중요시하는 시각에서 학생들의 신앙 상태를 관찰한 뒤, 과연 어느 한 학생의 신앙에 부족함이 있다면 그것이 무엇인지를 위 4차원 중 어느 항목이 부족한지를 과학적으로 살펴볼 필요가 있다는 것이다. 또한 그 학생이 위 4차원의 신앙 중 어느 부분이 부족할 경우 그 이유가 강의 방법이 잘못되었기 때문인지 아니면 강의의 내용이 적절하지 않거나 혹은 그 학생의 환경에 대한 교사의 이해가 부족했는지를 비판적으로 살펴보며 그 문제점을 해결할 필요가 있다는 것이 곧 '과학자'로서의 교사라는 기능을 말하는 것이다. 바로 이 점에 있어, 한국 교회 현장의 교사들은 주일날 단순히 10여 분 동안의 강의를 통해 기독교를 소개하고 기독교적 삶을 전수할 수 있다고 간주하는 태도로부터 벗어나서, 학습자를 면밀히 관찰하고 부족한 면을 채울 수 있는 다양한 기능을 수행하는 교사의 역량을 강화해야 하는 필요성이 제기된다.

물론 기독교교육의 교사는 무엇보다 자신의 신앙 상태가 하나님 보시기에 합당해야 하며, 끊임없는 기도 생활을 하는 신앙인으로 제시될 필요가 있다. 그러나 교사 교육의 현장에서 각 교사의 신앙 상태 이외의 요건들, 예를 들면, 학생 심리의 이해에 필요한 지식 및 학생의 환경을 이해하는 데 요청되는 관찰 방법을 제대로 터득하지 못하는 교사들을 흔히 발견하게 된다. 이 점에 있어 한국의 교회학교는 교사의 신앙 상태는 물론, 구체적으로 학생들을 관찰하고 도울 수 있는 능력과 관계된 자질과 다양한 기능을 수행할 수 있는 교사 양성을 위한 교육에 더 많은 관심과 투자를 기울여야 할 것이다.

교사의 기능과 관련하여, 한 가지 더 첨가할 수 있는 내용은 강희천에 의해 제시된 해석자로서의 교사라는 기능이다.[36] 교회학교 교사는 무엇보다, 앞서 부활한 예수님께서 엠마오 도상의 두 제자에게 보이셨던 실천적 교육 방법을 터득할 필요가 있는데, 바로 이 점이 21세기 글로벌 사회 속의 교회교육에서 특별히 요청되는 항목으로 생각된다. 오늘날의 학습자는 과거와는 달리 학교의 교사나 부모 혹은 교회학교의 교사만을 통해 지식이나 정보를 획득하는 것이 아니라, 오히려 인터넷이나 영상매체를 통해 훨씬 더 많은 지식이나 정보를 획득하고 있으며, 시간의 흐름에 따라 이 같은 추세는 더욱 가속될 전망이다. 일부 교회학교 교사들이 착각하는 현상 중 하나는 교회학교의 학생들이 주일날 분반 공부 시간 그들의 모든 머리를 흰 종이로 비워놓고 교사에 의해 그 흰 종이가 채색될 것으로 간주하고 있는 점이다. 그러나 사실에 있어, 교회에 참석한 대다수의 학생들은 흰 종이가 아닌 이미 여러 가지 색깔로 채색된 정보와 더불어, 그날 배운 기독교교육의 지식과 정보를 합성하고 있다는 것이다. 바로 이점에 있어, 기독교교육의 교사는 학습자들로 하여금 그들이 수용한 수많은 정보를 '기독교적'으로 해석하고 분류함으로써, 버려야 할 정보와 간직해야 할 정보를 그리고 지지해야 할 가치관과 비판해야 할 가치관을 스스로 구별하고 해석할 수 있는 능력을 갖추도록 돕는 새로운 기능을 지녀야 한다. 엠마오 도상의 예수님께서 긴 시간 그들과 함께 하시면서, 그 제자들이 스스로 깨닫도록 기다리시는 인내, 그리고 치밀하게 계획된 절차에 따라 그 제자들에게 깨달음을 제공하신 모습과 방법을 습득하여, 한국 교회학교 교사는 기독교교육의 주체적 인간이 될 수 있는 능력과 지식 그리고 이를 준비하는 신앙이 요청된다고 하겠다.

3. 글로벌 사회의 학습자와 교사: 디지털 세대

21세기로 접어들면서, 많은 수의 교육학자들은 새로운 디지털 세대에 대한 저서들을 출간하기 시작했다. 그들은 현존하는 교육 시스템이 디지털 온라인 세계에 의해 영향을 받고 있는 디지털 세대에 적합하게 구성되지 않았다고 비판하고 있다. 탭스콧(Don Tapscott)에 의하면, 지금 활용되고 있는 교육모형은 적어도 100여 년 전의 산업 시대 모형을 그대로 답습하고 있다는 것이다.[37] 여기서 디지털 세대 혹은 넷 세대(net generation)란 새로운 디지털 환경에서 자라나 이전 세대와는 근본적으로 다른 방식으로 생각하고 의사소통하는 세대이다. 사회화 이후에 디지털 사회를 경험한 디지털 이민자(digital immigrants)와는 대조되는 개념이다.[38] 디지털 세대는 순간적인 속도(twitch speed), 멀티태스킹(multitasking), 비순차적 접근(random access)에 능하며, 병렬적으로 일을 처리하는 능력과 대인 연결성(interpersonal connectivity)에서도 높은 수준을 보이고 있다.

디지털 시대의 다양한 교육환경은 디지털 세대로 하여금 이전 세대와는 다른 정보처리 능력을 가능하게 했으며, 이 세대의 두뇌는 새로운 경험에 대응하는 방식의 변화를 이끌어냈다는 것이다. 이러한 변화는 또한 전통적으로 중요하게 간주하는 능력의 미비도 동반하였는데, 디지털 세대는 면대면으로 진행되는 인간의 상호작용이나 복잡한 논의를 유지하고 따라가는 데 어려움을 보인다는 것이다. 뿐만 아니라, 멀티태스킹을 진행하는 과정에서 과제와 과제 사이에서 집중력을 상실하는 순간이 생김으로써 전체적인 과제를 수행하는 시간이 더 길어질 수 있다는 것이다.[39]

이러한 디지털 세대를 교육하는 기독교교육의 교사들은 과연 어떠한 태도를 가져야 하는가? 대다수의 교사는 디지털 이민자이거나 디지털에 익숙하지 않은 세대에 속해 있다. 대부분의 시간을 디지털 세계에서 생활하는 학습자와는 달리, 교사들은 순차적이고 논리적인 사고에 익숙하며 정보를 축적하며 전달하는 데 익숙하다. 그럼에도 불구하고, 교사들은 더 이상 지식의 보고가 아니며, 이제는 인터넷이 지식의 보고(fountain of knowledge)가 되고 있다.[40] 이안 쥬크스, 테드 맥케인과 리 크라켓(Ian Jukes, Ted McCain, and Lee Crokett)에 의하면, 교사들은 더 이상 존재하지 않는 세계를 위해 학습자들을 준비시키고 있다. 즉 교사들에 의해 전달되는 다수의 지식이 그들이 세상에 나갈 즈음에서는 더 이상 필요 없는 지식이 될 수도 있다는 것이다.[41] 인공지능 시대가 열리면서, 많은 미래 학자들은 기존에 있던 직업이 사라질 수 있다는 전망을 내리고 있다. 정보를 수집하고 열거하는 형태의 직업은 인공지능의 발달과 더불어 사라질 수 있는 가능성을 충분히 지니고 있다는 것이다. 인공지능 시대에 필요한 능력은 정보와 지식을 암기하고 나열하는 것이 아니라, 정보를 분석하고 그 중요성을 결정하여 문제를 해결하는 데 도움을 주는 고차원적 사고이다. 교사는 이 같은 시대의 필요성을 파악하고 학습자의 새로운 학습 능력을 이해해야 하며, 이를 기반으로 디지털 시대에 연계된 교수-학습모형을 제시할 필요가 있다.

제6장 기독교교육의 학습자와 교사: 누가 WHO

1 Erik H. Erikson, *Childhood and Society* (Harmondsworth: Penguin Books, 1965), 247-274; *Young Man Luther: A Study in Psychoanalysis and History* (New York: Norton, 1962); C. G. Jung, *Memories, Dreams, and Reflections*, edited by Aniela Jaffe and translated from the German by Richard and Clara Winston (New York: Pantheon Books, 1963); C. G. Jung, P*syche and Symbol: A Selection from the Writings of C. G. Jung*, translated by R. F. C. Hull and selected and introduced by Violet S. de Laszlo (Princeton, NJ: Princeton University Press, 1991), 3-71.

2 Burgess, *An Introduction to Religious Education*, 80-83; Ian P. Knox, *Above or Within?: The Supernational in Religious Education* (Mishawaka, IN: Religious Education Press, 1976), 80-114.

3 Burgess, *An Introduction to Religious Education*, 48-50; Knox, *Above or Within?*, 52-79.

4 Burgess, *An Introduction to Religious Education*, 116-119; Knox, *Above or Within?*, 115-147.

5 Vladimir Propp, *Morphology of the Folktale* (Austin & London: University of Texas Press, 1968), 26-65; 프로프에 의해 제시된 31가지의 기능은 다음과 같다. 1) absentation (자리를 비움), 2) interdiction (차단), 3) violation (위반) 4) reconnaissance (정찰) 5) delivery (전달), 6) trickery (사기), 7) complicity (공모), 8) villainy (악행), 8-a) lack (결핍), 9) mediation (중개), 10) beginning (시작), 11) departure (출발), 12) 1st function of donor (증여자의 첫 번째 기능), 13) hero's reaction (남자주인공의 반응), 14) magical agent (마법의 도구/대리인), 15) transference (이동), 16) struggle (갈등), 17) hero branded (남자주인공이 낙인이 찍힘), 18) victory (승리), 19) lack liquidated (결핍이 해결됨), 20) return (귀환), 21) chase (추적) 22) rescue (구출), 23) unrecognized (알아보지 못함), 24) unfounded (발견되지 않음), 25) difficult task (어려운 과제), 26) solution (해결), 27) recognition (알아봄), 28) exposure (알려짐), 29) transfiguration (변신), 30) punishment (처벌), 31) wedding (결혼).

6 Propp, *Morphology of the Folktale*; E. K. Maranda and P. Maranda, *Structural Models in Folklore and Transformational Essays* (The Hague: Mouton, 1971), 24-37.

7 James W. Fowler, *Stages of Faith: The Psychology of Human Development and the Quest for Meaning* (New York: HarperSanFrancisco, 1981), 217-268.

8 Erikson, *Childhood and Society*, 277-358.

9 Erik H. Erikson, *Young Man Luther: A Study in Psychoanalysis and History* (New York: Norton, 1962), 58-74.

10 Ibid.; Roland H. Bainton, "Psychiatry and History: An Examination of Erikson's Young Man Luther," *Religion in Life* vol. 40, no. 4 (August 1971): 450-478.

11 Ana-Maria Rizzuto, *The Birth of the Living God: A Psychological Study* (Chicago: The University of Chicago Press, 1979) 참조.

12 한 개인이 지니는 개인적 무의식은 한 개인의 삶을 통해 축적되지만, 집단적 무의식은 초기 단계부터 존재하는 변하지 않는 원형으로, 그림자, 아니마, 아니무스와 같은 형태로 나타난다. C. G. Jung, *Psyche and Symbol,* 3-71; C. G. Jung, *Memories, Dreams, and Reflections*, edited by Aniela Jaffe and translated from the German by Richard and Clara Winston (New York: Pantheon Books, 1963).

13 칼 융, 『영혼을 찾는 현대인: 인생의 길을 제시하는 칼 융의 에세이들』, 김세영 역 (서울: 부글북스, 2014) 참조.

14 Ann Belford Ulanov, *The Feminine in Jugian Psychology and in Christian Theology* (Evanston, IL: Northwestern University Press, 1971), 85-136.

15 Robert Kegan, *The Evolving Self: Problem and Process in Human Development* (Cambridge, MA: Harvard University Press, 1982), 46-110; "There the Dance Is," in *Toward Moral and Religious Maturity: The First International Conference on Moral and Religious Development*, edited by Christiane Brusselmans (Morristown, NJ: Silver Burdett Company, 1980), 403-440.

16 Robert Kegan, *Evolving Self*, 73-77; 김현숙, 『탈인습성과 기독교교육』, 232.

17 Kegan, *In Over Our Heads*, 266-270; 김현숙, 『탈인습성과 기독교교육』, 232-

234.

18 김현숙, 『탈인습성과 기독교교육』, 156-157; 233-234.

19 Mary F. Belenky, Blythe Clinchy, Nancy R. Goldberger and Jill M. Tarules, *Women's Ways of Knowing* (New York: Basic Books, 1986), 35-152; Janet L. Surrey, "Relationship and Empowerment," in *Women's Growth in Connection*, edited by Judith V. Jordan et al. (New York: The Guilford Press, 1991), 166-180; Mary Ellizabeth Mullino Moore, "Feminist Theology and Education," in *Theological Approaches to Christian Education*, edited by Jack L. Seymour and Donald E. Miller (Nashville, TN: Abingdon Press, 1990), 63-82; 김현숙, 『탈인습성과 기독교교육』, 92-101.

20 John U. Ogbu, "Understanding Cultural Diversity and Learning," in *Contemporary Issues in Curriculum*, edited by Allan C. Ornstein and Linda S. Behar (Needham Heights, MA: Allyn and Bacon, 1995), 349-367.

21 David P. Ericson and Frederic S. Ellett, Jr., "The Question of the Student in Educational Reform," *Education Policy Analysis Archives* vol. 10, no. 31 (July 2002): 1-30; Thomas J. Sergiovanni, Paul Kelleher, Martha M. McCarthy, and Frances C. Fowler, *Educational Governance and Administration*, 6th edition (Boston: Pearson, 2009), 155-160.

22 전상진, "세대사회학의 가능성과 한계: 세대 개념의 분석적 구분," 「한국인구학」 제25집, 제2호 (2002): 193-230; 박재흥, 『세대 차이와 갈등: 이론과 현실』 (경남: 경상대학교출판부, 2017), 23-26.

23 Jürgen Moltmann, *History and the Triune God: Contribution to Trinitarian Theology*, translated by John Bowden (New York: Crossroad, 1992); *The Trinity and the Kingdom: The Doctrine of God*, translated by Margaret Kohl (Minneapolis: Fortress Press, 1993); 김현숙, 『탈인습성과 기독교교육』, 60-78.

24 김현숙, 『탈인습성과 기독교교육』, 75-76; 238-240.

25 Kottler, Zehm, and Kottler, *On Being a Teacher*, 7-22.

26 American Association of University Women eds., *How Schools Shortchange*

Girls: The AAUW Report, A Study of Major Findings on Girls and Education (New York: Marlowe & Company, 1995); *Gender Gaps: Where School Still Fail Our Children* (New York: Marlowe & Company, 1998).

27 Kottler, Zehm, and Kottler, *On Being a Teacher*, 17-22.

28 Gary D. Fenstermacher and Jonas F. Soltis, *Approaches to Teaching*, 5th edition (New York: Teachers College, Columbia University, 2009), 1-10.

29 Gert Biesta and Patricia Hannam, "Religious Education and the Return of the Teacher," *Religious Education* vol. 111, no. 3 (June 2016): 239-243.

30 Robert W. Pazmino, *God our Teacher: Theological Basics in Christian Education* (Grand Rapids, MI: Baker Academic, 2001), 9-14.

31 Ibid., 23.

32 Sergiovanni, Kelleher, McCarthy, and Fowler, *Educational Governance and Administration*, 157-159.

33 Maryellen Weimer, *Learner-centered Teaching: Five Key Changes to Practice* (San Franciso: Jossey-Bass, 2013), 59-62.

34 Timothy A. Lines, *Functional Images of the Religious Educator* (Birmingham, AL: Religious Education Press, 1992), 31-36; 53-510.

35 Ibid., 141-181.

36 강희천, 『기독교교육사상』, 133-171.

37 Tapscott, *Grown Up Digital*, 122.

38 Ibid., 9-21; 이호영·고흥석·이윤석·김석호·허명회, 『디지털 세대와 베이비붐 세대 비교 연구』 (과천: 미래창조과학부, 2013), 31.

39 Jukes, McCain, and Crockett, *Understanding the Digital Generation,* 2-4; 22.

40 Tapscott, *Grown Up Digital*, 126.

41 Juke, McCain, and Crokett, *Understanding the Digital Generation*, 60.

VIII

기독교교육의 평가 및 행정: 언제·어디서 WHEN & WHERE

1. 기독교교육 평가

1) 교육 사정

2) 체제 이론

2. 기독교 교육행정

1) 교육행정 이론

2) 기독교 교육행정의 과제

3. 글로벌 사회의 기독교교육 평가 및 행정

VII

기독교교육의 평가 및 행정: 언제·어디서 WHEN & WHERE

1. 기독교교육 평가

모든 교육 활동은 그 시행 자체로 종료되는 것이 아니라, 그 본래의 목적이 성취되었는지를 평가하는 절차를 필요로 한다. 여기서 평가란 결정을 내리기 위해 자료를 수집하여 목적이 성취되었는지를 확인하는 과정을 의미한다. 보다 구체적으로 서술하여, 평가란 교육 활동의 질(quality), 효율성, 프로그램의 가치, 결과, 과정, 목적(objective)에 대한 보다 형식적인 결정이라고 정의될 수 있다.[1] 평가의 가장 중요한 목적은 학습자의 성취도를 증진시키려는 것으로서, 이는 관련 정보를 제공하여 교사로 하여금 보다 나은 교육적 결정을 내리도록 돕는 기능과 학습자들이 자신에 대한 보다 객관적인 이해를 통해 미래를 위한 결정을 내리는데 도움을 주는 기능을 포함하고 있다.[2] 교회 교육이 아닌 일반 학교 교육이나 기업체에서는 무엇보다도 본래의 목적이 성취되었는지를 살펴보는 평가제도가 확립되어 실시되고 있음에 반해, 교회 교육 혹은 기독교교육은 대체로 적절한 평가 절차를 밟지 않는 모습을 보이는 경우가 많다. 물론 반년 혹은 일 년 단위로 교회 교육의 성과를 평가하는 교회도 있으나, 그 경우도 학생들의 출석률이나 특별 행사라는 지표를 근거로 평가가 시도되고 있어, 포괄적인 평가가 이루어지기 어려운 실정이다.

그러나 기독교교육도 다른 교육 활동과 마찬가지로 평가의 과정을 반드시 거칠 필요가 있다. 그 이유는 평가의 결과에 따라 교사의 책임을 묻거나 혹은 교회 교육의 행정 책임자를 문책하기 위한 것이 아니라, 본래 설정한 고회 교육의 목적(aim)과 목표(objectives)가 - 특히 단기적인 목표가 - 제대로 성취되었는지를 평가함으로써, 그 목표를 수정할 것인지 아니면 그 목표 수행을 위한 방법을 바꿔야 할 것인지를 결정하기 위해서이다.

비록 교회 교육은 영리를 목적으로 하는 교육도 아니며 진학지도를 목적으로 하는 학교 교육과도 구별되나, 만일 평가 절차를 무시한 채 교육을 반복적으로 실시한다면, 잘못된 현상과 비효율성은 지속적으로 이어질 것이다. 이 점에 있어, 최근 기독교교육학에서는 평가의 방법에 관해 많은 연구가 이루어지고 있는데, 그 중 몇 가지를 설명하면 다음과 같다.

1) 교육 사정(educational assessment)

교육 사정을 위해서는 먼저 요구 사정(needs assessment)이 전제되는데, 여기서 요구(needs)는 각각의 학생들이 개별적으로 필요로 하는 특정의 항목을 의미하는 것은 아니다. 요구란 마치 목마른 자에게는 물이 필요하고, 사랑받지 못한 사람에게는 사랑이 필요하듯이, 각 학생에 의해 본질적으로 요청되는 기본적 항목을 의미한다. 예를 들어, 학교 성적이 좋지 않아 열등감을 느끼고 있는 학생들은 자신의 가치를 인정받고 싶어 하는 요구(needs)를 지니며, 소속감과 같은 심리적 요구(needs) 혹은 자신의 잠재력을 실현하고 싶어 하는 요구(needs) 등을 지니기도 한다.

교육의 영역에서 활용되는 사정(educational assessment)의 의미는 트루디 밴터(Trudy W. Banta)와 캐서린 플라롬바(Catherine A. Plalomba)에 의하면 다음의 두 가지 과정으로 정의될 수 있다. 교육 사정은 먼저 학습자의 학습과 발달을 증진하기 위한 목적을 위해 교육 프로그램에 대한 정보를 보다 조직적으로 수집하고 검토하여 활용하는 것이다. 그 다음 교수-학습과정과 프로그램의 효율성을 증진 시키기 위해 다양한 자원, 수행 행동(implementation action), 그리고 결과(outcome)에 대한 믿을만한 증거를 제공하는 과정이다. 여기서 분석과정은 학습 과정에 대한 분석뿐 아니라 실제 진행되는 학습 프로그램에 대한 분석까지를 포함하며, 분석의 목적은 단순한 자료의 수집을 넘어서 평가로 이어져야 한다.[3] 이를 위해서 보다 적절한 교육 사정을 위한 가이드라인이 제시되고 있는데, 교육 사정 담당자는 먼저 교육적 목표를 세심하게 열거하고 열거된 목표를 표로 만들어야 한다. 그 다음 열거된 교육성과를 측정하는 데 적합한 절차적 과정을 개발하는 두 단계로 진행된다.[4]

기독교교육의 현장에서 요구분석 및 교육 사정이 필요한 이유는 성서적 인식과 기독교적 실천을 구체적으로 연결하기 위해서이다.[5] 예를 들어, 진로의 문제로 고민하고 있는 학생에게는 어떠한 성경의 내용이 제공될 필요가 있으며, 성서에 나타난 신앙인 중 과연 누구의 삶이 그들에게 실제적인 도움을 줄 수 있을까에 대해 고려해 봐야 한다는 것이다. 이 경우 그 학생의 요구(needs)는 인생에 대한 계획과 고민의 해결이라고 볼 수 있다. 그 같은 경우에, 만일 그 학생이 가정 형편과 학업에 어려움이 있어 진학을 고민하는 상황에서 교회 교육을 통해 반복적으로 듣는 예화가 왕, 민족의 지도자 혹은 능력 있는 사람으로만 제한될 경우, 그 예화가 학생에게 도움을 주기보다는 열등감을 증대시키는 요소로 작용할 수도 있다는 것이다. 이처럼 교육내용과 학습자의 요구 사이가 과연 적절하게 연계되어 있는지를 살펴보는 것이 요구분석이며 이를 기반으로 교육 프로그램을 분석·평가하는 것이 교육 사정(educational assessment)이다. 기독교교육은 성서적 지식과 개인적 성장 사이를 의도적으로 통합하는 과정이며, 이 과정 속에서 교육 사정이란 교수 목표를 설명하고 교수-학습과정을 설계하며 요구분석을 활용하여, 보다 효율적이며 교육적인 결과를 이끌어내려는 절차적 행위이며 거방적인 행위라고 정의할 수 있다.

2) 체제 이론(system theory)

기독교교육의 평가를 위해 두 번째로 제시되는 이론은 체제 이론이다. 여기서 체제(system)란 특정의 목적 혹은 목표를 이루기 위한 일련의 체계적 과정이다. 예를 들어, 컴퓨터에서 출력물을 얻어내기 위해서는 맨 먼저 자판 위에 타이핑을 해야 하며, 그 다음 타이핑한 내용을 저장하고, 저장된 내용물이 복사될 수 있도록 지시하며 그 다음 지시된 내용대로 출력물이 나오는지를 확인해야 한다. 이 같은 일련의 생산과정이 체제(system)의 한 예라고 볼 수 있다.

체제에 관한 이론은 두 가지 경쟁적인 관점으로 시작되었으나, 최근 다음과 같이 3가지로 제시되고 있다. 즉 조직을 특정 목표를 달성하기 위해 고안된 형식적 수단으로 간주하면서 기계적 모형과 같은 것으로 이해하는 합리적 체제(rational system), 구성원의 개성과 흥미 그리고 요구에 대한 이해를 기반으로 하는 자연적 체제(natural system) 그리고 이 둘을 결합하면서

주위 환경에 개방적인 체제(open system)가 그것이다.[6]

최근 체제 이론의 경향은 외부로부터 단절된 폐쇄적 체제가 아닌 복잡하고 역동적인 체제를 강조하는 개방적인 관점을 강조하고 있다. 개방적 체제의 주요 요소들은 웨인 호이(Wayne K. Hoy)와 세실 미스켈(Cecil G. Miskel)에 의하면 적어도 9가지의 요소로 설명될 수 있다. 즉 ① 투입(input), ② 변형적 과정(transformational process), ③ 환류(feedback), ④ 산출(output), ⑤ 경계(boundaries), ⑥ 환경(environment), ⑦ 평형 유지력 혹은 항상성(homeostasis), ⑧ 엔트로피(entropy), ⑨ 동일한 결과(equifinality)이다. 여기서 개방적 체제로서의 조직은 외부로부터 투입을 받아들이고, 이를 변형하여 환경을 위한 산출을 생산해 내는 일련의 상호적 요소들로 구성되어 있다. 이 같은 체제 이론이 시사하는 점은 교회학교 혹은 교회 기관을 학습조직으로 규정하면서 보다 효율적인 학습조직을 형성하기 위해서는 개방적 체제의 관점에서 구조를 재구성해야 한다는 것이다. 즉 교수-학습과정을 지원하고 조직 속에서의 적응 능력을 증진하며 조직의 문화와 분위기를 발전시킴으로써, 보다 개방적이고 협력적이며 자기 규제가 가능한 학습조직을 형성하는 것이 필요하다는 것이다.[7]

이와 마찬가지로 기독교교육은 단순히 교사와 학생이 만나 가르치고 배우는 행위가 아니라, 적어도 다음의 3개의 구성 요소가 연결된 체제로 보아야 한다는 것이 체제 이론의 핵심이다. 이를 주장한 티모시 라인스(Timothy Lines)에 의하면, 개방적 체제는 구조(structure)와 기능(function) 그리고 목적(purpose)으로 구성되어 있다. 구조는 투입과 산출이 이루어지는 시간과 장소에서 발견되는 패턴을 지칭하고, 기능은 체제의 역동적인 과정이다. 기능은 투입이 산출로 변화하는 방식을 의미한다. 목적은 각기 다른 구조적 방식으로 같은 기능의 산출을 이끌어 내는 가장 기본적인 요소이다. 목적은 기능과 구조가 자연스럽게 진전될 수 있도록 착수하는 역할을 수행하며, 이 세 가지 구성 요소는 상호적으로 연결됨으로써 역동적인 체제를 만들어낸다.[8]

또한 체제 이론적 관점에서 기독교교육을 살펴본다면, ① 기독교교육 목적의 설정, ② 기독교교육목표의 수립, ③ 교육목표 수립을 위한 교육내용의 선정, ④ 선정된 교육내용 순서의 조직, ⑤ 조직된 교육내용의 전달을 위한 교수-학습과정의 결정, ⑥ 교수-학습과정의 효과를 측정하는 교육평가, ⑦ 교수-학습과정 이외의 제반 요인들, 곧 목표, 내용, 방법 등에 혹시 잘못된 부분이 없는지를 재확인하는 환류 과정(feedback)이라는 적어도 7단계의 점검과정이 곧 체제 이론의 핵심이라는 것이다. 또한 체제 이론적 관점을 활용하는 기독교교육은 앞서 제시한 7단계의 점검과정을 넘어서 - 즉 합리적 체제나 자연적 체제에 대한 인식을 넘어서- 실제 교육이 이루어지는 교회학교나 기독교 학교를 하나의 개방적 체제로 보면서 환경과의 교류 과정을 통해 보다 교육적이면서 효율적인 산출 결과를 생산하려는 노력을 강조할 필요가 있다.

현재 대다수의 교회 교육 현장에서는 이 같은 과학적이면서 개방적인 체제의 순환과정의 절차를 고려하지 않은 채 교회 교육을 개괄적으로 평가하려는 시도가 이어지고 있으나, 이러한 관습은 비효율적이며 향후 개선책을 이끌어내지 못한다는 비판을 받고 있다. 기독교교육은 체제 이론의 활용을 통해 본래 설정한 기독교교육의 목적이 성취되지 않을 경우, 그 구체적인 원인을 앞서 말한 7가지 절차 중 과연 어느 부분에서 잘못되어 생겨난 문제인지를 먼저 규명하고, 조직 속에서의 적응 능력을 증진하며 조직의 문화와 분위기를 발전시켜, 개방적이고 협력적이며 자기 규제가 가능한 학습조직을 형성함으로써 앞서 제기된 문제를 해결할 수 있다는 것이다. 물론 기독교교육은 기업체의 생산과정이나 혹은 학교 교육과는 구별되는 것으로서 하나님과 성령의 역사에 의해 수행되는 고귀하며 신비스러운 활동임은 분명하지만, 그러한 하나님의 주권적 활동에 참여하는 기독교교육의 행정 책임자와 교사들의 역할이 적절하게 수행되고 있는지를 분석하고 평가함으로써, 기독교교육의 전 과정이 학습 조직으로서의 기능을 잘 수행하고 있는지를 살펴보는 것 역시 기독교교육의 중요한 과제이다.

2. 기독교 교육행정

이렇듯 기독교교육에 관한 평가는 곧바로 기독교 교육행정과 밀접하게 관련되어 있다. 교육행정학의 과목을 통해 제시된 바와 같이, 행정학이란 적어도 다음의 여러 가지 항목에 관한 확인과 분석을 그 구성요소로 삼고 있다. 본 저서에서는 교육행정에 관한 이론을 프레데릭 루넨버그(Frederik C. Lunenburg)와 앨런 언스타인(Allan C. Ornstein)에 의해 제시된 4가지 형태로 소개하고 이를 기반으로 기독교 교육행정의 과제를 제안하고자 한다.[9]

1) 교육행정 이론

(1) 고전적인 행정 이론(classical organizational theory)

고전적인 행정 이론은 20세기 초에 형성된 이론으로 다음의 두 가지 유형의 관점으로 제시될 수 있다. 첫 번째는 업무와 업무자에 관심을 두는 과학적인 매니지먼트의 관점으로 프레데릭 테일러(Frederick W. Taylor)에 의해 대표되는 이론이다. 이 이론은 고된 작업, 선의, 창의력과 같은 업무자의 주도권에만 전적으로 의존하고 있는 주먹구구식의 행정 이론을 비판하면서, 엄밀한 과학적 분석을 통해 업무의 효율성(maximum efficiency)을 증대시키는 것을 그 목적으로 삼고 있다. 테일러는 과학적인 업무 분석, 직원 선발, 협력적인 매니지먼트, 그리고 기능적인 감독을 4가지 원칙으로 제시하면서 행정을 위한 가이드라인을 제안하고자 하였다.[10]

두 번째 유형은 조직 전반에 대한 경영에 관심을 둔 이론으로서 헨리 파욜(Henri Fayol), 루터 귤릭(Luther Gulick), 그리고 막스 베버(Max Weber)로 대표되는 행정적 매니지먼트 이론이다. 파욜은 행정의 5가지 기능으로 기획(planning), 조직(organizing), 조정(coordinating), 지시(commanding), 통제(controling)를 제시하면서, 행정을 매니지먼트의 지속적인 과정으로 설명하였다. 파욜에 의하면, 매니지먼트는 조직의 수장이 지니는 특권이나 책임이 아니라 조직 전체의 모든 구성원들에게 속한 활동이라는 것이다.[11] 반면 파욜의 행정에 대한 기능적 분석을 토대로 귤릭은 POSDCoRB로 대표되는 두문자를 제시하였는데, 이는 행정가(executive)가 수행해야 할 7가지 기능을 제시하는 것이다. 여기서 POSDCoRB란 기획을 의미하는 planning의 P, 업무 분담과 관련된 organizing의 O, 인사관리와 관련된 staffing의 S, 분담된 업무를 지시하는 directing의 D, 분담된 업무 사이의 조절 및 분담책임자 사이의 조정을 의미하는 coordinating의 Co, 업무 수행의 결과를 보고하는 reporting의 R, 그리고 예산과 관련된 budgeting의 B이다. 이 7가지의 요소가 행정학이 학문으로 수립될 당시인 20세기 초반 행정 이론의 기본 요소로 활용되었다.[12]

그 후 행정학의 발달은 추가적인 기본 요소에 관한 연구로 이어지고 있으며, 루넨버그와 언스타인에 의하면 점차 다원화되는 모습으로 변화되고 있다. 베버는 최초로 관료제라는 개념을 기술한 학자로서, 관료제는 근대 국가와 자본주의 체제 안에서 온전히 발전되며 한번 확립된 관료제는 가장 무너뜨리기 어려운 사회 구조에 속한다고 주장하였다. 그 이유는 관료제가 지역 행동(community action)을 합리적으로 구조화된 사회적 행동(rationally ordered societal action)으로 이어지게 하는 유일한 수단(the means)이기 때문이다. 베버에 의해 제시된 관료제는 행정을 위한 합리적인 가이드라인을 포괄적으로 제시한 것이라고 볼 수 있다.[13] 이 같은 효율성에 강조점을 둔 고전적 조직 행정 이론은 후대에 이르러 많은 비판을 받게 되는데, 가장 큰 이유는 행정에 있어 심리학적·사회적 요소를 염두에 두지 않았다는 것이다.[14]

(2) 인간관계 이론(human relations approach)

인간관계 이론은 1927년과 1933년 사이의 웨스턴 전자(Western Electric)의 호손(Hawthorne) 공장에서 이루어진 일련의 연구로부터 시작된 이론이다. 먼저 호손 연구는 인터뷰와 관찰을 통해 생산 현장에서 작동하는 인간·사회적 요소가 생산 증진에 미치는 영향에 대해 연구한 이론으로서, 인간 행동 및 집단행동에 대한 이해를 강조한 것이다. 후에 쿠르트 레빈(Kurt Lewin)에 의해 장이론(field theory)과 집단 역학(group dynamics)을 강조하는 연구가 이루어졌는데, 그는 민주적 집단과 권위주의적 집단에 대한 연구를 통해 민주적 집단의 생산성이 더 높음을 밝혀냈다. 권위주의적 지도자보다 민주적 지도자에 의해 운영되는 집단은 더 협력적인 모습을 보인다는 것이다.[15] 또한 비 지시적 상담(non-directive therapy)으로 잘 알려진 로저스(Carl Rogers)는 기업 상담의 절차를 제시하면서, 한 개인의 행동을 이해하는 가장 중요한 요소는 변화하는 환경 속에서 자신의 상태를 유지하고 증진 시키려고 노력하는 한 개인의 내적 틀(internal frame of reference)을 찾는 것이라고 주장하였다. 이때 행동을 이해하는 과정은 단순히 상담가의 측면에서 감정적으로 동일시(emotional identification)하는 것이 아니라, 공감적 동일시(emphathic identification)를 통해 한 개인의 내적 틀을 이해하며 개인 자신의 능력에 대한 존중과 신뢰를 찾도록 도와주는 과정이라고 보았다.[16] 조지 호만스(George C. Homans) 역시 인간 소집단(human group)에 관한 연구를 통해 인간관계의 중요성을 제시하였다. 즉 집단의 개인들이 더 자주 상호작용을 하면 할수록, 서로를 더 좋아하게 되고 서로의 존재에 대해 편안함을 더 느끼게 된다는 가정(hypothesis)을 통해, 호만은 업무에 있어 상호적 의존과 인간관계가 지니는 중요성을 소집단에 대한 관찰연구를 통해 제시하였다.[17]

과학적 매니지먼트의 중요성을 강조한 고전적 행정 이론과는 달리, 루넨버그와 언스타인에 의하면, 인간관계 이론은 인간의 행동이 경제적 인센티브 뿐 아니라 사회적·심리적 요소에 의해 영향을 받는다는 것을 지적하였다. 이러한 개인의 사회적·심리적 요소는 생산성에 있어 매우 중요한 요소이며, 업무자는 협조적인 매니지먼트 상황 속에서 보다 높은 생산성을 보인다는 것이다. 따라서 행정에 있어 효과적인 의사소통의 과정이 제공되어야 하며, 권위적 구조보다는 민주적 구조가 더 효과적이라고 보았다. 이 이론은 다양한 현장 속에서 발견되는 개인과 집단의 행동을 심도 깊게 이해하는 데 있어 시사점을 제공한 이론이라고 평가된다.[18]

(3) 행동과학적 이론(behavioral science approach)

행동과학적 이론은 앞서 서술한 고전적 접근과 인간관계 접근이 지니는 문제점과 모순적 관계를 해결하려는 입장에서 고안된 이론이다. 이 접근을 처음으로 주장한 학자는 체스터 버나드(Chester Barnard)로서, 그는 인간관계 이론이 강조하는 협력과 고전적 이론이 주창하는 경제적 성취를 모두 달성하려는 목적을 지니면서 두 이론을 하나의 구조로 통합하는 협력적 체제(coöperative system)를 제시하였다. 즉 행정을 담당한 전문가(executive)는 조직의 공통 목적인 유효성(effectiveness)의 중요성을 강조함과 동시에 개인적 동기를 만족시키는 효율성(efficiency)을 인지하여야 한다는 것이다.[19] 행동과학적 이론을 강조하는 학자들에 의하면, 한 개인이 성숙하고 발달하는 과정 속에서 드러나는 성격적 특성과 행정의 기본 원칙 사이에는 근본적인 불일치의 모습이 나타날 수밖에 없으며, 개인과 조직 사이에는 근본적인 갈등이 존재한다는 것이다. 즉 인간은 미성숙의 단계에서 점차 독립적이며 성숙한 단계로 발전해 가는데, 이때 대다수의 조직은 조직의 일원이 의존적 상태에 머물러 있기를 원하고 더 나아가 그들의 잠재력을 펼치는 것을 제한하는 억압적 특징을 지니게 된다는 것이다. 이러한 불일치를 극복하기 위해, 행동과학적 접근은 개인적 욕구와 조직의 목적 사이에서 상호적인 조정의 기능을 수행해야 한다고 보았다.[20]

불일치로 인해 생겨나는 부정적 태도와 역기능적 행동을 예방하기 위하여, 행동과학적 접근은 에이브러함 매슬로우(Abraham Maslow)의 욕구 위계이론(need hierarchy)을 활용하여 조직의 목표를 지원할 뿐 아니라 개인적 욕구의 충족을 동시에 가능하게 하는 데 중점을 두고 있다. 매슬로우는 인간의 기본 욕구가 의식적 차원보다는 무의식적 차원에 존재하는 경우가 더 많으며, 인간의 행동은 한 가지 욕구에 의해 동기화되기 보다는 여러 욕구에 의해 동기화된다는 것을 주장하였다.[21] 따라서 루넨버그와 언스타인에 의하면, 행동과학적 접근은 조직 내에서의 협력적 관계, 집단적 의사결정, 리더의 수행적 목표 달성의 중요성을 강조하는 특징을 지니고 있다. 이와 같이 행동과학적 접근은 인간의 행동과 욕구 사이의 관련성을 제시함으로써, 조직의 목표와 개인의 욕구를 충족시키는 연결점을 제시했다는 점에서 중요한 시사점을 제공하고 있다.[22]

(4) 후기-행동과학적 접근(post-behavioral science approach)

행동과학적 접근은 한동안 교육행정가의 준비와 실천에 많은 영향을 주었으나, 조직과 리더십에 대한 근대적 견해가 등장하면서 그 영향력이 감소되기 시작했다. 포스트모더니즘과 세계화의 영향으로 후기-행동과학적 접근은 조직 내부의 중요성뿐 아니라 조직 외부의 변화와 환경에도 관심을 두기 시작했다. 즉 사회기반시설, 안정적인 정치적 환경 그리고 조직 외부의 자원 등이 교육행정 이론에 영향을 주면서, 이 접근은 한 가지 대표적 이론으로 대변되기보다는 교육기관의 개선, 민주적 공동체, 사회적 정의와 포스트모더니즘의 관련성을 강조하는 형태로 나타났다. 루넨버그와 언스타인에 의하면, 외부적인 경험보다는 내적 마인드에 보다 많은 관심을 기울이면서 철학적 관념론, 현상학, 그리고 실존주의와 연계시킨 교육행정 이론이 등장하기 시작했다는 것이다. 이 접근은 점차 윤리와 가치에 관한 연구로 확대되었으며, 지역 상황(local)에서 교육과정에 관심을 둔 질적 연구, 민속지학, 사례연구와 같은 연구를 포함하는 형태로 진행되었으며 지금도 진행중이라고 볼 수 있다.[23]

위에서 제시한 교육행정의 4가지 이론은 시대별로 대두된 주요 문제들을 해결하는 과정 중에서 제시되었다. 이는 교육 조직이 개방된 체제라는 기본적 틀을 확인하게 한다. 교육 조직은 지속적으로 외부 환경과 상호작용을 통해 조직을 유지해 왔으며, 외부의 문제를 해결하는 과정 중에서 조직을 재구성해 왔다. 교육 조직을 개방적 체제로 보는 관점은 지금 기독교교육이 직면하고 있는 현 상황의 문제를 해결하고 발전해 나가려는 데 주요한 시사점을 제공하고 있다.

2) 기독교 교육행정의 과제

일반 교육행정의 변화는 기독교 교육행정의 연구에도 많은 영향을 미쳤다. 특히 최근 교육행정 학자들은 구성원과 집단 그리고 전체 조직의 이익을 위하여 개방적 체제모형의 개념을 제시하였는데, 여기서 개방적 체제모형이란 외부와의 관련성 속에서 자기 규제가 가능한 역동적 체제를 의미한다. 특히 피터 센지(Peter Senge)는 교육행정에 있어 개방적 체제의 중요성을 강조하면서, 대화와 협력을 강조하는 교육 행정적 태도가 필요하다고 주장하였다.[24]

그러나 문제는 기독교교육의 현장에서는 이 같은 행정의 기본 요소나 절차에 관한 개방적인 인식이 전반적으로 부족한 모습을 보이고 있으며, 그 결과 문제의 해결을 위한 단서를 발견하기가 어렵다는 점이다. 앞서 서술된 행정 이론에서 살펴본 바와 같이, POSDCoRB가 가장 기본적인 교육행정의 일련의 진행 과정이라고 볼 때, 이 요소 중 어느 하나라도 빠져있거나 잘못 연결되었을 경우, 본래 수립했던 목적 수행의 가능성은 낮아질 수밖에 없다. 예를 들어, 미션스쿨에서 기독교교육은 봉급을 받는 유급 교사에 의해 실시되지만, 교회 교육은 대다수의 경우 무급의 자원봉사자에 의해 수행되고 있는 현실을 고려해 볼 때, 자원봉사자의 능력과 수준을 사전에 분석한 후 적절한 자리에 배치하는 방법도 행정적 차원에서 진행되어야 할 부분이다. 또 다른 예를 들어, 한국 교회의 경우 남성 교사들은 일반적으로 고학년에 배치되는 반면, 많은 숫자의 여성 교사들은 유아부나 유치부로 배치되는 현상을 보이는데, 최근의 연구에 따르면 특히 유아부와 유치부의 교사는 성별보다는 성격을 중시하는 차원에서 배치해야 하며, 양성의 교사가 모두 배치됨으로써 균형적인 교육이 제공되어야 한다는 주장이 제기되고 있다. 이러한 관점에서, 적절한 행정적 차원의 고려가 교사 배치에서부터 이루어져야 할 필요가 있다는 것이다. 따라서 최근 기독교 교육행정학에서는 교육 목사, 교육전도사, 교육 행정가, 교사의 기능을 세분화하고 이를 행정학적 차원에서 분류하여, 그 사이의 조정(coordination)을 위한 다양한 제언들이 발표되고 있다. 또한 기독교 교육행정 연구는 과학적 매니지먼트라는 고전적 단계의 교육행정에 대한 이해를 넘어서 행정에 있어서 인간 및 사회적 요소의 중요성도 고려하고, 더 나아가 외적 환경과의 상호적 관련성을 중심으로 보다 개방적인 관점으로 나아가야 할 것이다.

기독교 교육행정의 활성화를 위해 연구되고 있는 또 다른 과제는 다양한 위원회(committee)의 구성과 그 전문화 방안에 관해서이다. 앞서 기독교교육학의 부분 영역이 적어도 6개 이상으로 분류될 수 있듯이, 기독교교육위원회의 기능도 실제에 있어 6개 이상의 전문지식으로 분류되어야 하며, 각각의 기능이 상호적으로 연계되며 교육의 다면적 측면을 고려하는 형태로 조직되어 실행되어야 한다. 그러나 교회 교육의 실제 현장에서는 인력의 부족과 제한된 예산 때문에 이러한 행정적 효율성이 제고되지 못하고 있다. 특히 교회학교 학생들의 수와 이들을 체계적으로 교육·관리할 수 있는 교사의 인력이 이전보다 현저하게 감소하고 있으며 교회 자체의 인식도 프로그램 계획과 집행에만 관심이 집중되어 있는 현실이다. 교육행정의 활성화를 위해서는 과학적 매니지먼트와 사회·심리적 요소의 중요성을 인식하고, 조직의 공통 목적인 유효성(effectiveness)의 중요성과 개인적 동기를 만족시키는 효율성(efficiency)을 동시에 인지할 수 있는 행정 인력을 충원하고 이를 활성화시킬 수 있는 위원회의 전문화가 이루어져야 할 필요가 있다.

마지막으로 교육행정 전문가의 기능과 과제에 관한 것이다. 현재 한국 교회에서는 쉽게 발견되지는 않지만, 구미 교회에서는 담임목사와 교육 목사의 업무가 그 기능 수행에 따라 구분되고 있으며, 일반 전도사와 교육전도사의 기능도 분명하게 구별되고 있다. 이미 대다수의 한국 신학대학 혹은 신과대학에서도 기독교교육학과가 설립되어 신학과와 구별됨으로써 그 구분이 인식되고 있으나, 문제는 각 교회의 교육전도사가 기능을 수행하는 데 있어 신학과 출신의 비 교육전문가들이 주류를 이루고 있다는 점이다. 물론 목회 현장에 나갔던 비 교육전문가들도 교육적 인식의 필요성을 인지하고 기독교교육학에 대한 지식과 기술을 터득하기 위해 재교육을 받는 경우가 종종 있기는 하나, 여전히 신학과 중심의 교육담당자들이 교육 현장에서 대다수의 교육 기능을 수행하고 있다. 또한 목회신학 과정을 공부하고 있는 신학생들이 3년간의 과정에서 필수 과목으로 다양한 영역의 기독교교육학 과목을 취득하는 경우가 현저하게 낮아지고 있다. 대다수의 신학대학원에서 기독교교육학 과목은 3년 동안 1과목만 이수하면 되는데, 개론 수준의 기독교교육학 과목은 교육 행정에 대한 내용을 전문적으로 교육하기 어려운 실정이다.[25] 교육부서를 담당하는 목회자는 교육행정의 전문가로서의 기능과 역할을 수행해야 하며, 더 나아가 과학적, 사회심리적, 행동과학적 차원에서 변화하는 교육 현황과 문제들을 인식하고 해결해 나갈 수 있는 교육행정에 관한 전문성을 육성할 수 있는 교육적 기회를 제공받아야 한다.

3. 글로벌 사회의 기독교교육 평가 및 행정

글로벌 사회 및 4차 산업혁명의 시대로 접어들면서, 교육행정 및 조직에 대한 새로운 개념이 최근 도입되기 시작하였다. 개방된 체제 속에서 학습하는 조직(learning organization)에 대한 개념이 추가되기 시작한 것이다. 여기서 학습하는 조직이란 개인, 팀 그리고 조직을 위해 조직 내에서 데이터를 수집하고, 학습을 공유하도록 전략적으로 총력을 기울이는 헌신의 과정을 수행하는 조직을 지칭한다. 이는 정렬과 집단적 능력을 통해 이루어지는데, 먼저 변화하는 환경을 감지하고 해석하며, 지속적인 학습과 변화를 통해 새로운 지식을 투입하고, 이 새로운 지식을 시스템과 실천에 포함하며, 이 지식이 새로운 결과로 전환되도록 돕는 집단적 능력을 통해 이루어진다.[26] 피터 센지에 의하면, 학습하는 조직이란 조직에 속한 구성원들이 그들이 원하는 결과를 이끌어내기 위해 자신의 능력을 끊임없이 확대해 가며, 확장된 새로운 사고 능력을 통해 집단적으로 함께 배워가는 것을 지속하는, 즉 끊임없이 배우는 조직을 지칭한다. 센지는 학습하는 조직에게 요청되는 필수적인 상호의존적인 주요 요소를 5가지로 제안하였다: ① 개인적 숙달(personal mastery), ② 비전의 공유(shared vision), ③ 정신모형(mental models), ④ 집단 학습(team learning), 그리고 ⑤ 시스템 사고(system thinking)이다.

여기서 ① '개인적 숙달'은 각 개인이 삶 속에서 이루고 싶은 개인적 비전을 보다 일관성 있는 이미지로 정교화하는 실천의 과정으로, 이는 현 상황에 대한 보다 객관적 평가를 기반으로 한다. ② '비전의 공유'는 조직의 개인들이 함께 이루고 싶은 미래에 대한 공유된 이미지를 개발하는 과정으로서, 공유된 공통 비전 과정을 지칭한다. ③ '정신 모형'은 성찰과 탐구의 훈련으로 자신과 주변의 상황을 보다 명확하고 정직하게 인식하는 과정이다. ④ '집단 학습'은 집단 상호작용에 관한 훈련으로서, 공통의 목표를 성취하기 위해 대화와 토의를 통해 자신의 에너지와 행동을 움직이는 방법을 배우며 각 개인의 재능의 합보다 더 큰 능력을 이끌어내는 방법을 배우는 과정을 지칭한다. ⑤ 제5의 요소는 '시스템 사고'로서, 이는 학습과 변화의 과정에 있어 가장 중심이 되는 수단이다. 시스템 사고는 사람들로 하여금 상호 관련성과 변화를 더 잘 이해하게 하며, 자신의 행동 결과에 영향을 미치는 힘을 보다 더 효과적으로 관리할 수 있게 하는 요소이다.[27]

센지와 그의 동료들은 그들의 저서 *Schools that Learn*에서 현 시대는 포스트 산업 시대에서 자라날 학생들에게 보다 나은 서비스를 제공하기 위해 학교를 재창조해야 하는 불가능한(?) 과제에 직면해 있다고 주장하였다.[28] 학습하는 조직의 중심에는 사고의 전환이 필수적으로 요청된다. 즉 세상으로부터 고립되어 있다는 관점에서 세상과 연계되어 있다고 보는 관점으로, 누군가에 의해 만들어지고 외부에 의해 야기된 문제에 대한 인식으로부터 자신의 행동이 문제를 만들어내는 과정을 인식하는 형태로 학습자들의 사고를 전환해야 한다는 것이다.[29]

글로벌 사회의 기독교교육은 교육 조직을 단순히 지식전달의 대상이나 현장으로 보는 것이 아니라, 학습하는 교육 조직(learning organization)으로 인식해야 한다. 학습하는 조직이라는 개념은 앞서 서술한 바와 같이 변화하는 환경을 감지하고 해석하며, 교사와 학습자가 지속적인 학습과 변화를 통해 새로운 지식을 투입하고 이 새로운 지식을 시스템과 실천에 포함하며, 디지식이 새로운 결과로 전환되도록 돕는 집단적 능력을 의미한다. 새로운 과학기술의 발전과 글로벌 사회에 적합한 교육 공동체는 지속적인 학습과 변화를 통해 조직에 속한 구성원들이 자신의 능력을 끊임없이 확대해 가며 함께 배워가는 조직이어야 한다는 것이다. 특히 교회학교는 '시스템 사고'를 통해 전체 교회와의 관련성 그리고 주변 환경과의 관련성을 인식하고, 공통으로 성취하려고 하는 교회학교의 비전과 개인의 비전을 조직 전체가 공유하면서, 대화와 토의를 통해 집단으로 그리고 개인적으로 탐구할 수 있는 환경을 조성해야 한다. 글로벌 사회의 기독교교육은 교육행정과 조직이 학습하는 조직으로서 공통의 목표를 성취하기 위해 대화하고 토의하는 과정을 통해 함께 배우며 성장할 수 있도록 사고의 전환을 시도해야 하며, 교사와 학습자들이 교육의 비전을 공유하면서 확장된 사고 능력을 통해 함께 배우고 서로 격려하는 조직으로 전환되어야 한다는 것이다.

제7장 기독교교육의 평가 및 행정: 언제·어디서 WHEN & WHERE

1 Allan C. Ornstein and Francis P. Hunkins, *Curriculum: Foundations, Principles, and Issues*, 6th edition (Boston: Pearson, 2013), 246.

2 Cecil R. Reynolds, Ronald B. Livingston, and Victor Willson, *Measurement and Assessment in Education*, 2nd edition (Upper Saddle River, NJ: Pearson, 2010), 1-13.

3 Trudy W. Banta and Catherine A. Plalomba, *Assessment Essentials: Planning, Implementing, and Improving Assessment in Higher Education*, 2nd edition (San Francisco: Jossey-Bass, 2015), 1-3.

4 Reynolds, Livingston, and Wilson, *Measurement and Assessment in Education*, 452-453; 교육 사정은 3가지 각기 다른 형태로 수행되는데, 이는 테스트, 측정, 사정이다. 1) 테스트는 표준화된 절차를 거쳐 한 개인의 행위 표본이 획득되고 평가되며 점수화되는 장치 혹은 절차 과정을 지칭한다. 2) 측정(measurement)은 목표, 특징, 행위 등을 대표하는 수치를 할당하기 위한 규칙의 세트를 의미한다. 3) 사정(assessment)은 사람들 혹은 물질의 특징에 대하여 추론하기 위해 사용될 수 있는 정보를 수집하기 위한 조직적 절차로 정의될 수 있다. Ibid., 3-4.

5 Gino Pasquariello, "Assessment/Evaluation in Education," in *Encyclopedia of Christian Education,* vol 1, edited by George Thomas Kurian and Mark A. Lamport (London: Rowman & Littlefield, 2015), 84-86.

6 W. Richard Scott and Gerald F. Davis, *Organizations and Organizing: Rational, Natural, and Open System Perspectives* (Upper Saddle River, NJ: Pearson Prentice Hall, 2007), 35-106.

7 Wayne K. Hoy and Cecil G. Miskel, *Educational Administration: Theory, Research, and Practice*, 9th edition (New York: McGraw Hill, 2013), 19-23; 34-35.

8 Timothy A. Lines, *Systemic Religious Education* (Birmingham, AL: Religious Education Press, 1987), 46-48.

9 Frederick C. Lunenburg and Allan C. Ornstein, *Educational Administration:*

Concepts and Practices, 6th edition (Belmont, CA: Wadsworth, 2012), 6-14.

10 Frederick W. Taylor, *The Principles of Scientific Management* (Mineola, NY: Dover Publications, INC., 1998), 15-17.

11 Henry Fayol, *General and Industrial Management* (London: Pitman, 1984), 12-13; 15-59.

12 Luther Gulick, "Notes on the Theory of Organization," in *Papers on the Science of Administration*, edited by Luther Gulick and L. Urwick (New York: Institute of Public Administration, 1937; 1947), 12-14.

13 Max Weber, *On Charisma and Institution Building*, edited and with an Introduction by S. N. Einsenstadt (Chicago: The University of Chicago Press, 1968), 66-77; *The Theory of Social and Economic Organization* (New York: The Free Press, 1947) 참조.

14 Lunenburg and Ornstein, *Educational Administration: Concepts and Practices*, 6-8.

15 Kurt Lewin, Ronald Lippitt and Ralph K. White, "Patterns of Aggressive Behavior in Experimentally Created Social Climates," *The Journal of Social Psychology* 10 (1939): 271-299; Kurt Lewin, *Field Theory in Social Science: Selected Theoretical Papers*, edited by Dorwin Cartwright (Westport, CO: Greenwood Press, 1975), 188-237.

16 Carl Rogers, *Client-centered Therapy, Its Current Practice, Implications, and Theory* (Boston: Houghton Mifflin, 1951), 29-36.

17 George C. Homans, *The Human Group* (New York: Harcourt, Brace & World, 1950), 241-244.

18 Lunenburg and Ornstein, *Educational Administration: Concepts and Practices*, 8-10.

19 Chester I. Barnard, *The Functions of the Executive*, Introduction by Kenneth R. Andrews (Cambridge, MA: Harvard University Press, 1938; 1968), 55-59.

20 Lunenburg and Ornstein, *Educational Administration: Concepts and Practices*,

8-10.

21 Maslow, *Motivation and Personality* (New York: Harper, 1954), 80-106.

22 Lunenburg and Ornstein, *Educational Administration: Concepts and Practices*, 10-13.

23 Ibid., 13-18.

24 Peter M. Senge, *The Fifth Discipline: The Art and Practice of the Learning Organization* (New York: Doubleday Currency, 1990); Peter Senge, Nelda Cambron-McCabe, Timothy Lucas, Bryan Smith, Janis Dutton and Art Kleiner, *Schools that Learn: A Fifth Discipline Fieldbook for Educators, Parents, and Everyone Who Cares about Education* (New York: Doubleday, 2000), 59-98.

25 장로회신학대학교, 감리교신학대학교, 서울신학대학교, 목원대학교, 협성대학교, 성결대학교의 목회신학과정 (M.Div.)의 교육과정표에는 3학점의 기독교교육학 영역의 필수 과목이 수록되어 있다. https://www.puts.ac.kr/www/sub/haksa_sw/sub.asp?m1=2&m2=1&m3=undefined; https://www.mtu.ac.kr/mtu/c3/sub6_2.jsp; https://www.stu.ac.kr/CmsHome/stu03_02_02.eznic; https://www.mokwon.ac.kr/theo/html/sub01/010104.html; https://www.uhs.ac.kr/gsthe/2432/subview.do; https://wiz.sungkyul.ac.kr/user/indexSub.action?codyMenuSeq=10701&siteId=graduate.

26 Lunenburg and Ornstein, *Educational Administration: Concepts and Practices*, 22.

27 Senge, Cambron-McCabe, Lucas, Smith, Dutton and Kleiner, *School that Learn*, 5-11; 59-98.

28 Ibid., 9.

29 Senge, *The Fifth Discipline*, 13-14.

VIII

글로벌 사회 속의 한국 교회와 기독교교육

1. 한국 교회 현장과 기독교교육의 과제

2. 글로벌 사회에 대응하는 기독교교육

    1) 신자유주의 사회 속에서의 사회정의를 위한 교육

    2) 근본주의적 사회 속에서의 문화 다양성을 위한 교육

    3) 초국가주의 사회 속에서의 글로벌 시민교육

VIII
글로벌 사회 속의 한국 교회와 기독교교육

1. 한국 교회 현장과 기독교교육의 과제

기독교교육학은 기독교의 기본적 지식과 전통을 전수하며, 이와 동시에 기독교적 실천의 형태를 구체적으로 소개하는 교육 행위에 대한 이론적·실천적 차원에서의 연구를 지칭한다. 보다 구체적으로 기독교교육학은 학습자의 고유한 개인적 특성을 유지하면서 동시에 하나님과의 관계 속에서 관계적, 평등적, 개방적인 특성을 지향하는 성숙한 기독교인을 양육하려는 목적을 지닌 학문적 연구이다. 기독교교육학의 학문적 연구 대상은 앞서 서술한 바와 같이 6가지로 구분되었다. 즉 1) 기독교교육 목적의 설정, 2) 기독교교육의 내용 선정 및 조직, 3) 기독교교육의 효율적 교수-학습과정의 제시, 4) 학습자의 인지·정서·행동적 신앙 상태의 분석과 신학적, 심리학적, 사회심리학적 및 신학과 철학의 통합적 이해에 관한 연구 및 5) 교사의 자질과 기능에 대한 연구, 6) 기독교교육의 환경과 체제를 연구하는 기독교 교육행정 및 평가의 영역으로 구분된다.

지금까지 한국 교회의 기독교교육은 적어도 위에서 제시한 6가지 연구 영역 및 대상에 있어서 문제점을 노출해 왔다. 먼저 한국 기독교교육은 교육 목적의 영역에서 목적과 목표를 구체화하지 못한 문제점을 브이고 있다. 앞서 서술한 바와 같이, 한국 기독교교육의 현장에서 장기적이고 추상적인 형태의 목적이 강조되어 왔으나, 그 목적을 이루기 위해 요청되는 단기적이고 구체적인 형태의 목표 설정은 상대적으로 간과되어 왔으며 이에 대한 연구가 제대로 제시되지 못하고, 더 나아가 교회 현장에서 적절하게 활용되지 못한 문제점을 노출하고 있다. 또한 목적에 관한 교육 철학적 연구는 교회 현장에서 선포되고 활용되고 있는 다양한 목적들이 엄밀한 연구와 분석 없이 제시되는 것에 대해 문제점을 제기하고 있다. 목적을 규명하고 다양한 구분을 소개한 신학적 접근, 역사적 접근 그리고 주제별 접근은 특정 목적에서 드러나는 신학적·철학적·교육학적 관점에 대한 비판적 분석과 성찰이 미비한 상태로 목적 설정이 이루어지고 또한 교육 현장에서 활용되는 것에 대해서 문제를 제기하고, 더 나아가 다양한 목적 구분이 제안하는 의미에 대해 지속적으로 연구해야 할 필요성을 제공하였다. 뿐만 아니라, 글로벌 사회의 기독교교육 목적은 다양한 인간관에 기초하여 설정되어야 함에도 불구하고 관습적인 신학적·교육학적 관점만을 활용하여 설정될 경우, 이는 교육 전반에 걸쳐 광범위한 영향을 미치게 된다. 21세기의 인간관은 앞서 서술한 바와 같이 트랜스휴먼을 포함하여 변화 가능하고 다양성을 지닌 존재로 재평가되고 있다. 따라서 기독교교육의 목적을 설정함에 있어 그 기초가 되는 인간관의 문제는 앞으로도 신중하게 논의되어야 할 중요한 과제라고 볼 수 있다.

둘째, 교육내용의 선정과 조직에 관련된 기독교 교육과정에 관한 연구는 교단에 따라 주요 관심의 대상이 되고는 있으나, 여전히 교육학적인 분석과 연구를 전폭적으로 포함하지는 못한 상태이다. 물론 신학적인 관점이 교육과정 연구에 중요한 역할을 담당하고 있으며 그 구성에도 가장 중요한 기초가 된다. 그러나 구체적으로 학습자의 인지·정서·행동에 대한 심도 깊은 연구에 근거하여 학습자의 연령과 상황을 고려하는 교육내용을 선정하고 보다 체계적으로 재구성해야 할 필요성이 시대적 변화와 학습자의 다양성을 고려해 볼 때 더욱 요구된다고 볼 수 있다. 특히 청소년을 대상으로 하는 견신례 교육과정의 필요성이 더욱 제기되고 있으며, 다문화 가족을 위한 교육과정의 분석도 글로벌 사회 속에서 지속적으로 요청되는 과제라고 볼 수 있다. 기독교 교육과정은 교사에 의해 일방적으로 소개되는 교육내용이라기보다는, 학습자의 총체적인 변화를 목적으로 하여 계획적인 교육내용과 학습경험을 상호적으로 연결시키는 시도라고 정의되기 때문에, 기독교교육학 연구에서는 면밀하게 연구된 교육과정 이론이 제시되어야 하며, 이에 따라 각 이론이 지니고 있는 시사점과 문제점을 철저히 분석하고 비교할 필요성이 제기된다.

셋째, 기독교 교수-학습과정은 교사에 의해 지식이 일방적으로 주입되는 교수법의 관점에서 벗어나 학습자들에게 필요한 교육내용을 효과적으로 소개하는 행위이며, 더 나아가 학습자의 주체적인 학습활동을 강조하는 기독교 교육의 영역이다. 기독교교육의 현장에서 활용될 수 있는 교수-학습과정은 여러 특징을 지니고 있지만, 최근에 들어서 무엇보다 학습자의 자발적인 참여를 촉진하고 격려하는 특징을 지니고 있다. 그러나 일반 교육 현장을 포함하여 대다수의 한국 교회는 전통적인 형태의 성경 공부 방식을 채택하고 있다. 물론 미디어의 발달과 더불어 한국 교회 현장에서 다양한 미디어가 채택되어 활용되고 있으나, 미디어에 대한 보다 근본적인 성찰과 논의 없이 전통적인 형태의 교육과 더불어 도구적인 측면에서 활용되고 있어, 이에 대한 보다 엄밀한 논의가 필요한 상황이라고 평가될 수 있다. 또한 글로벌 시대로의 변화와 팬데믹 상황의 도래를 통해, 교수-학습과정에 대한 연구는 새로운 국면을 맞이하고 있는 현실이다. 특히 교회 교육의 대상이 중고등부에서 끝나는 것이 아니라 노년기의 신앙인까지도 기독교교육의 대상으로 포함되면서, 학습자들의 자기 주도적인 학습과 학습자 스스로의 선택을 도출해내는 디지털 교수-학습과정에 대한 연구를 포함해야 하는 필요성이 그 어느 시대보다 더욱 요구되는 상황이다.

넷째, 기독교교육학의 연구 대상 중 누구(who)에 해당되는 학습자와 교사에 대한 이해는 다양한 학제간 대화를 통해 진행되어야 함에도 불구하고, 기능과 역할에 대한 다양한 인식이 부족하고 단편적인 이해에 국한된 현실을 보여주고 있다. 우선 학습자의 경우 신학적인 관점과 심리학적 이해, 사회심리학적 이해 및 신학과 철학의 통합적 이해 등을 서로 연계시켜 학문 간의 대화를 수행해야 함에도 불구하고, 다양한 사회과학적 관점을 보조적인 자료로 간주하고 학습자의 삶의 구체적인 모습에 대한 논의를 간과해 온 것도 문제점 중 하나로 지적될 수 있다. 또한 교사의 경우도 앞서 서술한 학습자에 대한 단편적인 지식에 머무르는 것이 아니라 학습자의 심리나 환경을 이해하는 데 필요한 다면적이고 심층적인 관찰과 분석의 기능이 요청된다고 볼 수 있다. 특히 디지털 세대를 교육하는 기독교교육의 교사는 학습자들로 하여금 셀 수 없이 많은 정보 속에서 기독교적으로 식별하고 해석할 수 있는 능력을 지닐 수 있도록 가르쳐야 하며, 시대의 필요와 더불어 글로벌 시대의 학습자가 지니고 있는 다양한 학습 능력을 이해할 수 있어야 한다는 것이 교사론의 지속적인 문제 제기인 것이다. 디지털 시대의 대다수의 교사는 순차적이고 논리적인 사고에 익숙하기 때문에, 디지털 세계에서 생활하는 학습자와는 다른 정보처리 능력을 지니고 있다. 따라서 글로벌 시대에 필요한 교육은 정보와 지식을 단순히 암기하고 나열하는 것에만 관심을 기울이기보다는, 정보를 분석하고 문제 해결에 도움을 주는 형태로 변환될 필요성이 제기된다.

다섯째, 기독교교육학의 연구 대상 중 가장 미흡한 영역이 바로 평가와 행정에 관한 부분이다. 많은 기독교교육학자나 교사들은 일반 교육학과는 달리 평가를 하나님의 권한과 영역으로 간주하기 때문에 실시된 교육에 대한 성과를 평가하는 것에 대해 어려움을 표하고 있다. 그러나 기독교교육의 현장에서 평가가 중요한 이유는 성서적 인식과 기독교적 실천을 구체적으로 연결하여 교육 공동체로서의 역할을 규명하는 데 중요한 기능을 수행하기 때문이다. 글로벌 시대로 접어들면서, 교육행정 및 조직연구에 있어 학습하는 교육 공동체의 개념이 새롭게 조명되고 있다. 지속적인 학습과 변화를 통해 조직에 속한 구성원들이 함께 만들어가는 기독교교육 공동체는 공통의 목적과 목표를 지니고 함께 배우며 성장하는 공동체로서의 모습을 지녀야 하며, 더 나아가 교회행정과는 구분된 교육행정에 대한 새로운 인식과 행정 체제의 구축이 요청된다는 것이다. 교육행정의 활성화를 위해서는 과학적 매니지먼트와 사회심리적 요소의 중요성을 인식하고, 조직의 공통 목적인 유효성의 중요성과 개인적 동기를 만족시키는 효율성을 동시에 인지할 수 있는 행정 인력을 충원하고 이를 활성화해야 한다. 물론 일반 행정학과는 많은 영역에서 차이점을 보이고는 있으나, 교회학교의 현실은 교육 행정학적 차원의 분류와 조정이 요청되고 있으며 재조직의 필요성이 제기되고 있는 현실이다. 글로벌 사회의 기독교교육은 학습하는 조직으로서 공통의 목표를 성취하기 위해 대화하고 토의하는 과정을 통해 함께 배우며 성장할 수 있도록 사고의 전환을 시도해야 하며, 교사와 학습자들이 교육의 비전을 공유하면서 확장된 사고 능력을 통해 함께 배우고 서로 격려하는 조직으로 전환되어야 할 필요성을 제기하고 있다.

기독교교육학이 기독교적(Christian)이라는 용어와 교육(education)이라는 용어가 합쳐져서 이루어진 것처럼, 기독교교육학은 기독교 전통에 대한 연구와 글로벌 사회를 살고 있는 현대 기독교인의 경험을 연구·분석하여 이를 상호적으로 연계시키려는 다학문적(multidisciplinary) 혹은 간학문적(interdisciplinary) 학문 영역이라고 정의할 수 있다. 글로벌 사회의 기독교교육은 앞서 제시한 교육목적, 교육내용, 교육방법, 교사와 학습자, 그리고 교육환경과 평가라는 6가지 구성 요소에 대한 교육학적인 연구와 더불어 기독교 전통에 대한 해석학적·신학적 연구를 통해 얻어진 연구 결과를 상호 비판적으로 연계하여 교육모형을 제시함으로써, 21세기의 글로벌 사회를 살아가는 기독교인들에게 기독교적 실천(Christian *praxis*)을 담당할 수 있는 기회를 제공해야 할 필요가 있는 것이다.

2. 글로벌 사회에 대응하는 기독교교육

앞서 제시한 기독교교육의 과제와 더불어, 기독교교육학자들은 구조와 내용 면에서 복합적인 과제를 해결해야 하는 글로벌 사회에 연계된 도전적 상황을 경험하고 있다. 세계화의 진행과 그 과정 중 경험되는 급격한 변화 속에서, 기독교교육은 먼저 이익을 우선시하는 자본주의적 요구에 대응하여 교육의 목적을 재설정하고 내용을 재선정해야 하는 문제에 직면하고 있다.

또한 기독교교육은 근본주의적 경향에 노출되고 있는 다문화적 상황을 인식하고 이를 극복하기 위해서 개방적 태도를 계발해야 할 방법적 과제에도 직면하고 있다. 뿐만 아니라, 국가의 경계가 점차 희미해지면서도 동시에 신국가주의적(neo-nationalistic) 경향을 보이는 복합적인 세계적 정황 속에서 지역 국가의 이익만을 강조하는 편협한 신국가주의적 경향을 극복할 수 있는 보다 성숙한 세계 시민의식을 형성해야 하는 또 다른 과제에 직면하고 있다. 이를 위해, 마지막 장에서는 세계화의 다양한 도전에 대응하는 다음의 3가지 유형의 교육, 즉 사회정의를 위한 교육, 문화 다양성을 위한 교육, 글로벌 시민교육을 제안하고자 한다.[1]

1) 신자유주의 사회 속에서의 사회정의를 위한 교육

1980년대 이래로, 시장 중심의 이데올로기와 세계화의 정치학(politics of globalization)은 서로 긴밀하게 연계되어 왔다. 사회적 담론을 활성화하고 문화적 변혁을 강조해왔던 교육은 점차 학습자를 고객으로 인식하고, 자격 인증을 강조하며, 기계적인 훈련과 도구적 학습을 선호하는 신자유주의적 형태로 대체되기 시작했다. 즉 교육은 시장의 요구를 강조하는 신자유주의적 추세에 점차 영향을 받기 시작했으며, 시장의 요구에 부응하여 인적 자원(human capital)을 준비하는 장소와 도구로 전락하게 되었다는 것이다.[2]

교육에 있어 사회적 공평과 정의를 강조하는 측과 시장의 효율성에 부응하여 교육의 기능을 설정하려는 측 사이의 끊임없는 갈등은 세계화 이전에도 교육의 현장 속에서 존재해 왔다.[3] 그럼에도 불구하고 현대 사회의 신자유주의의 흐름은 시장의 요구와 교육 사이의 갈등을 더욱 증폭시키며 교육의 본질적 기능을 더욱 약화시키는 형태로 진행되고 있다. 이 같은 세계화와 신자유주의의 흐름 속에서 기독교교육은 먼저 사회·경제적인 차원에서 노동시장의 효율성만을 강조하는 교육에 대한 문제점을 새롭게 인식하고, 더 나아가 사회·문화적 변혁을 지향하는 교육적 기능의 중요성을 재조명해야 하는 어려운 도전에 직면해 있다. 따라서 본 저서는 신자유주의 세계화 속에서 새롭게 구성되어야 할 교육으로 사회적 정의를 지향하는 기독교교육을 제안하고자 한다. 이를 위해 먼저 '사회적 정의'란 무엇이며 사회적 정의 이론이 무엇인가에 대해 살펴볼 필요가 있다.

하버드 대학의 교수 아마티어 센(Amartyr Sen)은 그의 저서 *The Idea of Justice*에서 정의 이론(theory of justice)의 필요성을 다음과 같이 제시하였다. 그에 의하면, 정의 이론은 불공평(injustice)한 현실의 실재적 형태를 인식하게 하고, 시민들로 하여금 정의를 실현하기 위한 실천에 참여하도록 격려하며, 정의롭지 못한 현상을 감소시키는 방법을 결정하는 데 도움을 준다는 것이다. 많은 학자들은 먼저 불공평에 대한 일반적인 인식으로부터 구체적인 진단의 과정을 거쳐, 더 나아가 사회정의를 고취할 수 있는 방법을 연구함으로써 사회정의를 위한 지적 기반을 제공하고자 노력했다.[4] 페이잘 리즈비(Fazal Rizvi)에 의하면, 사회적 정의의 개념은 대다수의 서구 사회에서 다음의 3가지 철학적 전통으로 요약될 수 있다. 첫 번째 철학적 전통은 자유주의적-인본주의적 관점(liberal humanistic notion)이다. 이는 존 롤스(John Rawls)의 이론으로부터 유래된 것으로 사회적 정의의 개념을 공평(fairness)으로 규정하면서, 개인적 자유의 원칙뿐 아니라 불평등한 권력 관계를 조정해야 하는 국가의 책임을 강조하는 개념이다. 두 번째 철학적 전통은 시장 중심의 개인주의적 관점(market individualistic notion)으로서, 이는 사적 재화를 분배하는데 있어 국가의 권리를 인정하지 않으며 경제적·사회적 교환에 있어 시장의 중요성을 강조하는 입장이다. 세 번째 철학적 전통은 사회민주주의적 관점(social democratic notion)으로서, 이는 앞서 제시한 시장 중심의 개인주의를 비판하면서 개인의 권리(person rights)를 강조한다. 이는 곧 모든 시민이 평등하게 취급받을 수 있는 권리, 표현과 이동의 자유, 그리고 의사결정에 동등하게 참여할 수 있는 권리 등을 지지하는 관점이다. 사회정의의 개념은 지금까지 다양한 형태로 제시되어 왔는데, 단순한 기회균등의 차원으로부터, 학교뿐 아니라 사회공동체의 변화와 해방을 이끌어 내는 사회정의의 개념, 그리고 인식의 평등과 자기 존중까지를 포함하는 사회정의의 개념 등으로 그 범위가 넓혀져 왔다.[5]

위에서 제시된 바와 같이, 사회정의에 관한 전통적 접근들은 지금까지 다양한 형태로 정의의 개념을 서술하고 시대적으로 연결된 정의 개념을 제시해 왔다. 그러나 글로벌 상호관련성(global interconnectivity) 및 상호의존성(interdependence)과 같은 특징을 지닌 세계화의 현재 상황에 적합한 정의 이론으로 간주되기에는 다소 미흡한 것이 사실이다.[6] 앞서 서술한 세계화의 과정 중에서 대두된 신자유주의적 관점은 정의(justice)의 문제에 더 이상 관심을 두지 않으며, 정의의 문제를 다룬다 해도 교육의 기회균등과 같은 가장 협소한 개념을 활용하고 있는 것이 작금의 현실이라는 것이다.[7] 따라서 신자유주의적 세계화의 상황은 사회정의에 대한 협소한 개념 정의를 넘어서서 교육 실천에 있어서 새로운 대안적 개념의 필요성을 제기하고 있다.

사회정의를 위한 교육은 세계화의 현상과 신자유주의 교육에 대한 비판적 분석을 제시하고 교사와 학습자를 지원함으로써 교육 현장과 사회 전체를 변형시키려는 목적을 지니고 있다. 경제적인 힘의 차원을 이데올로기적 영향력과 연계시키는 일련의 상황에 대한 비판을 기반으로 사회정의를 위한 교육은 다음의 3가지 원칙에 기반을 두고 있다. 이는 ① 교육의 기회균등을 강조하는 공평의 원칙(equity), ② 학습자로 하여금 변화에 참여하드록 돕는 작용의 원칙(activism), 그리고 ③ 물질주의와 소비지상주의와 같은 사회적 현상에 저항하는 타당성의 원칙(social literacy)이다.[8] 노동시장에 적합한 인적 자원을 육성하고 이미 정해진 미래를 준비하는 데 관심을 두고 있는 비즈니스 형태의 교육과 비교하여, '사회정의를 지향하는 교육'은 현존하는 불공평한 현상을 극복하고 학습자들로 하여금 자신을 둘러싼 사회적·경제적 삶에 보다 능동적으로 참여할 수 있도록 격려하는 유형의 교육 모형이다.[9] 또한 사회정의를 지향하는 교육은 순응적 사고와 기술적 합리성을 강조하는 기업 중심적 교육을 비판하면서, 그들을 둘러싸고 있는 전체 사회와 자신의 삶을 변화시킬 수 있는 의사결정에 적극적으로 참여하도록 돕는 교육이다.[10] 로렌스 탄(Laurence Tan)은 도시 청소년들을 위한 사회정의 교육의 한 형태로 5E 해방교육을 제시하였다. 이는 5단계로 진행되는 사회정의 교육으로서, ① 참여하기(Engage), ② 교육하기(Educate), ③ 경험하기(Experience), ④ 힘과 권한 부여하기(Empowerment of Self) 그리고 ⑤ 실행하기(Enact)의 5단계로 구성되어 있다.[11]

사회정의를 위한 교육은 먼저 험난한 교육적 현실을 정확하게 인식하도록 도우며, 현존하는 교육 현실과 사회에 순응하면서 동시에 규격화된 노동시장으로 진출하려는 수동적 입장을 지닌 학습자들에게 새로운 가능성과 희망을 제공하려는 목적을 지닌 교육 접근이다.[12] 또한 사회정의를 위한 교육은 학습자들로 하여금 교육의 현장에만 머무는 것이 아니라 능동적인 주체로서의 자각을 가지고 사회·경제적 상황에 영향을 미칠 수 있는 권리와 책임을 지닐 수 있도록 격려하며, 더 나아가 정의 중심의 사회를 형성하고 참

여하도록 돕는 교육적 접근이다.[13]

2) 근본주의적 사회 속에서의 문화 다양성을 위한 교육

다변화된 사회의 흐름과 더불어 실질적 이동과 가상적 이동의 급증으로 특징지어지는 글로벌 사회 속에서, 각기 다른 문화, 종교, 신념 체계 사이의 평화적 공존과 다양성 속에서의 진정한 일치(authentic *unum* in balance with *pluribus*)가 과연 가능한가에 대한 질문이 여전히 존재하고 있다.[14] 헌팅턴(Samuel P. Huntington)에 의해 제시된 다문화에 대한 주장이 과연 옳은지에 대한 논의는 차치하고라도, 그에 의해 제기된 문화의 중요성은 글로벌 사회의 현장 속에서 점차 많은 학자들에 의해 주요 관심의 대상이 되고 있다. 헌팅턴에 의하면, 가장 위험한 형태의 갈등은 사회 계층 사이에서 생겨나는 것이 아니라 각기 다른 문화 사이에서 발생하게 된다는 것이다.[15] 냉전체제 이후 문화는 현대 사회를 통합하고 분리하는 측면에서 중요한 기능을 수행해 왔다. 그러나 최근 들어 문화적 다양성의 현상이 국가의 정체성을 형성하는 과정에 도움을 주기보다는 오히려 저해한다는 입장을 지닌 근본주의적 경향이 헌팅턴을 포함하여 빈번하게 나타나고 있다.[16] 따라서 종교교육의 현장에서 문화적 다양성 속에서의 일치를 추구하는 교육 형태, 즉 다양한 문화적 차이를 지니면서도 함께 살아갈 수 있도록 돕는 교육에 대한 필요성이 점차 요구되고 있다. 달리 서술하여, 최근 유럽에서 일어난 갈등과 폭동 그리고 유럽식 다문화 정책의 변화와 더불어 다문화 교육에 대한 새로운 논의의 필요성이 점차 제기되고 있다는 것이다.[17]

각기 다른 인종과 문화에 속한 사람들이 아이디어, 규칙, 가치 그리고 의미들을 교환하도록 돕는 상호적 통합의 중요성을 강조하면서, 포테라

(Agostino Portera)는 다문화주의에 대한 다음의 4가지 접근을 설명하고 있다. 일원론적 통합(monistic integration), 이중적인(dual) 혹은 다원적인(plural) 통합, 차이점의 융합(fusion of differences)을 강조하는 통합, 그리고 상호적 통합(interactive integration)을 기반으로, 포테라는 각각 메타 문화적(meta-cultural), 트랜스문화적(transcultural), 다문화적(multicultural), 그리고 상호문화적(intercultural) 접근을 구분하여 제시하고 있다. 여기서 메타 문화적 접근은 문화를 넘어선 문화(culture beyond culture)에 대한 입장을 의미하는데, 이는 교육 현장 속에서 진행되는 교육의 가능성을 배제하는 접근으로 다문화적 접근을 설명하는 이론으로 포함하지 않았다. 따라서 다음의 3가지를 중심으로 포테라의 구분을 설명하고자 한다.[18]

먼저 트랜스문화적(transcultural) 접근은 각기 다른 인종과 문화에 내재되어 있는 보편적이며 공통적인 요소들을 강조하는데, 이는 존경 혹은 자율성과 같은 형식적 가치와 더불어 평화, 정의, 환경보호와 같은 내용이 표방하는 보편적 요소를 강조하는 접근이다.[19] 포테라에 의해 구분된 두 번째 접근은 문화 사이의 평화적인 공존을 강조하는 다문화주의적(multicultural) 접근으로서, 모든 문화적 전통은 동등하게 의미를 지니고 있으며 여러 전통 중에서 한 가지 혹은 두 가지 전통을 선택하는 것은 단순히 개인의 기호에 달려 있다는 문화 상대주의적 관점과 문화적 다양성을 지지하는 접근이다.[20] 마지막 접근은 각기 다른 인종적 집단이 자신의 이야기와 공통의 관점을 계속적으로 교환하는 과정을 통해 상호적 통합관계를 형성하는 것을 목적으로 삼는 상호문화적(intercultural) 접근이다. 트랜스문화적 접근과 다문화적 접근과는 달리, 상호문화적 접근은 먼저 각기 다른 문화적 배경을 지닌 인종 집단이 보다 긍정적인 관계를 형성할 수 있도록 도와주고, 대화의 기회를 제공하며, 가치, 규범 그리고 행동방식을 연구하는 것에 관심을 두는 접근이다. 이 접근은 피부색, 언어, 문화, 그리고 종교에 상관없이 인간의 교육에 관심을 두는 트랜스문화적 접근과 평등권을 강조하면서 서로에게 영향을 주기보다는 평화 공존을 강조하는 다문화주의적 접근의 문제점을 극복하고, 각 집단이 지니고 있는 선입관의 비교를 통해 아이디어나 원칙을 직접적으로 교환하고 실천을 통해 서로에게 영향을 줄 수 있는 교육을 제공하려는 접근이다.[21]

이 같은 문화적 다양성을 추구하는 교육은 그동안 진행되어 온 다문화교육이 피상적인 인식과 관심만으로 이루어져 왔다는 것에 대해 비판을 제기하면서, 다양성과 일치 사이의 균형을 유지하고 글로벌 사회 속에서 평화적인 공존을 추구하려는 목적을 지니고 있다.[22] 포테라에 의하면, 문화적 다양성은 단순히 참고 견뎌야 하는 문제가 아니라 존중되어야 하며, 더 나아가 그 의미를 축하하고 기억해야 한다는 것이다.[23] 따라서 다양성을 추구하는 기독교교육은 다원주의적 특징을 지닌 글로벌 사회 속에서 다양성의 유지와 차이에 대한 관심 그리고 사회의 모든 면에서 활동적으로 참여할 수 있는 권리를 포함하는 상호문화적 관점을 기반으로 형성되어야 할 필요가 있다. 이러한 관점은 곧 인종, 문화, 언어, 장애의 차원에서의 교육적 기회균등의 개념으로 이어지며, 이를 통해 교육적 현장 속에서 교육과정, 교수-학습과정, 평가, 그리고 인적 자원 구성 등 보다 실제적인 차원에서의 변화를 추구하려는 관점이라고 평가할 수 있다.[24]

3) 초국가주의 사회 속에서의 글로벌 시민교육

시민의식(citizenship)의 개념은 앞서 서술한 바와 같이 전통적으로 웨스트팔리안 조약에 따른 민족국가라는 개념과의 연계성을 지니고 있으며, 근대 민족국가의 출현과 함께 형성된 근대적 개념이다.[25] 시민의식은 분명히 경계 지어진 영토 안에서 태어나거나 혹은 이민 온 사람들에게 주어지는 권리, 특권 그리고 책임을 지칭하는 용어이다.[26] 그러나 당연하다고 여겨져 온 국가 사이의 경계는 초국가 공동체와 초국가주의의 출현과 더불어 점차 희미해져 갔으며, 경계를 넘어 지역과 글로벌 사이를 오가는 초국가적인 움직임이 빈번해지는 경향 속에서 시민의식에 대한 새로운 관심이 증대하고 있다. 초국가주의의 출현으로 인해 글로벌 사회의 교육은 로컬과 글로벌 사이의 관련성에 대해 새롭게 인식하고 시민의식의 의미를 재조정하면서, 글로벌 시민으로서의 의식과 책임을 새롭게 형성해야 할 필요성을 제기하고 있다.[27] 즉 시민의식의 개념은 전통적으로 법적·정치적·사회적 차원의 3요소로 정의되어 왔는데, 이제는 글로벌 차원의 개념을 포함하여 보다 개방적이며 포괄적인 개념으로 확대되어간다는 것이다. 디나 기완(Dina Kiwan)은 도덕적·법적·참여적 차원의 시민의식에 덧붙여 보다 유동적·혼종적·다면적 정체성에 기반을 둔 세계 시민의식을 제안하기도 하였다.[28]

세계 시민의식의 개념을 이해하기 위해서는 적어도 세계 시민에게 요청되는 능력 혹은 역량을 규명할 필요가 있다. 누스바움(Martha Nussbaum)은 그의 저서 *Cultivating Humanity*에서 상호 연계된 글로벌 사회 속에서 살아가고 있는 시민들에게 필요한 3가지 자질을 제시하였다. 즉 ① 자기 자신과 자신이 속해 있는 전통에 대해 비판적으로 성찰하고 또한 합리적으로 추론할 수 있는 능력의 개발, ② 지역 사회에 속한 자신과 다른 지역에 속한 사람들을 동시에 이해할 수 있는 글로벌 시민으로서의 능력 고양, ③ 자신과 다른 타인의 입장에 설 수 있는 능력과 타인의 이야기를 들으며 그들의 감정과 희망을 이해하고 존중할 수 있는 능력, 즉 이야기적 상상력의 고취가 바로 3가지 능력이다. 교육이 직면하고 있는 글로벌 위기 상황을 인지하면서, 누스바움은 교육받은 시민이란 단순한 논리적 기술만을 습득하는 것 이상임을 강조한다. 그것은 사랑할 수 있고 상상력을 지닌 인간을 육성하는 것이다. 여기서 사랑과 상상력이란 독립성과 개인적 프라이버시를 존중하면서도 동시에 타인의 요구에 반응하며 공감할 수 있는 열정적 상상력을 의미한다.[29]

또한 매킨토시(Peggy McIntosh)는 여성주의적 관점을 활용하여 공감적이며 다면적인 세계 시민의식의 개념을 제시하는데, 이는 정신(mind), 마음(heart), 몸(body), 그리고 영혼(soul)으로 구성된 4가지 능력을 지닌 시민이라는 것이다. 여기서 정신의 능력이란 글로벌 인식과 연계되어 있으며 또한 초국가적 공동체와 평화적 공존을 추구하는 가치와 연계되어 육성되어야 할 능력이다. 마음의 능력이란 다양한 정서들을 연결하는 과정을 통해 삶의 복잡한 단면을 균형 있게 만들 수 있는 근육을 의미한다. 마지막으로 몸과 영혼의 능력은 특정 지역에 살면서 몸을 사용하는 글로벌 시민의 감각을 발달시키는 능력이다. 매킨토시는 후에 그의 논문, "Gender Perspectives on Educating for Global Citizenship"에서 세계 시민의식의 개념을 설명하면서 정서적인(affective dimension) 측면을 추가했다. 매킨토시에 의하면, 글로벌 시민이란 단순히 자신의 정체성과 성실성을 유지하려는 사람만이 아니라 타인의 안녕에 대해 관심을 기울이는 글로벌 감수성(global sensibility)을 지닌 사람이어야 한다는 것이다.[30] 따라서 글로벌 시민을 위한 교육은 단순히 차이점을 용인하는 차원에 머무는 것이 아니라, 더 나아가 공동의 선을 위해 타인과 더불어 노력하는 관계성·개방성·평등성을 추구하는 것이라고 설명할 수 있다.[31]

그러나 글로벌 시민사회는 이상적으로 기대하는 평화와 공존의 사회로 이어지기보다는 또 다른 형태의 제국주의와 식민주의로 이어질 수 있다는 가능성에 대해 우리는 유념해야 한다. 역사적으로 우리는 그러한 과거의 경험을 지니고 있으며 실제적으로 확인도 가능하다.[32] 이는 글로벌 시민사회라는 이상이 현실적으로 다른 모습으로 나타날 수도 있다는 것이다. 이 같은 비판적 인식을 기반으로, 세계 시민의식을 고취하는 교육은 먼저 세계화 과정에 있는 현 사회에 대한 정확하고 비판적인 인식을 기반으로 수행되어야 한다. 학습자들은 다양한 방식으로 시민의식의 개념을 평가하고 해석하며 글로벌 시민으로서의 자신의 역할에 대해 고민하는 시간을 가질 수 있는 환경이 주어져야 한다. 글로벌 시민교육은 자신의 이익을 위해 능력을 개발하거나 국경을 넘나들며 자유롭게 이동하지만 지역 문화와의 밀접한 접촉을 기피하며 자신을 보호하는 거품(protective bubble) 안에 거주하려는 차원의 '편협한 초국가적 정서(parochial transnational ethos)'를 넘어서 세계 시민으로서의 책임을 인식하는 교육이 되어야 한다는 것이다. 이는 공동의 운명을 나누어 가지고 있는 글로벌 공동체에 속한 시민으로서 당연히 해야 할 의무(global imperative)이며 책임으로 제시되어야 한다.[33]

위에서 제시한 세 가지 유형의 교육, 즉 사회정의를 위한 교육, 문화적 다양성을 지향하는 교육, 글로벌 시민교육은 사회적·문화적·글로벌 상황에 대한 비판적 분석을 제공하고 공적 책임을 강조하는 글로벌 교육에 대한 포괄적인 이해를 제공한다. 글로벌 사회 속에서 실시되는 기독교교육은 사회·경제적 차원의 문제점, 문화적 근본주의의 위험성, 그리고 로컬과 글로벌 사이의 관련성을 고려하는 보다 세심한 교육에 관심을 기울여야 한다. 특히 글로벌 사회의 기독교교육은 정의로운 사회를 지향하는 교육, 문화적 다양성을 촉진하는 교육, 그리고 세계화된 사회에서의 공적 책임을 강조하는 교육을 위한 비판적 담론의 장을 제공할 필요성이 있다.

그렇다면 사회정의, 문화적 다양성, 세계 시민의식을 위한 글로벌 기독교교육은 어떠한 방식으로 진행되어야 하는가? 글로벌 기독교교육은 먼저 시장 중심적 이데올로기가 개인과 그 개인을 둘러싼 사회와 문화에 어떠한 방식으로 영향을 주는지를 인식하고, 비판적 의식을 형성하기 위하여 사회적·문화적·글로벌 현상을 살펴보고 그 문제점을 식별하도록 도와야 한다. 둘째, 글로벌 기독교교육은 학습자들로 하여금 다양성과 일치 사이의 균형을 취함으로써 다문화적 공감 능력을 개발하고 타인과의 평화적 공존을 지향하는 법을 배울 수 있는 개방적 환경을 제공해야 한다. 셋째, 글로벌 기독교교육은 의사소통의 장에서의 상호주관적 대화를 통해 정의로운 사회, 문화적 다양성이 있는 사회 그리고 함께 공유하는 글로벌 사회를 만들기 위해 학습자들로 하여금 글로벌 시민으로서의 책임감을 지닐 수 있도록 돕는 관계적 교육을 진행해야 한다. 넷째, 글로벌 기독교교육은 기독교 전통에서 발견되는 예수 사건에 내재되어 있는 희망을 발견할 수 있도록 돕는 신앙교육이어야 한다. 그룸에 의하면, 예수 사건은 기독교인들로 하여금 역사 속에서 대행자로서의 책임을 다하도록 돕는 중요한 은유적 사건이며, 신앙은 사회 속에서 정의를 위한 사회적 책임을 다할 수 있도록 돕는 강력한 동력으로 작용한다는 것이다.[34] 글로벌 기독교교육은 신앙의 토대 위에서 미래 세대를 향한 희망과 글로벌 교육 사이의 변증법적인 긴장 관계를 발견함으로써 신앙의 대행자로서의 역할을 감당하도록 돕는 교육이다. 마지막으로 글로벌 기독교교육은 기독교 신앙과 글로벌 윤리의 관점에서 그들이 직면한 문제를 해결하기 위한 결정에 참여하고 학습자들로 하여금 공적 영역에 참여하도록 돕는 교육이다.

이를 위해, 글로벌 기독교교육은 다음의 3가지 측면에 관심을 기울여야 한다. 먼저 이 교육은 개인적인 노력으로 이루어지는 것이 아니라 참여하는 사람들의 헌신과 연대에 의해 이루어진다는 것이다. 둘째, 3가지 기본적 원칙, 즉 사회정의, 상호문화적 다양성, 세계 시민의식은 각기 구분된 것이 아니라 글로벌 교육의 현장 속에서 상호 연계된 원칙이라는 것이다. 셋째, 글로벌 기독교교육은 한 명의 교수자에 의해 이루어지는 영웅적 성공 스토리와 같은 비현실적 희망에 기초한 것이 아니라 현실의 상황에 대한 엄밀한 비판적 인식 위에서 형성된 비판적이면서도 진실한 희망(critical hope)에 기초해야 한다는 것이다.

경제적인 효율성과 자유경쟁을 모토로 하는 세계화 혹은 신자유주의의 경향들은 더불어 사는 상생의 의미와 기독교적 영성의 역할을 간과하면서 기독교교육 이론과 현장의 가능성을 축소시키고 있다. 즉 대스미디어의 확대, 정보기술의 발전, 새로운 글로벌 시장의 건설 등으로 확대해 온 글로벌 사회의 출현은 국가 사이의 차이점과 불평등을 야기할 뿐 아니라 국가 내의 다양한 문제를 도출하였으며, 이는 일반 교육 현장 및 기독교교육의 현장에 직·간접적 영향을 주어왔다. 그러나 글로벌 사회 속에서의 기독교교육은 급변하는 세계화의 환경 속에서 이 시대가 제공하는 문제의 징조를 식별하고 동시에 신앙의 전통에 기반을 둔 희망을 제공하면서, 현실에 대한 비판적 인식과 면밀한 연구 위에서 예수 사건을 통해 발견할 수 있는 희망을 향해 나아갈 수 있도록 돕는 기능을 담당해야 할 것이다.[35]

제8장 글로벌 사회 속의 한국 교회와 기독교교육

1 Kim, "Seeking Critical Hope in a Global Age: Religious Education in a Global Perspective," 316.

2 Peter McLaren and Gustavo Fischman, "Reclaiming Hope: Teacher Education and Social Justice in the Age of Globalization," *Teacher Education Quarterly* vol. 25, no. 4 (Fall, 1998): 126-129; Emery J. Hyslop-Margison and Alan M. Sears, "Challenging the Dominant Neo-liberal Discourse: From Human Capital Learning to Education for Civic Engagement," in *Global Citizenship Education: Philosophy, Theory and Pedagogy*, edited by Michael A. Peters, Alan Britton, and Harry Blee (Rotterdam: Sense Publishers, 2008), 303-306.

3 Fazal Rizvi and L. C. Engel, "Neo-Liberal Globalization, Educational Policy, and the Struggle for Social Justice," in *Handbook of Social Justice in Education*, 534.

4 Amartyr Sen, *The Idea of Justice* (Cambridge, MA: The Belknap Press of Harvard University Press, 2009), vii-5.

5 Fazal Rizvi, "International Perspectives on Social Justice and Education," in *Handbook of Social Justice in Education*, 91-94.

6 Ibid.

7 Rizvi and Engel, "Neo-Liberal Globalization, Educational Policy, and the Struggle for Social Justice," in *Handbook of Social Justice in Education*, 529-541; Deron Boyles, Tony Carusi, and Dennis Attick, "Historical and Critical Interpretations of Social Justice," in *Handbook of Social Justice in Education*, edited by W. Ayers, T. Quinn and D. Stovall (New York: Routledge, 2009), 30-42.

8 Ayers, Quinn and Stovall, "Preface," in *Handbook of Social Justice in Education*, edited by W. Ayers, T. Quinn and D. Stovall (New York: Routledge, 2009), xiii-xv.

9 Ayers, Quinn and Stovall, "Editor's Conclusion," in *Handbook of Social Justice in Education*, edited by W. Ayers, T. Quinn and D. Stovall (New York: Routledge, 2009), 725-728.

10 Hyslop-Margison and Sears, "Challenging the Dominant Neo-liberal Discourse," in *Global Citizenship Education*, 313.

11 Laurence Tan, "The 5 E's of Emancipatory Pedagogy: The Rehumanizing Approach to Teaching and Learning with Inner City Youth," in *Handbook of Social Justice in Education*, edited by W. Ayers, T. Quinn and D. Stovall (New York: Routledge, 2009), 485-496.

12 Hyslop-Margison and Sears, "Challenging the Dominant Neo-liberal Discourse," in *Global Citizenship Education*, 312.

13 Kim, "Seeking Critical Hope in a Global Age: Religious Education in a Global Perspective," 317-319.

14 James A. Bank, *Educating Citizens in a Multicultural Society*, 2nd edition (New York: Teachers College, Columbia University, 2007); Kim, "Multicultural Religious Education in a Trinitarian Perspective," *Religious Education* vol. 107, no. 3 (May-June 2012): 250.

15 Samuel P. Huntington, *The Clash of Civilizations and the Remaking of World Order* (New York: Simon & Schuster, 1996), 28.

16 Samuel P. Huntington, *Who are We?: The Challenges to America's National Identity* (New York: Simon & Schuster, 2004), 3-33.

17 Kim, "Multicultural Religious Education in a Trinitarian Perspective," *Religious Education*, 248-249; 254-258.

18 Agostino Portera, "Intercultural and Mulicultural Education: Epistemological and Semantic Aspects," in *Intercultural and Multicultural Education: Enhancing Global Interconnectedness*, edited by Carl A. Grant and Agostino Portera (New York: Taylor & Francis, 2011), 18-28.

19 Portera, "Intercultural and Mulicultural Education: Epistemological and Semantic Aspects," in *Intercultural and Multicultural Education*, 18-19.

20 Ibid.

21 Ibid., 19-21; Carol A. Grant and Stephen Brueck, "A Global Invitation," in

Intercultural and Multicultural Education: Enhancing Global Interconnectedness, edited by Carl A. Grant and Agostino Portera (New York: Taylor & Francis, 2011), 3; Kim, "Multicultural Religious Education in a Trinitarian Perspective," *Religious Education*, 248-249; 253-258.

22 Kim, "Multicultural Religious Education in a Trinitarian Perspective," *Religious Education*, 255.

23 Portera, "Intercultural and Multicultural Education: Epistemological and Semantic Aspects," in *Intercultural and Multicultural Education*, 26-28.

24 Kim, "Multicultural Religious Education in a Trinitarian Perspective," *Religious Education*, 253-259.

25 Susan L. Robertson, "Globalization, Education Governance, and Citizenship Regimes: New Democratic Deficits and Social Injustice," in *Handbook of Social Justice in Education*, edited by W. Ayers, T. Quinn, and D. Stovall (New York: Routledge, 2009), 543-544.

26 Michael A. Peters, Harry Blee, and Alan Britton, "Introduction: Many Faces of Global Civil Society: Possible Futures for Global Citizenship," in *Global Citizenship Education: Philosophy, Theory and Pedagogy*, edited by Michael A. Peters, Alan Britton and Harry Blee (Rotterdam: Sense Publishers, 2008), 2.

27 Muna Golmohamad, "Global Citizenship: From Theory to Practice, Unlocking Hearts and Minds," in *Global Citizenship Education: Philosophy, Theory and Pedagogy*, edited by Michael A. Peters, Alan Britton and Harry Blee (Rotterdam: Sense Publishers, 2008), 522-524; Pepi Leistyner, "Preparing for Public Life: Education, Critical Theory, and Social Justice," in *Handbook of Social Justice in Education*, edited by W. Ayers, T. Quinn and D. Stovall (New York: Routledge, 2009), 51-58.

28 도덕적 차원의 시민의식은 사회를 위한 공유적 가치를 재구성하는 것과 연계된 것이며, 법적 차원은 시민 개개인의 권리와 연계된 관점이다. 여기서 시민의식이란 정치 공동체에 관련된 개인의 정치적 개념화와 동일시된다. 참여적 차원의 시

민의식이란 민주주의에 대한 논의와 연계되어 있다. 참여적 시민의식과 민주주의는 밀접하게 연결되어 있다. 마지막으로 정체성에 기반을 둔 시민의식의 관점은 다양성, 정체성, 반인종차별주의, 다문화주의, 민족성, 그리고 글로벌 시민의식을 포함하고 있다. Dina Kiwan, "Citizenship Education in England at the Crossroads? Four Models of Citizenship and their Implications for Ethnic and Religious Diversity," *Oxford Review of Education* vol. 34, no. 1 (February 2008): 39-58; Gloria Ladson-Billings, "Culture vs. Citizenship," in *Diversity on Citizenship Education: Global Perspectives*, edited by J. A. Banks (San Francisco, CA: Jossey-Bass, 2004), 100-101.

29 Martha C. Nussbaum, *Cultivating Humanity: A Classical Defense of Reform in Liberal Education* (Cambridge, MA: Harvard University Press, 1997), 1-14; 90; *Creating Capabilities: The Human Development Approach* (Cambridge, MA: Belknap Press of Harvard University Press, 2011); *Not for Profit*, 1-11; Kim, Osmer, and Schweitzer, *The Future of Protestant Religious Education in an Age of Globalization*, 134-143.

30 Peggy McIntosh, "Gender Perspectives on Educating for Global Citizenship," in *The Curriculum Studies Reader*, 3rd edition, edited by D. J. Flinders and S. J. Thornton (New York: Routledge, 1998), 385-398; "Gender Perspectives on Educating for Global Citizenship," in *Educating Citizens for Global Awareness,* edited by Nel Noddings (New York: Teachers College Press, 2005), 22-39.

31 Golmohamad, "Global Citizenship," in *Global Citizenship Education*, 525; Kim, "Seeking Critical Hope in a Global Age: Religious Education in a Global Perspective," 321-322.

32 M. A. Peters, H. Blee, and A. Britton, "Introduction: Many Faces of Global Civil Society," in *Global Citizenship Education: Philosophy, Theory and Pedagogy*, edited by Michael A. Peters, Alan Britton and Harry Blee (Rotterdam: Sense Publishers, 2008), 10.

33 Golmohamad, "Global Citizenship," in *Global Citizenship Education*, 522-24;

530; Kymlicka, "Foreword," in *Diversity and Citizenship Education: Global Perspective*, edited by J. A. Banks (San Francisco, CA: Jossey-Bass, 2004), xvi.

34 Thomas H. Groome, *Will There Be Faith?: A New Vision for Educating and Growing Disciples* (New York: HarperOne, 1989), 121-153.

35 Kim, "Seeking Critical Hope in a Global Age: Religious Education in a Global Perspective," 324-326.

집필 후기

집필 후기

최근 *Imagined Community*를 저술한 베네딕트 앤더슨(Benedict Anderson)의 자서전 *A Life Beyond Boundaries*를 읽게 되었다.[1] 개인적으로 관심을 가지고 있는 민족주의에 관한 저서들을 읽어나가던 중, 앤더슨 자신의 삶과 학문적 여정을 저술한 이 책을 발견할 수 있었다. 정치가, 사업가, 목회자 등의 삶에 대한 저술은 많지만 학자의 개인적 삶과 대학에서의 연구, 그리고 학문적 여정에 대한 저술을 발견하기란 그리 쉽지 않다. 중국에서 태어나 아일랜드에서 자라나고 영국과 미국에서 공부하다가 남동아시아에서 많은 시간을 보낸 앤더슨은 다양한 문화와 언어를 접하면서 경계를 넘나드는 삶을 살아온 특이한 이력을 가진 세계적 학자이다. 앤더슨만큼 다양하고 복합적이며 다국적인 삶을 역동적으로 살아 온 것은 아니지만, 이 집필 후기에서는 글로벌 시대와 기독교교육이라는 주제에 관심을 갖게 된 나의 삶과 학문적 여정을 함께 소개하고자 한다.

이 저서는 6년간의 박사학위 과정을 끝내고 본국에서 강의를 시작한 직후 기독교교육학에 대한 개괄적인 강연을 요청받으면서 시작되었다. 대학부터 박사학위를 끝낼 때까지 교육학과 기독교교육학에 대해 13년 동안 공부해 왔지만, 기독교교육학을 전체적으로 개괄해 본 적이 없었던 나는 2시간의 강연을 위해 30장 정도의 개괄적인 강의록을 작성했다. 이 30여 장의 강의록은 23년 동안의 강의 경력을 통해 200장 이상으로 늘어났다. 박사과정 동안 가졌던 근대화에 대한 관심과 기독교적 자아 정체감에 관한 학문적 결정은 점차 글로벌 시대와 기독교교육에 대한 관심으로 이어졌다. IMF를 경험하면서, 세계화의 막강한 영향력은 한국인이라면 누구나 경험하고 느낄 수 있는 것이었다. 한국은 글로벌 세계 속에서 많은 영향을 받아왔으며 또한 동시에 인터넷과 정보기술의 발달을 통해 세계의 다른 지역에 지대한 영향을 주고 있는 나라이다. 이전 세대처럼 직접 전 세계를 방문하고 살지 않아도 밀접한 관계를 맺으며 영향을 주고받을 수 있는 글로벌 사회가 점차 확산되고 있는 상황이다.

이 같은 글로벌 사회가 점차 확산되는 과정 속에서 나는 기독교의 역할은 무엇이며 기독교교육은 어떤 역할을 수행할 수 있는가에 대해 고민하기 시작했다. 특히 기독교의 영향력이 점차 감소하는 상황 속에서, 기독교교육의 자리는 어디이며 기독교교육의 미래는 과연 어떠한 방향으로 진행되는가에 대한 심각한 고민을 하게 되었다. 이러한 고민에 대한 응답으로 작성하게 된 논문이 "Seeking a Critical Hope in a Global Age: Religious Education in a Global Perspective"(*Religious Education*)이다. 이 논문에서 나는 미래를 향한 세속적 희망과 풍요로운 삶에 기반을 둔 교육이 아니라, 정의에 기반을 둔 교육, 문화적 감수성을 통해 다양성을 지향하는 교육, 그리고 글로벌 시민교육을 통해 현실에 기반을 두면서도 하나님의 뜻을 이루는 비판적인 희망(critical hope)을 제시하려고 노력하였다. 구약성서 미가에서 하나님이 우리에게 요청하시는 삶은 "To act justly, to love mercy, and to walk humbly with God" 즉 정의롭게 행동하고, 사랑으로 타인의 다름을 인정하며, 하나님과 함께 겸손하게 걷는 시민의 삶이며 그것이 우리에게 주어진 교육적 사명이라고 보았다. 나는 이 저서에서 앞서 서술한 세계화에 대한 관심을 기독교교육의 전 영역에서 살펴보고자 하였다.

"Seeking a Critical Hope"에서 제시한 한국에서 직면하는 세계화에 대한 관심은 한국을 넘어서 유럽과 미국 그리고 한국 사이의 관련성으로 보다 넓어지는 계기를 맞게 되었다. 2012년 장로회신학대학교와 연세대학교에서 개최되었던 학술대회에서 미국 프린스턴 신학대학원의 아스마(Richard R. Osmer) 교수와 독일 튀빙겐 대학의 슈바이처(Friedrich Schweitzer) 교수와의 만남은 나로 하여금 또 다른 관점과 시각을 갖게 한 경험이었다. 특히 연세대학교에서 진행된 학술강연을 통해 우리 세 사람은 세계화와 관련된 저서 프로젝트(*The Future of Protestant Religious Education in an Age of Globalization,* 2018)를 기획하게 되었다. 각자 자신의 나라로 돌아간 세 명의 학자들은 스카이프(Skype)를 통해 매달 저서 집필 작업을 위한 토의 시간을 갖게 되었다. 오전 8시(미국), 오후 2시(독일), 그리고 오후 10시(한국)를 정해 우리는 매달 토의하고 논의하면서 집필 작업을 시작하였다. 프로테스탄티즘의 시작과 발전에 대한 역사적 관점, 세계화의 영향을 받은 현 상황에 대한 분석, 그리고 기독교교육의 미래에 대한 전망까지 광범위하고 포괄적인 논의와 집필이 이루어졌다.

5년간 진행된 집필 과정은 세계화의 상황 속에서 이루어진 이상적인 의사소통의 과정이면서도 동시에 개인적으로 끊임없는 논박과 선택을 해야 하는 십자가의 과정이기도 했다. 우리는 각자가 준비해야 하는 부분 그리고 함께 작성해야 하는 부분들을 정리해가며 숙제하는 기분으로 매달 스카이프(Skype) 시간을 준비하였다. 이 과정을 통해 세계화의 현상에 대한 국제적인 비교분석(international comparative framework)이 이루어졌으며, 초국가적 관점(transnational perspective)을 적용해볼 수 있었다. 500여 년 전에 독일에서 일어난 종교개혁과 프로테스탄티즘이 미국으로 넘어가서 또 하나의 변화를 이끌어내고, 19세기 말 한국에 전달되면서 구한말 조선 사람들의 삶에 전환점을 제공하는 일련의 과정들을 세 나라의 학자들이 함께 정리할 수 있는 좋은 계기가 되었다. 아스마 교수 그리고 슈바이처 교수와 함께 집필된 이 저서는 프로테스탄티즘이 각 나라에 미친 교육적 유산과 세계화를 경험하면서 생겨난 다양한 삶의 경험을 비판적으로 연계하면서 앞으로 기독교교육이 나아가야 할 방향을 제안할 수 있었다.

앞서 제시한 저서가 세계화에 대한 인식으로부터 한국의 기독교교육과 종교 상황을 살펴봤다면, 그 다음 논의할 논문은 한국의 상황으로부터 한국 외의 상황과 세계화의 과정에 관심을 기울인 논문이다. *The Future of Protestant Religious Education in an Age of Globalization*에서 나는 글로벌 종교인 기독교(개신교)의 유입으로 인해 조선인, 특히 조선 여성들에게 미친 영향을 다음과 같이 한 문장으로 서술하였다. "Emphasizing that women and men were created equal under God, Christian education set new standards for gender relations."[2] 나는 이 한 문장에 내포된 의미를 보다 깊숙이 들여다보고 싶었다. 그 작업은 그 당시 살았던 조선 여성들의 다양한 모습과 서양 여성 선교사와의 상호적 관계, 그리고 구한말의 쇠락해 가는 조선의 상황들과 연결되어 있는 복잡한 과정이었다. 특히 역사적 연구방법론을 활용해서 그 당시의 문헌을 번역하고 해석하는 과정도 나에게 새로운 지평을 가져다주었다. 새로운 글로벌 종교와 서양의 문화를 접한 그 당시 조선 여성들이 가졌던 경험은 과연 어떠했을까? 우리가 지금 변화하는 세계화를 경험하고 있는 것처럼, 그 경험은 단순한 수용의 경험이 아닌 갈등과 배척 그리고 수용과 적용의 복합적 과정이었을 것이다. 그 한 가운데 여성들이 있었고, 그 한 가운데 기독교적 여성 교육이 존재하였다. 2019년 기독교교육학회 여름 학술대회에서 주제 강연으로 발표된 논문, "근대 초기 기독교 여성과 기독교적 여성 교육"에서 나는 주로 여성 선교사들에 의해 설립되고 수행되었던 여성 교육기관과 여성 교육의 현황을 살펴보았다. 그 당시 여성 선교사들과 조선 여성들 사이의 협력적이고 동역적인 관계 그리고 기독교적 여성 교육이 가져온 다양한 결과에 대해 살펴보면서, 일방적으로 한 쪽이 수혜를 받는 관계가 아니라 상호적인 성장의 과정임을 찾아볼 수 있었다. 선교사들의 보고서를 읽으면서, 그 당시 서양과 동양의 여성들로 구분되기는 하지만, 이 두 부류의 여성들이 지녔던 어려움과 성장, 갈등과 행복, 그리고 어려움과 성취감을 함께 느낄 수 있었다.[3]

지금 한국은 코로나 19로 인한 어려움으로 힘든 나날을 보내고 있다. 2020년 초부터 지금까지 코로나 19로 인해 우리가 직접적으로 직면하고 있는 글로벌 상황은 일반 교육의 전반과 기독교교육이 이루어지고 있는 현장에도 많은 영향을 미쳤다. 전대미문의 불확실한 코로나 19 상황을 직면하면서 기독교교육학자로서 지금까지 이루어 놓은 인간의 노력과 성취에 대한 성찰의 필요성을 느끼면서 동시에 자신의 현 상황을 넘어설 수 있는 중요한 기회로 삼아야 한다고 보았다. "Beyond Doubt and Uncertainty: Religious Education for a Post-Covid-19 World"의 논문을 통해 현재 직면하고 있는 위기, 즉 생태학적 위기, 경제적 위기 그리고 이데올로기적 위기에 대응하면서 코로나 19 이후의 사회에서 필요한 기독교교육의 모습은 무엇인가에 대해 논의할 수 있었다.[4] 또한 코로나 19를 통해 기독교교육의 불확실하고 암울한 상황을 직시하면서, 기독교교육이 마주한 코로나 19 이후의 새로운 현실을 직면하고, 앞으로 나아가야 할 방향에 대한 계획을 제안해 볼 수 있는 계기가 되었다.

기독교교육은 과거와 현재를 이어주고, 성서 전통과 삶의 경험 사이의 연계를 도와주며, 교사와 학습자 사이의 관계를 강화하는 중요한 연결고리의 역할을 담당해왔다. 기독교교육은 과거로부터 전달된 성서의 지평과 현재를 살고 있는 학습자의 지평을 상호적 비판과 연계를 통해 넓히는 교육적 과정이다. 그러기 위해서는 우리는 끊임없이 자신의 지평을 넘어 타인의 지평을 이해하려는 노력을 해야 한다. 자신이 세워놓은 경계를 넘어서, 자신의 안락한 지평을 떠나서 성서에 수록된 성서적 인물의 삶, 역사의 과정에서 나타나는 역사적 인물의 삶, 교육현장에서 만나는 동료들의 삶, 세계화의 과정 속에서 만나게 되는 다양한 삶의 모습을 만나는 작업이 바로 교육적 경험이며 또한 하나님의 나라로 가는 순례자의 삶인 것이다.

순례자로서, 교육자로서, 그리고 학자로서, 나는 삶의 경계를 넘어 나의 학문적 지평을 넘어 확대되는 삶을 살아가고자 한다. 이 저서도 이 과정의 일부라고 생각하며 펜을 놓는다.

집필 후기

1 Benedict Anderson, *Imagined Communities: Reflections on the Origin and Spread of Nationalism*, revised edition (London: Verso, 2006); *A Life Beyond Boundaries* (London: Verso, 2016).

2 Hyun-Sook Kim, Richard R. Osmer, and Friedrich Schweitzer, *The Future of Protestant Religious Education in an Age of Globalization*, 34.

3 김현숙, "근대 초기 기독교 여성과 기독교적 여성교육," 「기독교교육논총」 제59집 (2019): 17-58.

4 Hyun-Sook Kim, "Beyond Doubt and Uncertainty: Religious Education for a Post-Covid-19 World," *Religious Education* vol. 116, no. 2 (2021): 41-52.

참고문헌

강희천. 『기독교교육사상』 서울: 연세대학교 출판부, 1991.

______. 『기독교교육의 비판적 성찰』 서울: 대한기독교서회, 1999.

기독교의 이해 편찬위원회 편. 『기독교, 묻고 답하다』 서울: 청송미디어, 2019.

김현숙. "공유적 권위와 기독교교육." 「기독교교육정보」 제17집 (2007): 193-214.

______. "구조주의적 관점에서 본 기독교교육 목적 분석." 서울: 연세대학교 연합신학대학원, 1991.

______. "근대 초기 기독교 여성과 기독교적 여성교육." 「기독교교육논총」 제59집 (2019): 17-58.

______. "다문화주의 담론과 기독교교육." 「한국기독교신학논총」 제86집 (2013): 269-297.

______. "신학교육의 목적과 커리큘럼 개선." 「기독교교육정보」 제19집 (2009): 7-47.

______. 『탈인습성과 기독교교육』 서울: 대한기독교서회, 2003.

______. "현대사회의 견신례 교육." 「한국기독교신학논총」 제42집 (2006): 245-269.

링거렌, 카이저, 헤르쯔버그. 『국제성서주석 13: 아가, 애가, 에스델, 룻기』 박영옥 역. 서울: 한국신학연구소, 1992 [H. Ringgren, O. Kaiser, and H. W. *Herzberg, Das Hohe Lied, Klagelieder, Das Buch Ester, Das Buch Ruth*. Goettingen: Vandenhoeck & Ruprecht, 1962]), 239-246.

박재흥. 『세대 차이와 갈등: 이론과 현실』 경남: 경상대학교출판부, 2017.
이성호. 『교육과정과 평가』 서울: 양지원, 1985.
이호영, 고흥석, 이윤석, 김석호, 허명회. 『디지털 세대와 베이비붐 세대 비교 연구』 과천: 미래창조과학부, 2013.
전상진. "세대사회학의 가능성과 한계: 세대개념의 분석적 구분." 「한국인구학」 제25집 2호 (2002): 193-230.
제자원. "여선지자 훌다의 예언." 『그랜드종합주석 6: 열왕기상·열왕기하』 서울: 성서교재주식회사, 1997.
존 밀턴. 『실낙원』 이창배 옮김. 파주: 범우사, 1989.
최석무, "크리티컬 리터러시를 활용한 백설공주 읽기 교육: 원작과 영화, 패러디 작품을 중심으로." 「영어영문학」 제55권 5호 (2009): 885-906.
칼 구스타프 융. 『영혼을 찾는 현대인 : 인생의 길을 제시하는 칼 융의 에세이들』 김세영 역. 서울 : 부글북스, 2014.
American Association of University Women, eds. *Gender Gaps: Where Schools Still Fail Our Children*. New York: Marlowe & Company, 1998.
________. *How Schools Shortchange Girls: The AAUW Report, A Study of Major Findings on Girls and Education*. New York: Marlowe & Company, 1995.
Anderson, Benedict. *Imagined Communities: Reflections on the Origin and Spread of Nationalism*, revised edition. London: Verso, 2006.
______. *A Life Beyond Boundaries*. London: Verso, 2016.
Apple, Michael. *Ideology and Curriculum*. New York: Routledge, 1990.
Armstrong, Karen. *The Battle for God: A History of Fundamentalism*. New York: Ballantine Books, 2001.
Ayers, William, Therese Quinn and David Stovall. "Editor's Conclusion." In *Handbook of Social Justice in Education*, edited by William Ayers, Therese Quinn and David Stovall, 725-728. New York: Routledge, 2009.
______. "Preface." In *Handbook of Social Justice in Education*, edited by William

Ayers, Therese Quinn and David Stovall, xiii-xv. New York: Routledge, 2009.

Bainton, Roland H. "Psychiatry and History: An Examination of Erikson's Young Man Luther." *Religion in Life* vol. 40, no. 4 (August 1971): 450-478.

Banks, Cherry A. McGee. "Intellectual Leadership and African American Challenges to Meta-Narratives." In *Multicultural Education, Transformative Knowledge, and Action: Historical and Contemporary Perspectives,* edited by James A. Bank, 46-63. New York: Teachers College Press, Columbia University, 1996.

Banks, James A. *An Introduction to Multicultural Education*, 2nd edition. Boston: Allyn and Bacon, 1999.

_______. "Approaches to Multicultural Curriculum Reform." In *Multicultural Education: Issues and Perspectives*, 7th edition, edited by James A. Banks and Cherry McGee Banks, 233-256. Hoboken, NJ: Wiley, 2010.

_______. *Educating Citizens in a Multicultural Society*, 2nd edition. New York and London: Teachers College, Columbia University, 2007.

_______. "Multicultural Education: Characteristics and Goals." In *Multicultural Education: Issues and Perspectives*, 7th edition, edited by James A. Banks and Cherry McGee Banks, 3-30. Hoboken, NJ: Wiley, 2010.

Banta, Trudy W. and Catherine A. Palomba. *Assessment Essentials: Planning, Implementing, and Improving Assessment in Higher Education, 2nd edition*. San Francisco: Jossey-Bass & Pfeiffer Imprints, 2015.

Barber, Benjamin R. *Fear's Empire: War, Terrorism, and Democracy*. New York: W. W. Norton & Company, 2003.

Barnard, Chester I. *The Functions of the Executive*, introduction by Kenneth R. Andrews. Cambridge, MA: Harvard University Press, 1938/1968.

Beauchamp, George. "Basic Components of a Curriculum Theory." In

Curriculum and Instruction: Alternatives in Education, edited by Henry A. Giroux, Anthony N. Penna, and William F. Pinar, 62-68. Berkely, CA: McCutchan Publishing Com., 1981.

Belenky, Mary F., Blythe M. Clinchy, Nancy R. Goldberger, and Jill M. Tarule. *Women's Ways of Knowing: The Development of Self, Voice and Mind*. New York: Basic Books, 1986.

Bennet, Christian I. *Comprehensive Multicultural Education: Theory and Practice*, 6th edition. Boston: Allyn and Bacon, 2007.

Berger, P. L. "Introduction: The Cultural Dynamics of Globalization." In *Many Globalizations: Cultural Diversity in the Contemporary World*, edited by. P. L. Berger and S. P. Huntington, 1-16. New York: Oxford University Press, 2002.

Biesta, Gert. and Patricia Hannam. "Religious Education and the Return of the Teacher." *Religious Education* vol. 111, no. 3 (June 2016): 239-243.

Bloom, Benjamin S., J. Thomas Hastings and George F. Madaus. *Handbook on Formative and Summative Evaluation of Student Learning*. New York: McGraw-Hill, 1971.

Bourdieu, Pierre. *Acts of Resistance: Against the Tyranny of the Market*. New York: The New Press, 1998.

Boyles, D., T. Carusi, and D. Attick. "Historical and Critical Interpretations of Social Justice." In *Handbook of Social Justice in Education*, edited by W. Ayers, T. Quinn & D. Stovall, 30-42. New York: Routledge, 2009.

Browning, Don S. *A Fundamental Practical Theology: Descriptive and Strategic Proposals*. Minneapolis: Fortress Press, 1991.

______. "Toward a Fundamental and Strategic Practical Theology." In *Shifting Boundaries: Contextual Approaches to the Structure of Theological Education*, 295-328. Louisville, KY: Westminster/John Knox Press, 1991.

Browning, Robert L. and Roy A. Reed. *The Sacraments in Religious Education and Liturgy: An Ecumenical Model*. Birmingham, AL: Religious Education Press, 1985.

Burgess, Harold W. *An Invitation to Religious Education*. Birmingham, AL: Religious Education Press, 1975.

_______. *Models of Religious Education: Theory and Practice in Historical and Contemporary Perspective*. Nappanee, IN: Evangel Publishing House, 2001.

Burkhart, John. "Schleiermacher's Vision for Theology." In *Practical Theology: The Emerging Field*, edited by Don Browning, 42-57. San Francisco: Harper & Row, Publishers, 1983.

Caldwell, Elizabeth. "Religious Instruction: Homemaking." In *Mapping Christian Education: Approaches to Congregational Learning*, edited by Jack L. Seymour, 74-89. Nashville, TN: Abingdon Press, 1997.

Carr, Anne E. "The New Vision of Feminist Theology." In *Freeing Theology: The Essential of Theology in Feminist Perspective*, edited by Catherine Mowry LaCugna, 5-29. New York: HarperSanFrancisco, 1993.

Castle, S. "Migration, Citizenship, and Education." In *Diversity and Citizenship Education: Global Perspectives*, edited by J. A. Banks, 17-48. San Francisco, CA: Jossey-Bass, 2004.

Chopp, Rebecca S. "Practical Theology and Liberation." In *Formation and Reflection: The Promise of Practical Theology*, edited by Lewis S. Mudge and James N. Poling, 120-138. Philadelphia: Fortress Press, 1987.

Cochran-Smith, M., J. Barnatt, R. Lahann, K. Shakman, and D. Terrell. "Teacher Education for Social Justice: Critiquing the Critiques." In *Handbook of Social Justice in Education*, edited by W. Ayers, T. Quinn and D. Stovall, 625-639. New York: Routledge, 2009.

Coe, George Albert. *Education in Religion and Morals*. New York: Fleming H. Revell Company, 1904.

Cully, Iris V. *Planning and Selecting Curriculum for Christian Education*. Valley Forge, PA: Judson Press, 1983.

De Vries, H. "Introduction: Before, Around, and Beyond the Theologico-political." In *Political Theologies: Public Religions in a Post-secular World*, edited by H. De Vries and L. E. Sullivan, 1-88. New York: Fordham University Press, 2006.

Dewey, John. *Democracy and Education*. New York: A Free Press, 1916.

______. *Experience and Education*. New York: Collier Books, 1938.

Doll Jr., William E. *A Post-Modern Perspective on Curriculum*. New York: Teachers College Press, 1993.

Dower, N. "Section Introduction." In *Global Citizenship: A Critical Introduction*, edited by N. Dower & J. Williams, 127-132. New York: Routledge, 2002.

Dubrow, Heather and James Wilkinson. "The Theory and Practice of Lectures." In *The Art and Craft of Teaching*, edited by Margaret Morganroth Gullette, 25-37. Cambridge, MA: Harvard University Press, 1982.

Edgerton, Susan Huddleston. *Translating the Curriculum: Multiculturalism into Cultural Studies*. New York: Routledge, 1996.

Eisner, Eliot W. "The Art and Craft of Teaching." In *Contemporary Issues in Curriculum*, edited by Allan C. Ornstein and Linda S. Behar, 90-99. Needham Heights, MA: Allyn and Bacon, 1995.

______. *The Educational Imagination: On the Design and Evaluation of School Programs*. New York: Macmillan College Publishing Company, 1994.

Ericson, David P. and Frederick S. Ellett. "The Question of the Student in Educational Reform." *Education Policy Analysis Archives* vol. 10, no. 31 (July 2002): 1-30.

Erikson, Erik H. *Childhood and Society*. Harmondsworth: Penguin Books, 1965.

______. *Young Man Luther: A Study in Psychoanalysis and History*. New York: Norton, 1962.

Farley, Edward. "Interpreting Situations: An Inquiry into the Nature of Practical Theology." In *Formation and Reflection: The Promise of Practical Theology*, edited by Lewis S. Mudge and James N. Poling, 1-26. Philadelphia: Fortress Press, 1987.

______. *Theologia: The Fragmentation and Unity of Theological Education*. Philadelphia: Fortress Press, 1983.

______. "Theology and Practice Outside the Clerical Paradigm." In *Practical Theology: The Emerging Field*, edited by Don Browning, 21-41. San Francisco: Harper & Row, Publishers, 1983.

Fayol, Henry. *General and Industrial Management*. London: Pitman, 1984.

Fenstermacher, Gray D. and Jonas F. Soltis. *Approaches to Teaching*, 5th edition. New York: Teachers College, Columbia University, 2009.

Fischman, G. E. and E. Hass. "Critical Pedagogy and Hope in the Context of Neo-liberal Globalization." In *Handbook of Social Justice in Education*, edited by W. Ayers, T. Quinn & D. Stoval, 565-575. New York: Routledge, 2009.

Flinders, David J. and Stephen J. Thornton, eds. *The Curriculum Studies Reader*, 3rd edition. New York: Routledge, 2009.

Foster, Charles R. "Why Don't They Remember? Reflections on the Future of Congregational Education." In *Forging a Better Religious Education in the Third Millennium*, edited by James Michael Lee, 89-112. Birmingham, AL: Religious Education Press, 2000.

Foucault, Michel. *The Archaeology of Knowledge*. New York: Harper & Row, 1972.

Fowler, James W. *Stages of Faith: The Psychology of Human Development and the Quest for Meaning*. New York: HerperSanFrancisco, 1981.

Fraser, Nancy and A. Honneth. *Redistribution or Recognition?: A Political-philosophical Exchange*, translated by J. Golb, J. Ingram and C. Wilke. London: Verso, 2003.

Fraser, Nancy and Linda J. Nicholson. "Social Criticism without Philosophy: An Encounter between Feminism and Postmodernism." In *Feminism and Postmodernism*, edited by Linda J. Nicholson, 19-38. New York: Routledge, 1990.

Freire, Paulo. *Education for Critical Consciousness*. New York: Seabury Press, 1973.

______. *Pedagogy in Process: The Letters to Guinea-Bissau*, translated by Carman St. John Hunter. New York: The Seabury Press, 1978.

______. *Pedagogy of the Oppressed*. New York: Herder & Herder, 1970.

Gardner, Howard. *Multiple Intelligences: The Theory in Practice*. New York: BasicBooks, 1993.

Gilligan, Carol. *In a Different Voice: Psychological Theory and Women's Development*. Cambridge, MA: Harvard University Press, 1982.

Giroux, Henry A., Anthony N. Penna, and William F. Pinar, eds. *Curriculum and Instruction: Alternatives in Education*. Berkeley, CA: McCutchan Publishing Com., 1981.

Goldberger, Nancy R., Jill M. Tarule, Blythe M. Clinchy, and Mary F. Belenky. *Knowledge, Difference and Power: Essays Inspired by Women's Ways of Knowing*. New York: Basic Books, 1996.

Golmohamad, M. "Global Citizenship: From Theory to Practice, Unlocking Hearts and Minds." In *Global Citizenship Education: Philosophy, Theory and Pedagogy*, edited by M. A. Peters, A. Britton, and H. Blee, 519-533.

Rotterdam: Sense Publishers, 2008.

Grant, Carl A. and Christine E. Sleeter. *Turning on Learning: Five Approaches for Multicultural Teaching Plans for Race, Class, Gender, and Disability*, 5th edition. Hoboken, NJ: John Wiley & Sons, 2009.

______. "Race, Class, Gender, and Disability in the Classroom." In *Multicultural Education Issues and Perspectives*, 3rd edition, edited by James A. Banks and Cherry A. McGee Banks, 61-83. Boston: Allyn and Bacon, 1997.

Grant, Carl A. and Stephen Brueck. "A Global Invitation: Toward the Expansion of Dialogue, Reflection and Creative Engagement for Intercultural and Multicultural Education." In *Intercultural and Multicultural Education: Enhancing Global Interconnectedness*, edited by Carl A. Grant and Agostino Portera, 3-11. New York: Taylor & Francis, 2011.

Greene, Maxine. *Landscapes of Learning*. New York: Teachers College Press, 1986.

Groome, Thomas H. *Christian Religious Education: Sharing Our Story and Vision*. New York: HarperSanFrancisco, 1981.

______. *Education for Life: A Spiritual Vision for Every Teacher and Parent*. Allen, TX: Thomas More, 1998.

______. *Will There be Faith?: A New Vision for Educating and Growing Disciples*. New York: HarperOne, 1989.

Grossman, Reinhardt. *Phenomenology and Existentialism: An Introduction*. London: Routledge & Kegan Paul, 1984.

Gulick, Luther. "Notes on the Theory of Organization." In *Papers on the Science of Administration*, edited by Luther Gulick and L. Urwick, 3-45. New York: Institute of Public Administration, 1937.

Gullette, Margaret Morganroth, ed. *The Art and Craft of Teaching*. Cambridge, MA: Harvard University Press, 1982.

Gutmann, Amy. "Introduction." In *Multiculturalism: Examining the Politics of Recognition*, edited by Amy Gutmann, 3-24. Princeton, NJ: Princeton University Press, 1994.

Hall, Edward T. *The Silent Language*. New York: A Doubleday Anchor Book, 1973.

Harvey, David. *The Condition of Postmodernity: An Enquiry into the Origins of Cultural Change*. Cambridge, MA: Blackwell, 1990.

Held, D. "The Transformation of Political Community: Rethinking Democracy in the Context of Globalization." In *Global Citizenship: A Critical Introduction*, edited by N. Dower and J. Williams, 92-100. New York: Routledge, 2002.

Held, D., Anthony McGrew, David Goldblatt, and Jonathan Perraton, eds. *Global Transformations: Politics, Economics, and Culture*. Stanford, CA: Stanford University Press, 1999.

Henson, Kenneth T. *Curriculum Planning: Integrating Multiculturalism, Constructivism, and Education Reform*, 4th edition. Long Grove, IL: Waveland Press, 2010.

Hess, Carol L. *Caretakers of our Common House: Women's Development in Communities of Faith*. Nashville, TN: Abingdon Press, 1997.

Hollenbach, S. J., D. *The Global Face of Public Faith: Politics, Human Rights, and Christian Ethics*. Washington, D.C.: Georgetown University Press, 2003.

Homans, George C. *The Human Group*. New York: Harcourt, Brace & World, 1950.

Hoy, Wayne K. and Cecil G. Miskel. *Educational Administration: Theory, Research, and Practice*, 9th edition. New York: McGraw Hill, 2013.

Huebner, Dwayne. "Toward a Political Economy of Curriculum and Human Development." In *Curriculum and Instruction: Alternatives in Education*, edited by Henry A. Giroux, Anthony N. Penna, and William F. Pinar, 124-138. Berkely, CA: McCutchan Publishing Com., 1981.

Hunsinger, Deborah van Deusen. *Theology and Pastoral Counseling: A New Interdisciplinary Approach*. Michigan, MI: William B. Eerdmans Publishing, 1995.

Huntington, Samuel P. *The Clash of Civilizations and the Remaking of World Order*. New York: Simon & Schuster, 1996.

______. *Who are We?: The Challenges to America's National Identity*. New York: Simon & Schuster, 2004.

Hyslop-Margison, E. J. and A. M. Sears. "Challenging the Dominant Neo-liberal Discourse: From Human Capital Learning to Education for Civic Engagement." In *Global Citizenship Education: Philosophy, Theory and Pedagogy*, edited by M. A. Peters, A. Britton, and H. Blee, 299-315. Rotterdam: Sense Publishers, 2008.

Illeris, Knud, ed. *Contemporary Theories of Learning: Learning Theorist in Their Own Words*. New York: Routledge, 2009.

Jackson, Robert. "Religion, Education, Dialogue and Conflict: An Introduction." In *Religion, Education, Dialogue and Conflict: Perspectives on Religious Education Research*, edited by Robert Jackson, 5-9. London: Routledge, 2012.

______. *Rethinking Religious Education and Plurality: Issues in Diversity and Pedagogy*. London: RoutledgeFalmer, 2004.

Jenskins, Carol A. and Dale Kratt. "Sociological Foundations of Multicultural Religious Education." In *Multicultural Religious Education*, edited by Barbara Wilkerson, 56-92. Birmingham, AL: Religious Education Press, 1997.

Johnson, Jr., Mauritz. "Definitions and Models in Curriculum Theory." In

Curriculum and Instruction, Alternatives in Education, edited by Henry A. Giroux, Anthony N. Penna, and William F. Pinar, 69-85. Berkeley, CA: McCutchan Publishing Com., 1981.

Johnson, Steve. *Everything Bad is Good For You: How Today's Popular Culture is Actually Making Us Smarter*. New York: Riverhead Books, 2005/2006.

Jukes, Ian, Ted McCain, and Lee Crockett. *Understanding the Digital Generation: Teaching and Learning in the New Digital Landscape*. Kelowna BC, Canada: 21st Century Fluency Project, 2010.

Jung, Carl G. *Memories, Dreams, and Reflections*, edited by Aniela Jaffe and translated from the German by Richard and Clara Winston. New York: Pantheon Books, 1963.

______. *Psyche and Symbol: A Selection from the Writings of C. G. Jung*, translated by R. F. C. Hull and selected and introduced by Violet S. de Laszlo. Princeton, NJ: Princeton University Press, 1991.

Kegan, Robert. *Evolving Self: Problem and Process in Human Development*. Cambridge, MA: Harvard University Press, 1982.

______. *In Over Our Heads: The Mental Demands of Modern Life*. Cambridge, MA: Harvard University Press, 1994.

______. "There the Dance Is." In *Toward Moral and Religious Maturity: The First International Conference on Moral and Religious Development*, edited by Christiane Brusselmans, 403-440. Morristown, NJ: Silver Burdett Company, 1980.

Kierkegaard, Søren. *The Sickness unto Death: A Christian Psychological Exposition for Upbuilding and Awakening*. Princeton, NJ: Princeton University Press, 1980.

______. *The Concept of Anxiety: A Simple Psychologically Orienting Deliberation on the Dogmatic Issue of Hereditary Sin*, edited and translated with introduction and notes by Reidar Thomte in collaboration with Albert B. Anderson. Princeton, NJ: Princeton University Press, 1980.

Kim, Hyun-Sook. "Becoming Co-authors: Toward Sharing Authority in Religious Education." *Religious Education* vol. 104, no. 5 (November 2009): 479-491.

_______. "Beyond Doubt and Uncertainty: Religious Education for a Post-Covid-19 World." *Religious Education* vol. 116, no. 1 (January/Feburary 2021): 41-52.

_____. "Multicultural Religious Education in a Trinitarian Perspective." *Religious Education* vol. 107, no. 3 (May/June 2012): 247-261.

_____. "Seeking Critical Hope in a Global Age: Religious Education in a Global Perspective." *Religious Education* vol. 110, no. 3 (May/June 2015): 311-328.

_____. "The Hermeneutical-*Praxis* Paradigm and Practical Theology." *Religious Education* vol. 102, no. 4 (Fall 2007): 419-436.

Kim, Hyun-Sook, Richard R. Osmer and Friedrich Schweitzer. *The Future of Protestant Religious Education in an Age of Globalization*. Münster and New York: Waxmann Publisher, 2018.

Kiwan, D. "Citizenship Education in England at the Cross-roads? Four Models of Citizenship and their Implications for Ethnic and Religious Diversity." *Oxford Review of Education* vol. 34, no. 1 (February 2008): 39-58.

Knox, Ian P. *Above or Within?: The Supernatural in Religious Education*. Mishawaka, IN: Religious Education Press, 1976.

Kohlberg, Lawrence. "From Is to Ought." In *Cognitive Development and Epistemology*, edited by Theodor Mischel, 151-235. New York: Academic Press, 1971.

Kottler, Jeffrey A., Stanley J. Zehm and Ellen Kottler. *On Being a Teacher: The*

Human Dimension, 3rd edition. Thousand Oaks, CA: Corwin Press, 2005.

Krathwohl, David R., Benjamin S. Bloom, and Bertraum B. Masia. *Taxanomy of Educational Objectives, Handbook II: Affective Domain*. New York: Mckay, 1964.

Küng, Hans. "A Global Ethic for a New Global Order." In *Global Citizenship: A Critical Introduction*, edited by N. Dower and J. Williams, 133-145. New York: Routledge, 2002.

Kurien, C. T. "Globalization: An Economist's Perspective." In *Public Theology for the 21st century: Essays in Honour of Duncan B. Forrester*, edited by W. E. Storrar and A. R. Morton, forworded by R. Plant, 195-212. London: T&T Clark, 2004.

Kymlicka, W. "Foreword." In *Diversity and Citizenship Education: Global Perspectives*, edited by J. A. Banks, xiii-xviii. San Francisco, CA: Jossey-Bass, 2004.

Ladson-Billings, G. "Culture versus Citizenship: The Challenge of Racialized Citizenship in the United States." In *Diversity and Citizenship Education: Global Perspectives*, edited by J. A. Banks, 99-126. San Francisco, CA: Jossey-Bass, 2004.

______. "New Directions in Multicultural Education: Complexities, Boundaries, and Critical Race Theory." In *Handbook of Research on Multicultural Education*, 2nd edition, edited by James A. Banks and Cherry A. McGee Banks, 50-65. San Francisco, CA: Jossey-Bass, 2004.

Lee, James Michael. *The Flow of Religious Instruction*. Birmingham, AL: Religious Education Press, 1973.

______. "Vision, Prophecy, and Forging the Future." In *Forging a Better Religious Education in the Third Millennium*, edited by James Michael Lee, 243-267. Birmingham, AL: Religious Education Press, 2000.

LeFever, Marlene D. *Creative Teaching Methods: Be An Effective Christian Teacher*. Elgin, IN: David C. Cook Publishing Co., 1985.

Leistyna, P. "Preparing for Public life: Education, Critical Theory, and Social Justice." In *Handbook of Social Justice in Education*, edited by W. Ayers, T. Quinn, and D. Stovall, 51-58. New York: Routledge, 2009.

Lemov, Doug and Erica Woolway. "Remote Teaching and the New Normal." In *Teaching in the Online Classroom: Surviving and Thriving in the New Normal*, edited by Doug Lemov and the Teach like a Champion Team, 1-14. Hoboken, NJ: Jossey-Bass, 2020.

Lewin, Kurt. *Field Theory in Social Science: Selected Theoretical Papers*, edited by Dorwin Cartwright. Westport, CT: Greenwood Press, 1975.

Lewin, Kurt, Ronald Lippitt, and Ralph K. White. "Patterns of Aggressive Behavior in Experimentally Created Social Climates." *The Journal of Social Psychology* 10 (1939): 271-299.

Lewis, Laura B., Ronald H. Cram, and James Michael Lee. "Curriculum and Multicultural Religious Education." In *Multicultural Religious Education*, edited by Barbara Wilkerson, 323-389. Birmingham, AL: Religious Education Press, 1997.

Lines, Timothy A. *Functional Images of the Religious Educator*. Birmingham, AL: Religious Education Press, 1992.

_______. *Systemic Religious Education*. Birmingham, AL: Religious Education Press, 1987.

Little, Sara. "Reformed Theology and Religious Education." In *Theologies of Religious Education*, edited by Randolph Crump Miller, 11-34. Birmingham, AL: Religious Education Press, 1995.

_______. "Religious Instruction." In *Contemporary Approaches to Christian Education*, edited by Jack L. Seymour and Donald Miller, 35-52.

Nashville, TN: Abingdon Press, 1982.

Loder, James E. "Normativity and Context in Practical Theology: The Interdisciplinary Issue." In *Practical Theology: International Perspectives*, edited by Friedrich Schweitzer and Johannes A. van der Ven, 359-381. Frankfurt: Peter Lang, 1999.

Loder, James E. and W. Jim Neidhardt. *The Knight's Move: The Relational Logic of the Spirit in Theology and Science*. Colorado Springs, CO: Helmers & Howard, 1992.

Lunenburg, Frederick C. and Allan C. Ornstein. *Educational Administration: Concepts and Practices*, 6th edition. Belmont, CA: Wadsworth, 2012.

Maranda, E. K. and P. Maranda. *Structural Models in Folklore and Transformational Essays*. The Hague: Mouton, 1971.

Maslow, Abraham H. *Motivation and Personality*. New York: Harper, 1954.

Masters, James S. *The Taxonomy of Educational Objectives Needs a Reformation*. reproduced by ERIC, 1972.

May, Melanie A. "Tradition and Education." In *Theological Approaches to Christian Education*, edited by Jack L. Seymour and Donald E. Miller, 27-42. Nashville, TN: Abingdon Press, 1990.

McCarthy, Cameron. "Multicultural Discourses and Curriculum Reform: A Critical Perspective." *Educational Theory* vol. 44, no. 1 (Winter 1994): 81-116.

McIntosh, Peggy. "Gender Perspectives on Educating for Global Citizenship." In *The Curriculum Studies Reader*, 3rd edition, edited by D. J. Flinders and S. J. Thornton, 385-398. New York: Routledge, 1998.

_______. "Gender Perspectives on Educating for Global Citizenship." In *Educating Citizens for Global Awareness*, edited by N. Noddings, 22-39. New York: Teachers College Press, 2005.

McLaren, Peter L. "White Terror and Oppositional Agency: Towards a Critical Multiculturalism." In *Multicultural Education, Critical Pedagogy, and the Politics of Difference*, edited by Christine E. Sleeter and Peter L. McLaren, 33-70. Albany, NY: State University of New York Press, 1995.

McLaren, Peter L. and G. Fischman. "Reclaiming Hope: Teacher Education and Social Justice in the Age of Globalization." *Teacher Education Quarterly* vol. 25, no. 4 (Fall 1998): 125-133.

Medina, John. *Brain Rules: 12 Principles for Surviving and Thriving at Work, Home and School*. Seattle, WA: Pear Press, 2008.

Milgram, Stanley. "Behavioral Study of Obedience." *Journal of Abnormal and Social Psychology* vol. 67, no. 4 (1963): 371-378.

______. *Obedience to Authority: An Experimental View*. New York: Harper & Row, Publishers, 1969.

Miller, Randolph Crump. "Editor's Introduction." In *Theologies of Religious Education*, edited by Randolph Crump Miller, 4-8. Birmingham, AL: Religious Education Press, 1995.

Moltmann, Jürgen. *History and the Triune God: Contributions to Trinitarian Theology*, translated by John Bowden. New York: Crossroad, 1992.

________. *The Trinity and the Kingdom: The Doctrine of God*, translated by Margaret Kohl. Minneapolis, MN: Fortress Press: 1993.

Moore, Allen J. "Liberation and the Future of Christian Education." In *Contemporary Approaches to Christian Education*, edited by Jack L. Seymour and Donald Miller, 103-122. Nashville, TN: Abingdon Press, 1982.

Moore, Mary Ellizabeth Mullino. "Feminist Theology and Education." In *Theological Approaches to Christian Education*, edited by Jack L. Seymour and Donald E. Miller, 63-82. Nashville, TN: Abingdon Press, 1990.

______. *Teaching From the Heart: Theology and Educational Method.* Minneapolis, MN: Fortress Press, 1991.

Mortimer, Kenneth P. and Thomas R. McConnell. *Sharing Authority Effectively: Participation, Interaction, and Discretion.* San Francisco, CA: Jossey-Bass, 1978.

Newman, William M. *American Pluralism: A Study of Minority Groups and Social Theory.* New York: Harper & Row, 1973.

Newsom, Carol A. and Sharon H. Ringe. *Women's Bible Commentary with Apocrypha.* Louisville, KY: Westminster John Knox Press, 1998.

Nussbaum, M. C. *Creating Capabilities: The Human Development Approach.* Cambridge, MA: Belknap Press of Harvard University Press, 2011.

______. *Cultivating Humanity: A Classical Defense of Reform in Liberal Education.* Cambridge, MA: Harvard University Press, 1997.

______. *Not for Profit: Why Democracy Needs the Humanities.* Princeton and Oxford: Princeton University Press, 2010.

Ogbu, John U. "Understanding Cultural Diversity and Learning." In *Contemporary Issues in Curriculum*, edited by Allan C. Ornstein and Linda S. Behar, 349-367. Needham Heights, MA: Allyn and Bacon, 1995.

O'Gorman, Robert T. "The Faith Community." In *Mapping Christian Education: Approaches to Congregational Learning*, edited by Jack L. Seymour, 41-57. Nashville, TN: Abingdon Press, 1997.

Ong, Aihwa. "Higher Learning: Educational Availability and Flexible Citizenship in Global Space." In *Diversity and Citizenship Education: Global Perspectives*, edited by J. A. Banks, 49-70. San Francisco, CA: Jossey-Bass, 2004.

Ornstein, Allan C. and Francis P. Hunkins. *Curriculum: Foundations, Principles, and Issues*, 5th edition. Boston: Pearson, 2009.

Osmer, Richard R. "A New Clue for Religious Education?" In *Forging a Better Religious Education in the Third Millennium*, edited by James Michael Lee, 179-202. Birmingham, AL: Religious Education Press, 2000.

______. *Confirmation: Presbyterian Practices in Ecumenical Perspective*. Louisville, KY: Geneva Press, 1996.

______. *Teaching For Faith*. Louisville, KY: Westminster/John Knox Press, 1992.

_______. "The Role of Practical Theology in Protestant Religious Education Theory." *Journal of Christian Education & Information Technology* vol. 2 (June 2001): 5-32.

_______. "The Teaching Ministry of Contemporary Christian Congregations: An Exercise in Practical Theological Reflection." *Journal of Christian Education & Information Technology* vol. 3 (April 2002): 5-44.

Pasquariello, Gino. "Assessment/Evaluation in Education." In *Encyclopedia of Christian Education,* vol. 1, edited by George Thomas Kurian and Mark A. Lamport. London: Rowman & Littlefield, 2015.

Pazmino, Robert W. *God our Teacher: Theological Basics in Christian Education*. Grand Rapids, MI: Baker Academic, 2001.

Peters, M. A. "Between Empires: Rethinking Identity and Citizenship in the Context of Globalisation." In *Global Citizenship Education: Philosophy, Theory and Pedagogy*, edited by M. A. Peters, A. Britton, and H. Blee, 53-70. Rotterdam: Sense Publishers, 2008.

Peters, M. A., A. Britton, and H. Blee. "Introduction: Many Faces of Global Civil Society: Possible Futures for Global Citizenship." In *Global Citizenship Education: Philosophy, Theory and Pedagogy*, edited by M. A. Peters, A. Britton, and H. Blee, 1-13. Rotterdam: Sense Publishers, 2008.

Pinar, William F., ed. *Curriculum Theorizing: The Reconceptualists*. Berkeley, CA: McCutchan Publishing Com., 1975.

Pinar, William F., William M. Reynolds, Patrick Slattery, and Peter M. Taubman. *Understanding Curriculum: An Introduction to the Study of Historical and Contemporary Curriculum Discourses*. New York: Peter Lang, 2000.

Portera, Agostino. "Intercultural and Multicultural Education: Epistemological and Semantic Aspects." In *Intercultural and Multicultural Education: Enhancing Global Interconnectedness*, edited by Carl A. Grant and Agostino Portera, 12-30. New York: Taylor & Francis, 2011.

Propp, Vladimir. *Morphology of the Folktale*. Austin & London: University of Texas Press, 1968.

Reynolds, Cecil R., Ronald B. Livingston, and Victor Willson. *Measurement and Assessment in Education,* 2nd edition. Upper Saddle River, NJ: Pearson, 2010.

Rizvi, Fazal. "International Perspectives on Social Justice in Education." In *Handbook of Social Justice in Education*, edited by W. Ayers, T. Quinn, and D. Stovall, 91-94. New York: Routledge, 2009.

Rizvi, Fazal and L. C. Engel. "Neo-liberal Globalization, Educational Policy, and the Struggle for Social Justice." In *Handbook of Social Justice in Education*, edited by W. Ayers, T. Quinn, and D. Stovall, 529-541. New York: Routledge, 2009.

Rizzuto, Ana-María. *The Birth of the Living God: A Psychoanalytic Study*. Chicago: The University of Chicago Press, 1979.

Robertson, R. *Globalization: Social Theory and Global Culture*. London: Sage Publications, 1992.

______. "The Globalization Paradigm: Thinking Globally." In *Religion and the Social Order: New Developments in Theory and Research*, vol. 1, edited by D. G. Bromley, 207-224. Greenwich, CO: JAI Press INC, 1991.

Robertson, S. "Globalization, Education Governance, and Citizenship

Regimes: New Democratic Deficits and Social Injustices." In *Handbook of Social Justice in Education*, edited by W. Ayers, T. Quinn, and D. Stovall, 542-553. New York: Routledge, 2009.

Rogers, Carl R. *Client-centered Therapy, its Current Practice, Implications, and Theory*. Boston: Houghton Mifflin, 1951.

Russell, Letty M. *Church in the Round: Feminist Interpretation of Church*. Louisville, KY: John Knox Press, 1993.

Sakenfeld, Katherine Doob. "Feminist Uses of Biblical Materials." In *Feminist Interpretation of the Bible*, edited by Letty M. Russell, 55-64. Philadelphia: The Westerminster Press, 1985.

Sarno, Ronald A. *Using Media in Religious Education*. Birmingham, AL: Religious Education Press, 1987.

Schipani, Daniel S. *Religious Education Encounters Liberation Theology*. Birmingham, AL: Religious Education Press, 1988.

Schleiermacher, Friedrich. *Brief Outline of Theology as a Field of Study*. Lewiston, ID: E. Mellon Press, 1988.

Schrag, Calvin O. *The Resources of Rationality: A Response to the Postmodern Challenge*. Indianapolis, IN: Indiana University Press, 1992.

Schwab, Joseph J. "The Concept of the Structure of a Discipline." In *Curriculum and Instruction, Alternatives in Education*, edited by Henry A. Giroux, Anthony N. Penna, and William F. Pinar, 51-61. Berkeley, CA: McCutchan Publishing Com., 1981.

Scott, W. Richard. and Gerald F. Davis. *Organizations and Organizing: Rational, Natural, and Open Systems Perspectives*. Upper Saddle River, NJ: Pearson Prentice Hall, 2007.

Sen, Amartyr. *The Idea of Justice*. Cambridge, MA: Harvard University Press, 2009.

Senge, Peter M. *Schools that Learn: A Fifth Discipline Fieldbook for Educators, Parents, and Everyone Who Cares about Education*. New York: Doubleday, 2000.

_______. *The Fifth Discipline: The Art and Practice of the Learning Organization*. New York: Doubleday Currency, 1990.

Sergiovanni, Thomas J., Paul Kelleher, Martha M. McCarthy, and Frances C. Fowler. *Educational Governance and Administration*. Boston: Pearson, 2009.

Seymour, Jack L. "Approaches to Christian Education." In *Mapping Christian Education: Approaches to Congregational Learning*, edited by Jack L. Seymour, 9-22. Nashville, TN: Abingdon Press, 1997.

Seymour, Jack L. and Donald E. Miller, ed. *Contemporary Approaches to Christian Education*. Nashville, TN: Abingdon Press, 1982.

_______."Living into a World of Confessional Pluralism: The Partnership of Education and Theology." In *Theological Approaches to Christian Education*, edited by Jack L. Seymour and Donald E. Miller, 239-258. Nashville, TN: Abingdon Press, 1990.

_____. "Openings to God: Education and Theology in Dialogue." In *Theological Approaches to Christian Education*, edited by Jack L. Seymour and Donald E. Miller, 7-24. Nashville, TN: Abingdon Press, 1990.

Sleeter, Christine E. *Un-Standardizing Curriculum: Multicultural Teaching in the Standards-Based Classroom*. New York: Teachers College, Columbia University, 2005.

Sleeter, Christine E. and Carl A. Grant. *Making Choices for Multicultural Education: Five Approaches to Race, Class, and Gender*, 4th edition. New York: John Wiley & Sons, 2003.

Sleeter, Christian E. and Peter L. McLaren. "Introduction: Exploring

Connections to Build a Critical Multiculturalism." In *Multicultural Education, Critical Pedagogy, and the Politics of Difference*, edited by Christine E. Sleeter and Peter L. McLaren, 5-32. Albany, New York: State University of New York Press, 1995.

Smart, James. *The Teaching Ministry of the Church*. Philadelphia: Westminster, 1954.

Smith, D. G. "Curriculum and Teaching Facing Globalization." In *The Curriculum Studies Reader*, 3rd edition, edited by D. J. Finders and S. J. Thornton, 368-384. New York: Routledge, 1998.

Steinitz, Victoria and Sandra Kanter, "Becoming Outspoken: Beyond Connected Education." *Women's Studies Quarterly* 19 (Spring/Summer 1991): 149-152.

Surrey, Janet L. "Relationship and Empowerment." In *Women's Growth in Connection*, edited by Judith V. Jordan, Alexandra G. Kaplan, Jean Baker Miller, Irene P. Stiver, and Janet L. Surrey, 162-180. New York: The Guilford Press, 1991.

Tan, Laurence. "The 5 E's of Emancipatory Pedagogy: The Rehumanizing Approach to Teaching and Learning with Inner City Youth." In *Handbook of Social Justice in Education*, edited by W. Ayers, T. Quinn and D. Stovall, 485-496. New York: Routledge, 2009.

Tanner, Daniel and Laurel N. Tanner. *Curriculum Development: Theory into Practice*. New York: Macmillan Publishing Co., 1980.

Tapscott, Don. *Grown Up Digital: How the Net Generation is Changing Your World*. New York: McGraw Hill, 2009.

Taylor, Charles. "The Politics of Recognition." In *Multiculturalism*, edited by Amy Gutmann, 25-73. Princeton, NJ: Princeton University Press, 1994.

Taylor, Frederick W. *The Principles of Scientific Management*. Mineola, NY:

Dover Publications, INC., 1998.

Tillich, Paul. *Systematic Theology*, vol. 1. Chicago: University of Chicago Press, 1951.

______. *Theology of Culture*. New York: Oxford University Press, 1959.

______. "The Problem of Theological Method." In *Four Existentialist Theologians: A Reader from the Works of Jacques Maritain, Nicholas Berdyaev, Martin Buber and Paul Tillich*, edited by Will Herbeg, 238-255. New York: Doubleday Anchor Books, 1958.

Tracy, David. *Blessed Rage for Order: The New Pluralism in Theology*. New York: Seabury Press, 1975.

______. "Hermeneutical Reflections in the New Paradigm." In *Paradigm Change in Theology: A Symposium for the Future*, edited by Hans Küng and David Tracy, 34-62. New York: Crossroad, 1989.

______. *Plurality and Ambiguity: Hermeneutics, Religion, Hope*. Chicago: University of Chicago Press, 1987.

Tulchin, J. S. and G. Bland. "Introduction: Getting Globalization Right." In *Getting Globalization Right: The Dilemmas of Inequality*, edited by J. S. Tulchin and G. Bland, 1-9. Boulder, CO: Lynne Rienner Publishers, 2005.

Tyler, Ralph W. *Basic Principles of Curriculum and Instruction*. Chicago: The University of Chicago Press, 1949.

______. "Specific Approaches to Curriculum Development." In *Curriculum Instruction: Alternatives in Education*, edited by Henry A. Giroux, Anthony N. Penna, and William F. Pinar, 17-30. Berkeley, CA: McCutchan Publishing Co., 1981.

Ug, David. "Impelled Toward Multicultural Religious Education." *Religious Education* vol. 87, no. 2 (Spring 1992): 192-202.

Ulanov, Ann Belford. *The Feminine in Jungian Psychology and in Christian*

Theology. Evanston, IL: Northwestern University Press, 1971.

Van der Ven, J. A. *Practical Theology: An Empirical Approach*. AC Kampen, The Netherlands: Kok Pharos Publishing House, 1993.

______. "An Empirical Approach in Practical Theology." In *Practical Theology: International Perspectives*, edited by Friedrich Schweitzer and Johannes A. van der Ven, 323-339. Frankfrut am Main: Peter Lang, 1999.

______. "Practical Theology: From Applied to Empirical Theology." *Journal of Empirical Theology* 1 (1998): 7-28.

Van Huyssteen, J. Wentzel. *Duet or Duel? Theology and Science in a Postmodern World*. London: SCM Press, 1998.

______. "Postfoundationalism in Theology and Science: Beyond Conflict and Consonance." In *Rethinking Theology and Science: Six Models for the Current Dialogue*, edited by Niels Henrik Gregersen and Wentzel van Huyssteen, 13-49. Grand Rapids, MI: Willilam B. Eerdmans Publishing Company, 1998.

Weber, Max. *On Charisma and Institution Building*, edited and with an Introduction by S. N. Eisenstadt. Chicago: The University of Chicago Press, 1968.

______. *The Theory of Social and Economic Organization*. New York: Free Press, 1947.

Weimer, Maryellen. *Learner-centered Teaching: Five Key Changes to Practice*. San Francisco, CA: Jossey-Bass, 2013.

Westerhoff III., John H. *Will Our Children Have Faith?* New York: HarperSanFrancisco, 1976.

Wiske, Martha Stone, ed. *Teaching for Understanding: Linking Research With Practice*. San Francisco: Jossey-Bass Publishers, 1998.

Wyckoff, D. Campbell. *Theory and Design of Christian Education Curriculum*.

Philadelphia: The Westminster Press, 1961.

______. "Understanding Your Church Curriculum." *Princeton Seminary Bulletin* vol. 63, no. 1 (1970): 77-84.

Zais, Robert S. "Conceptions of Curriculum and the Curriculum Field." In *Curriculum Instruction: Alternatives in Education*, edited by Henry A. Giroux, Anthony N. Penna, and William F. Pinar, 31-49. Berkeley, CA: McCutchan Publishing Co., 1981.

Zimbardo, Philip. G. "Pathology of Imprisonment." In *Readings in Social Psychology: Contemporary Perspectives*, edited by D. Krebs, 249-251. New York: Harper & Row, 1982.

______. *Psychology and Life*, 13th edition. New York: HarperCollinsPublishers, 1992.

"교과과정". 감리교신학대학교. https://www.mtu.ac.kr/mtu/c3/sub6_2.jsp. 2021년 7월 26일 접속.

"교과과정". 목원대학교. https://www.mokwon.ac.kr/theo/html/sub01/010104.html 2021년 7월 26일 접속.

"교과과정". 협성대학교. https://www.uhs.ac.kr/gsthe/2432/subview.do. 2021년 7월 26일 접속.

"신학대학원 교과과정 소개". 서울신학대학교. https://www.stu.ac.kr/CmsHome/stu03_02_02.eznic. 2021년 7월 26일 접속.

"신학대학원 교과과정표". 장로회신학대학원. https://www.puts.ac.kr/www/sub/haksa_sw/sub.asp?m1=2&m2=1&m3=undefined. 2021년 7월 26일 접속.

"신학대학원 석사과정 전공별 교과과정표". 성결대학교 대학원. https://wiz.sungkyul.ac.kr/user/indexSub.action?codyMenuSeq=10701&siteId=graduate. 2021년 7월 26일 접속.

Index

인명색인

ㅂ

ㅅ

ㅇ

ㅈ

ㅊ

ㅋ

주제색인

ㄱ

ㅇ

ㅈ

ㅊ

ㅋ

ㅌ

ㅍ

ㅎ